物联网在交通基础设施质量检测中的应用

刘旭玲　邵景干　著

中国原子能出版社

图书在版编目（CIP）数据

物联网在交通基础设施质量检测中的应用 / 刘旭玲，邵景干著. --北京：中国原子能出版社，2023.10

ISBN 978-7-5221-3044-6

Ⅰ. ①物… Ⅱ. ①刘…②邵… Ⅲ. ①物联网–应用–交通设施–基础设施–质量检验–研究 Ⅳ. ①U491.5-39

中国国家版本馆 CIP 数据核字（2023）第 193095 号

物联网在交通基础设施质量检测中的应用

出版发行　中国原子能出版社（北京市海淀区阜成路 43 号　100048）
责任编辑　杨晓宇
责任印制　赵　明
印　　刷　北京天恒嘉业印刷有限公司
经　　销　全国新华书店
开　　本　787 mm×1092 mm　1/16
印　　张　14.5
字　　数　245 千字
版　　次　2023 年 10 月第 1 版　2023 年 10 月第 1 次印刷
书　　号　ISBN 978-7-5221-3044-6　　　定　价　72.00 元

网址：http://www.aep.com.cn　　E-mail：atomep123@126.com
发行电话：010-68452845

前　言

“经济发展，交通先行”，加快推动交通基础设施高质量发展，是《交通强国建设纲要》《“十四五”现代综合交通运输体系发展规划》等国家规划的重要内容。当前，加强交通基础设施建设质量安全管理，实现从“追逐数量”向“量质并重”的内涵式发展，已经成为国家层面的共识。《交通强国建设纲要》明确提出要“大力发展智慧交通，推动大数据、物联网、人工智能、区块链、超级计算等新技术与交通行业深度融合”。融合物联通信技术与建设质量检测技术，构建以试验检测数据为核心的交通基础设施建设质量管控体系，实现工程管理及试验检测全流程的数据信息数字化、采样抽样自动化、检测程序规范化、操作流程痕迹化、源头追溯便捷化、行业监管智能化，已经成为交通基础设施建设质量检测行业的必然要求和发展趋势。

本书以物联通信技术和该技术在交通基础设施建设质量的融合和应用为核心内容，在介绍经典物联通信技术的基础上，紧跟技术发展步伐，探讨区块链数字签章技术和地理信息系统（Geographic Information System，GIS）技术在交通基础设施建设质量检测中的应用，开发基于物联网的交通基础设施建设质量智能管控平台。智慧的物联通信技术与交通基建质量检测融合，提升公路、桥梁质量，保护人民生命、财产安全。通过对本书的学习，相关从业人员可以提升对物联技术与交通基础设施质量检测技术等交叉学科的认识和理解，掌握利用物联技术解决实际工程问题的思路和方法。

目　录

第一章
物联通信技术概述

本章为物联通信技术概述，介绍了物联网的基本概念及网络结构、物联通信技术的发展现状、物联通信技术存在的主要问题。

第一节　基本概念及网络结构

网络技术在产生之后就不断快速发展，通信也从早期的人与人之间，拓展至人与物、物体和物体之间。射频、无线传感器和二维码等技术的产生为人与物体和物体与物体之间建立起了联系的桥梁。计算机之间的通信产生了互联网；各个物体之间的联系就产生了物联网。

物联网技术针对任何需要进行检测的对象，利用传感器、射频识别、全球定位系统等技术，实施所需的监控、连接与互动。在检测过程中采集检测对象的光、声、热、电等不同信息，再连接上所有可能的网络，最终实现物与物、物与人之间的泛在连接，达到对物体与过程的智能化感知、识别和管理，如图 1-1-1 所示。

“物联网”中的“物”之所以能被归类到物联网的范畴内，在于其具有接收信息的接收器和数据传送路径。有些对象要求具备某种存储能力或对应的操作系统，一些特定的物联网对象有特定的应用程序能够在数据传输过程中收发数据。按照物联网的通信协议进行数据传输，物体要具备在世界网络中能够被唯一识别的自身编号才能被接入网络。

图 1-1-1　物联网的应用范围

在《关于物联网的技术框架》中，欧洲联盟将之定义为：物联网是一种能够根据标准、可交互的通信协议进行自主组织的、全球性的、动态的网络架构。在这些技术中，实体与虚拟“物”既有身份标识，又有物理属性，具有虚拟属性，而且具有智能化的界面，与信息网络实现了无缝的融合。物联网是未来互联网的重要组成部分，它与媒介互联网、服务互联网、企业互联网一起构成了未来互联网。

物联网作为一个新的技术领域将会在终端设备、设施和系统中无处不在，包括具有感知能力的用户体验感知系统、视频监控器、实体性物流操作系统等。通过全球定位系统、红外传感器、激光扫描器、射频识别（RFID）技术、气体感应器等各种装置与技术，进行智能化远程控制、实时跟踪、应急处理，确保实现高效率、高度自动化的整体控制系统，将管理控制营运囊括其中。物联网一方面为人们提供充满智能化的工作与生活环境，进一步改变人们的方方面面；另一方面也提高了社会的经济效益。目前，世界各国和科学研究组织都将之视为今后的技术发展重点。

物联网是新兴信息时代的关键组成部分，它能够将环境、空间中的所有物体建立起关系，进行可视化的信息处理和可控制的信息交互，并且具备自主学习、自动决策和控制的处理功能。

1995 年，比尔·盖茨在《未来之路》一书中首次提出物联网的概念。1999 年，麻省理工学院在 Auto-ID 中心首次提出基于射线识别技术的“物联网”物流网络，学院指出无处不在“物联网”的通信时代就快到来，这一项技术的主要宗旨是“按自身需求连接万物”，通过各种信息感应装置，如网络技术、通信技术、红外感应技术、全球定位系统、激光扫描装置等，按照规定的协议，对包含人、机、物等在内的所有可独立辨识的物品进行识别，不受时间和地点的限制，通过信息传输和交互功能，构建智能化服务环境，实现对实物的感知、识别、定位、跟踪和监控等多种功能，使所有实物连接并具备类人化的知识学习、分析、自动决策和行为控制能力。2009 年，IBM 提出了“智慧地球”概念，此后“物联网”的概念逐渐被全球接受。2017 年，工业和信息化部发布了《关于全面推进移动物联网建设发展的通知》，要求建立广泛覆盖、连接多样、能源消耗低的移动物联网基础设施，并开展基于 NB-IoT 技术的多种应用。当前，物联网已成为推动全球科技革命和产业变革的重要驱动力。

物联网是由物主动发起信号、物与物相连的互联网，它包括感、联、知、控四个要素，物联网的体系架构可分为三个层次，如图 1-1-2 所示。一是传感网络层，即以二维码、RFID、传感器为主，实现对物或环境状态的识别与测量；二是传输网络层，即通过已有的互联网、通信网或新开发的互联网，实现数据的传输和计算；三是应用网络层，即输入和输出操控终端，包括电脑、手机等终端物联网体系架构。物联网在感知层中累积的大量原始数据信息，在经过网络层传输以后，放到一个标准平台上，再利用性能较强的云计算进行处理，将这些数据智能化，最终转换成对终端用户有用的信息，而根据数据的交换情况也可以分为三层：终端、传输管道、云端。

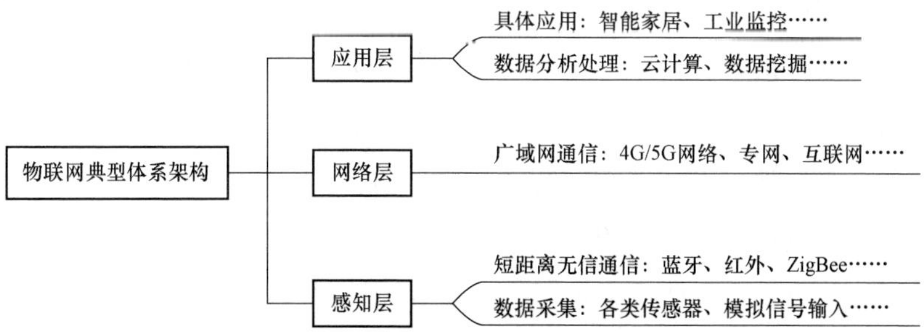

图 1-1-2　物联网典型体系架构

应用层提供了大量的应用，将物联网技术和行业的信息化要求结合起来，其核心是行业融合、信息安全的保障和高效的商业模式开发。目前，在很多应用方面都有了飞速发展，随着互联网的普及，智能家居和自动化工业也得到了发展。

网络层次以覆盖范围广的移动通信网络为基础，是目前标准化、产业化程度最高的一部分，其核心问题是通过对其应用特性的优化，从而构建一个具有系统感知的网络。

感知层面是物联网的关键核心，特别是在标准化、产业化领域存在着亟待解决的关键技术，通常情况下主要是搭载了各类传感器和信号收发器件，起到了数字控制系统与现实物理量的映射，为数字控制系统提供了数字化变量。但是在使用中仍存在着各类问题，关键在于要有更精确、更全面的感知，解决低功耗、小型化、低成本等问题，同时数据的传输速率也是影响系统工作效率的重要因素。

第二节　物联通信技术的发展现状

物联网技术已然成为全球高新技术革命和产业变革的主要驱动力。它推动了人类社会从“计算机科学”向“智能”的转变，推动了信息技术和产业的发展。物联网技术在全球范围内得到快速的发展，并且与制造技术等领域不断融合，使制造业得到进一步发展，智能化、网络化和精细化慢慢变为制造业的主流，促进了生活和社会管理方式的发展，促进了经济社会发展的智能化和高效化。

发展历程：目前，物联网的发展可以分为三个不同的阶段。第一阶段是物联网大规模连接的建立阶段。随着人们逐渐认同使用物联网，越来越多的设备开始通过移动网络、Wi-Fi、蓝牙等连接技术接入物联网。网络基础设施的建设、连接入网的管理以及终端的智能化是此阶段的核心任务。第二阶段，随着物联网的飞速发展，海量设备接入网络并产生大量数据，建立起了庞大的物联网数据库。此阶段，连锁传感器和测量设备正在进一步完善，从而收集到更为多样化的数据。这些数据将被导入物联网云平台，以进行存储、分类处理和分析。第三阶段的出现注入了初步人工智能技术，致力于智能分析物联网数据以及满足各类物联网领域的需求。在此阶段中，物联网数据所展现的最大共享价值，是对传感器生成的数据进行深度解析并利用相关分析结果来开展商业运营。

发展趋势：（1）人工智能与物联网相辅相成。物联网和人工智能是两个互相成就的领域，人工智能为物联网提供数据收集和分析的功能。此外，人工智能可以提供更好的地图定位及图像处理功能、提供更多的开发条件以及商机。（2）5G 成为物联网发展的主要形式。5G 的发明极大地提高了数据的传输速度。随着人们生活质量的提高，对物联网的需求也逐渐增加，更多的设备主动连接到物联网平台并用于日常生活中，而 5G 的推出与使用，为更多设备提供后续创新的可能。（3）物联网安全的问题也是随之而来的重要问题。网络安全问题也随物联网的发展变得更加重要，随着大量数据的上传，以及网络接入点数量的增加，物联网安全问题将成为更加紧迫的问题，每个物联网设备都有被黑客窃取数据的可能。采用其他的技术可能会使物联网安全更具挑战性。

目前，计算机与互联网已被用于全世界不同工种，具有积极的意义与深远的影响，能够促使社会良性进步和发展。物联网主要包括互联网和信息技术，物联网作为一种先进的数据传输和通信技术，主要建立在物体之间，使物体能够相互传递信息。为此，需要必要的工具，如红外传感器、射频识别（RFID）技术、气体感应器等。物联网与互联网殊途同归，丰富了与人们生活密切相关的信息传递和技术。

物联网的应用大幅度降低了因全球一体化发展进程而带来的全球性金融危机的影响，物联网也逐渐开始在一些发达国家使用，开始在国际市场有了一席之地，并被用于展现国家竞争力。随着物联网的不断发展与完善，其各项性能得到了进一步的提高，与之相应的产业链条，如运营服务业、软件集成服务业、基础设施服务业等，都得到了很大的发展。目前，世界上许多发达国家都对物联网的应用给予了高度关注，并对它在信息化领域的应用提出了更高的要求。

我国的物联网行业也在逐渐发展丰富，通过专业人士的研究与创新，在微传感器、云计算和信息安全等技术方面获得了突破，该技术与国家物流、能源、安全等领域有着紧密的联系，可以更好地满足人民群众需要。但由于国内物联网普及程度相对较低，导致多数企业难以建立相对稳定的产业合作，对物联网在我国的发展造成了一定阻碍。

（1）无线低速网络技术

Wi-Fi 技术在近距离无线通信技术中占据举足轻重的地位，给使用者提供了诸多方便。使用者可以通过无线网络接入诸如智能电话、笔记本等装置。Wi-Fi 具有较高的网络传输速度，但由于用户的接入量增多，网络的传输性能将会降低，从而给网络的使用带来很大的不便。UWB 技术也被称作超宽带技术，它有别于 Wi-Fi 技术，它的通信方式是以脉冲为主的。在特定的区域应用超宽带频技术，不但能实现非常高的通信速度，而且能保证通信的安全性，同时也能防止在传送时产生的干扰。但因为缺少适当的技术，所以还没有得到规范化的发展。

（2）移动通信网络技术

5G 通信技术的传送速度要比 4G 快几百倍。5G 是一种新兴的移动通信和物联网通信技术，其优越性是毋庸置疑的。5G 通信技术可使无线通信技术在短途上不受空间的约束，同时也为实现远距离的特殊数据传送打下了良好的基础。随着时代以及工业互联网的快速发展，5G 通信技术将会在网络延时方面持续优化完善。华为研制出了我国首款 5G 移动智能机。这说明我们在 5G 技术的研发与运用上有了长足的进步。

（3）通过异构网络避免协议冲突

在异构网络中，电脑与网络装置均由厂商制造，且各有不同的网络系统。尽管 20 世纪 90 年代中期就已经提出了“异构”的概念，但是直到今天依然还没有出现异构网络。随着网络的应用与发展，越来越多的人和产业关注到这一领域。由于用户的需要日益增长，对异构网络的性能提出了更高的要求，为确保在各种协议下都能进行有效通信，防止协议冲突，异构网络开始尝试与物联网的通信技术相融合。

（4）与大数据和云计算有机结合

大数据和云计算技术为各行各业的发展带来了巨大的技术支撑。利用云计算技术来处理社会生活生产中产生的海量数据，以提升其实际应用价值成为新趋势。随着使用网络的人越来越多，以及网络技术的应用范围越来越广，为保证数据的正确储存和传送，必须将大数据和云计算技术相融合，从而有效储存大量数据，加快数据分析。

第三节 物联通信技术存在的主要问题

一、对物联网产业发展缺乏社会共识和信心

物联网作为新兴行业在短时间内难以建立相对成熟的盈利模式。物联网产业分为感知、网络和应用三个层次，每个层次都有若干市场开发领域。在构建物联网生态环境的过程中，需要建立相应的盈利模式，在过去的信息产业革命中均建立了新的、可持续的、成熟的商业盈利模式，但这一特点在物联网产业的发展中还没有体现出来，还没有找到物联网引领的方向行业。

二、物联网产业发展标准不规范

当前，网络产业尚未形成统一的技术界面与数据模型。中国 RFID 产业联盟于 2005 年 11 月正式成立，次年《RFID 技术发展规划》也正式公布，为我国 RFID 的研究和发展打下了良好基础。此项技术的发展与中国的实际情况相适应。但是到目前为止，RFID 行业还没有步入发展的轨道，尽管它的技术力量已经得到了很大提高，但是其技术标准的实施仍然存在很大困难。为物联网制定最后的标准还有待进一步明确。目前，我国的研发单位尚未掌握物联网技术的核心技术，导致物联网产品的质量不高、价格偏高。当前，中国物联网发展面临着一个重要瓶颈，那就是 RFID 等核心技术的缺失。

三、产业发展衔接性不强

物联网产业的成熟化运营需要芯片厂商、系统方案供应商、手机运营商之间合作配合，因此，尽管我国在系统设备等方面具有国际领先水平，但我国的物联网产业发展水平还远远落后于发达国家。物联网产业发展的终极目的，就是要使万物互联以实现更好的控制与管理。这就注定了物联网将伴随着经济和社会的不断发展而不断涌现出各种各样的新应用。物联网标识技术在发展的早期具有成本过高、可使用功能少等缺点，从而阻碍了大规模应用的推广，提高了边际成本，在市场上长期处于超出大众消费能力的状态。

四、信息安全问题困扰物联网发展

在构建物联网时，首先要在人们日常生活中的各类物品上植入RFID标签。但是，人们很难接受自己家里的物品、个人信息被实时监视，这就表现出应用内嵌标签技术可能会带来对个人隐私的侵害。如何保障嵌入式标签的拥有者与用户的隐私安全，是目前RFID技术与智能化发展亟待解决的核心问题。

第二章 物联网常用短距离无线通信技术

本章为物联网常用短距离无线通信技术，介绍了蓝牙无线通信技术、Wi-Fi无线高保真通信技术、IrDA 无线红外数据通信技术、ZigBee 紫蜂无线通信技术、RFID 射频识别无线通信技术。

第一节　蓝牙无线通信技术

蓝牙（Bluetooth）是一项全球性规范的无线通信技术，其主要用途在于为固定或移动终端设备（如掌上电脑、笔记本电脑或智能手机等）提供经济实惠的连接服务，以满足短距离无线连接的需求。目前，蓝牙已经广泛应用于手机、平板电脑、智能手表以及便携式电子产品中，并被广泛应用到智能家居系统、工业自动化、交通运输及军事领域。蓝牙技术为各类设备提供了近距离互联和通信的便利，无须借助电线或电缆进行连接，实现了通信技术与计算机技术的完美融合。通过无线连接，蓝牙技术将成为连接各种外部设备接口的一体化桥梁，从而消除了有线连接的影响。在芯片上搭载蓝牙接收器设备，可以在 10 m 左右的范围内互相通信，传输速度可高达 1 Mbps。

一、蓝牙技术特点

目前，由于蓝牙技术具有小体积、低功耗的特点，已被广泛应用于各种数字设备，不仅局限于计算机外围设备。蓝牙技术可以轻松地集成到各种移动和便携设备中，特别适合对数据传输速率要求不高的设备。蓝牙技术的特点包括以下几个方面：

（1）该应用具有广泛的适用领域。蓝牙技术运行于 2.4 GHz 的 ISM 频段，很多国家 ISM 频段为 2.4～2.483 5 GHz，不需要向国家无线电资源管理部门申领许可证。

（2）支持同时传输语音和数据，实现了无缝的信息交流。为了提高网络性能，提出了一种基于蓝牙协议栈的多声道并行多业务无线话音/数据服务模型，并设计出相应的算法。蓝牙技术不仅支持电路交换和分组交换，同时还提供了异步数据传输、三路语音信道以及异步数据与同步语音的混合传输，从而为用户带来了更为高效的数据传输体验。通过引入音频编码器，该方法实现了语音通信系统容量的扩展，同时有效地降低了设备成本。此外，由于使用简单，因此具有较低的硬件复杂度及功耗，适合于低功耗设备。每个语音传输通道的数据传输速率高达 64 kbps，在信号编码过程中，运用了脉冲编码调制（PCM）或连续可变斜率增量调制（CVSD）等尖端技术，以确保数据传输的高效性和稳定性。为了使蓝牙技术能够应用于更广泛的场合，必须实现标准化。采用不同的协议会对系统性能产生显著的影响，这种影响是不可忽视的。蓝牙技术可被划分为两类链路，一种是不需要连接的异步（ACL）链路，另一种则是针对连接而设计的同步（SCO）链路。在非对称信道中，数据传输的速率上限可达 721 kbps（正向）和 57.6 kbps（反向）；而在对称信道中，数据传输的速率上限则高达 342.6 kbps。

（3）建立临时的对等连接是一项可行的措施。蓝牙设备分为主设备与从设备。在网络中，主设备是一种主动发起连接请求的设备，通常在一个 Piconet 中只有一个主设备。从设备是蓝牙系统内的从属终端，它只与主设备进行通信而不直接向其他设备发送数据或控制信息。

（4）具有较强的抗干扰能力。蓝牙采用跳频技术扩展频谱以应对其他 ISM 频段的无线电设备（如微波炉、WLAN 等）产生的干扰，将 2.402 GHz 至 2.48 GHz 频段划分为 79 个频段，且相邻频段之间的间隔为 1 MHz。

（5）蓝牙模块具有体积微小、便于整合的特点。在不改变原有硬件结构和软件算法的前提下，通过优化设计可以降低蓝牙模块的功耗，提高系统性能。

随着个人移动设备体积的缩小，嵌入其内部的蓝牙模块的尺寸亦应相应缩减，以达到最佳效果。现有的超低功耗射频模块，如 Nordic Semiconductor 的蓝牙 4.0 模块 PTR5518，体积只有 15 mm × 15 mm × 2 mm。

（6）以低功耗为目标。在通信连接状态下，蓝牙设备呈现出四种独特的操作模式，分别为激活模式、呼吸模式、保持模式和休眠模式。

二、蓝牙组成

蓝牙系统包含无线部分、链路控制部分、链路管理支持部分和主终端接口四个组成部分。它支持一对一、一对多连接方式，如图 2-1-1 所示。

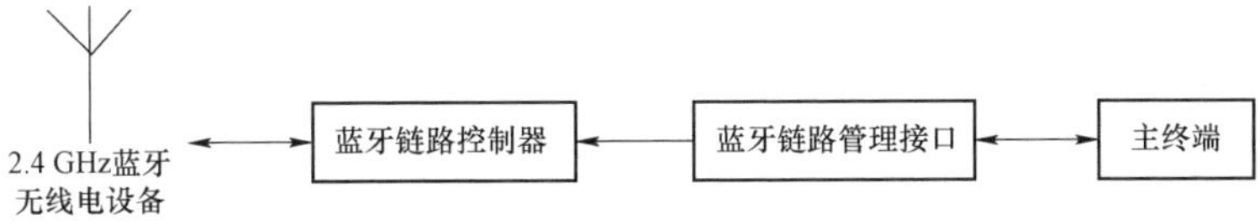

图 2-1-1　蓝牙系统结构

多个蓝牙设备可以通过一条信道进行多对多连接，这些设备组成一个所谓的微型网络。在微型网络中，有一个设备充当主设备，其他设备则作为从设备。微型网络最多支持七个活动的从设备，但可以有更多的从设备与特定主设备建立连接并进入休眠状态。在始终连接的状态下，主设备负责控制从设备的信道访问。休眠或激活的从设备需要经过主设备的控制才能进行信道访问，如图 2-1-2 所示。

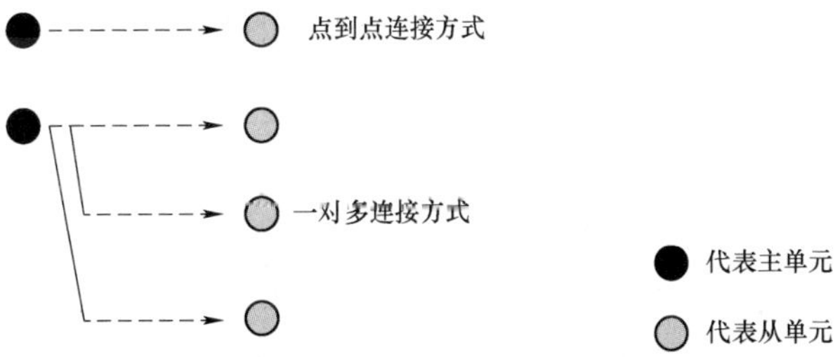

图 2-1-2　蓝牙系统连接方式

如图 2-1-3 所示，我们观察到多个微型网络可以相互重叠，从而形成一种散射网络的结构。各个微型网络都有各自专用于其工作频段内特定业务的时钟源和信号发生器。每个微型网络仅有一台主设备，但通过基于时分复用的技术，不同微型网络的从设备可以参与其中。当两个以上的微型网络同时工作时，在各个主设备处产生的干扰就被消除了，从而使通信质量得到提高。此外，在微型网络中，任何一个主设备都可以作为另一个微型网络的从设备，从而避免了使用统一的时间或频率同步，因为每个微型网络的跳频信道都是相互独立的。

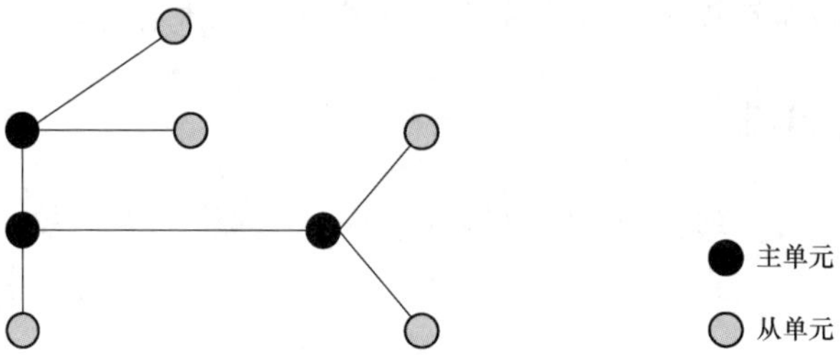

图 2-1-3　散射网络结构

三、蓝牙协议

蓝牙协议的标准版本为 IEEE 802.15.1a，它是基于蓝牙规范 V1.1 实现的。目前，大部分蓝牙设备都支持它。新版 IEEE 802.15.1a 在保持后向兼容性的同时，新增了一定的 QoS 特性。在蓝牙的物理层（PHY），采用了先进的扩频跳频技术，实现了 10 Mbps 的数据传输速率。在介质访问控制层（MAC），对 802.11 系统的共存性进行了改进，提供了更强的语音处理能力、更快速的连接建立能力、更高的服务质量，以及匿名模式来提高蓝牙无线连接的安全性。

蓝牙是一种小范围的无线传输技术，可以在设备之间实现方便快捷的数据通信和语音通信。蓝牙产品的主要特点有：适用设备多；工作频段全球通用；安全性和抗干扰能力强但传输距离较短，一般只有 10 m 左右，在增加功率后可以扩大到 100 m。蓝牙设备的应用十分广泛，蓝牙免提通信、车载蓝牙系统等为汽车领域提供了技术支撑。蓝牙在工业生产与医疗行业也有很广泛的应用。蓝牙还有一个优势即整个模块较小且更容易集成。根据蓝牙设备的作用设计人员将之分为主设备和从设备以便区分连接；蓝牙模块的主要缺点是版本不兼容，网络节点也比较少，因此不适合多点控制。

蓝牙技术规范的目标在于确保各种符合规范的应用程序之间实现无缝的互联互通，从而提高通信效率。这就要求蓝牙技术必须支持多种通信接口，包括无线接入、网络连接和数据链路等。为了达成此目标，本地和远程设备必须使用相同的协议栈，以确保数据传输的一致性和可靠性。蓝牙标准提供了一个统一的、开放的、面向连接的、通用的、可扩展的平台。各种应用程序可以在不同的协议栈上运行，但是所有的协议栈都必须遵循蓝牙技术规范中规定的数据链路和物理层面。因此，一个通用的协议栈就成为了设计和开发工作中最重要的组成部分之一。蓝牙协议栈的顶部应用层支持各种蓝牙使用模式之间的互操作性，为用户提供了更加灵活的使用体验。对于一些特殊的应用来说，其上层的协议还需满足特定要求。并非所有的应用程序都需要使用完整的协议栈，而是根据具体需求选择垂直方向的蓝牙协议栈中的协议，以满足用户的个性化需求。

在无线数据传输的过程中，不同的蓝牙协议之间存在着相互依赖和使用的紧密联系，如图 2-1-4 所示。其中，控制连接是所有蓝牙协议都必须支持的功能，它可以保证每个蓝牙设备与其他蓝牙设备建立物理连接并完成数据收发任务。为了实现逻辑链路控制和二进制电话控制，L2CAP 和 TCS Binary 可能需要使用连接管理协议（LMP），这是控制连接管理器中不可或缺的一环。由于这两种不同类型的控制协议都可以通过扩展相应的接口或增加其他一些功能而获得新特性，因而它们往往不能直接应用于同一平台上的所有蓝牙设备。因此，构建一个具备普适性和可靠性的连接管理协议栈，对于提升整个蓝牙通信系统的稳定性和可靠性具有至关重要的作用。本书提出一种基于统一模型驱动体系结构的解决方案，该方案通过扩展现有的各种蓝牙技术而建立一个通用、可复用且易于开发的规范框架，并利用其进行协议栈的定制。蓝牙协议栈是由一系列蓝牙专用协议（如 LMP 和 L2CAP）以及蓝牙非专用协议（如 OBEX 对象交换协议和 UDP 用户数据报协议）组成的，这些协议共同构成了蓝牙系统的基础架构。由于蓝牙协议栈可以被集成到各种蓝牙设备上，因而它们可以用于各种嵌入式或便携式装置。为了实现对这些协议的灵活配置，蓝牙标准提供了一个具有通用性和开放性的接口，以支持不同的协议栈，从而为用户提供更加灵活的使用体验。本书主要介绍蓝牙标准及其相关规范，并结合蓝牙硬件描述语言给出一个完整的协议栈及各部分功能描述。为了确保蓝牙技术与应用之间的兼容性和互通性，设计协议和协议栈的核心原则在于最大化利用现有的高层协议，以使蓝牙技术在兼容该技术规范的软硬件系统中充分发挥作用。蓝牙标准的特点之一就是采用了基于硬件描述语言的编程方法，使开发者只需要编写一些简单而又易于理解的程序即可完成复杂的工作。蓝牙标准为开发具有通用性和低成本的设备提供了便利，同时也降低了对成本的需求。通过将蓝牙标准扩展到硬件设备上，蓝牙可用于各种嵌入式系统，如手持移动终端等。根据蓝牙技术规范的开放性，设备制造商得以自主选择使用蓝牙专用协议或常用的公共协议，并在此基础上开发新的应用，从而获得更加灵活的使用体验。

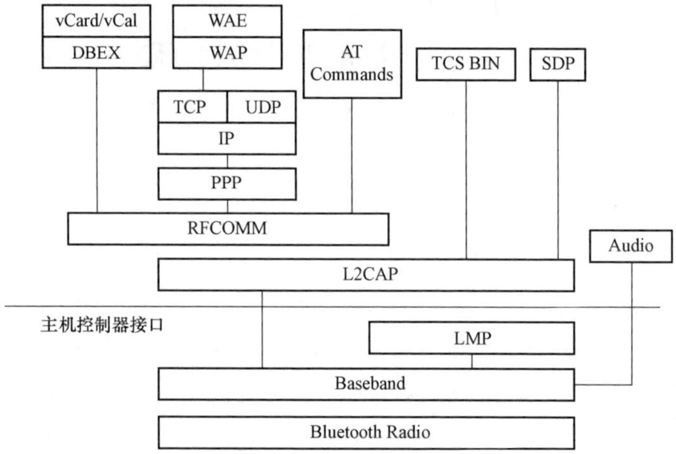

图 2-1-4　蓝牙协议栈

蓝牙协议体系中的协议由 SIG 分为 4 层。

- 蓝牙核心协议：Baseband、LMP、L2CAP、SDP。
- 电缆替换协议：RFCOMM。
- 电话传送控制协议：TCSBinary，ATCommands。
- 选用协议：PPP、UDP/TCP/IP、OBEX、vCard、vCal、IrMC、WAE。

蓝牙技术规范定义了主机控制器接口（HCI），除此之外还有其他协议层。HCI 提供了基带控制器和连接管理器之间的命令接口，允许访问硬件状态和控制寄存器。HCI 位于逻辑链路控制和适配层（L2CAP）的下层，但也可以位于 L2CAP 上层。蓝牙的核心协议是一套由 SIG 制定的专利协议，其中包含基带协议（Baseband）、链路管理协议（LMP）、逻辑链路控制和适配协议（L2CAP）以及服务发现协议（SDP）。蓝牙核心协议提供的一系列通用接口，为不同类型的蓝牙设备之间的通信提供了便捷的方式。蓝牙设备在连接互联网时需要执行与之相应的协议并建立一个专用的网络拓扑结构。大多数蓝牙设备都必须遵守这些核心协议，其中包括无线通信模块，这些协议是确保设备正常运行的必要前提。蓝牙无线模块可以被看作是一个具有特殊功能的硬件系统。蓝牙设备之间的通信可以通过一系列简单而高效的方式实现，从而使用户能够快速地接入到网络中，这是蓝牙核心协议的一大优势。蓝牙规范不仅支持核心协议，还涵盖了面向应用的协议，如电缆替换协议、电话控制协议和其他应用协议等，以确保各种应用程序能够在核心协议的基础上运行。

第二节　Wi-Fi 无线高保真通信技术

Wi-Fi 技术的全称是 Wireless Fidelity，Wi-Fi 也是 WLAN 中的一部分，是其中的一种新兴科技。基于射频技术，Wi-Fi 可以轻松实现数据的传输，其覆盖范围更广，比有线局域网更加便捷。Wi-Fi 的简单收发构架使其具备了远距离、大范围的网络连接功能。只要在 Wi-Fi 电波的覆盖范围内，移动设备、电脑、电视等联网设备均能够使用 Wi-Fi 连接，并利用这种物联网技术实现更多的功能。此外，Wi-Fi 具有自我调节的功能，即使遇到低信号和干扰的情况，其稳定性和安全性也能够得到保障，带宽最高可达 11 Mbps。相比蓝牙等无线通信，Wi-Fi 的优势更为明显，其覆盖范围可达 100 m，是蓝牙范围的 6 倍左右。正因为如此，Wi-Fi 快速赢得了市场认可，广受用户欢迎。

最早提出 Wi-Fi 概念的人是澳洲 CSIRO 的 John O'Sullivan，他提出了在无线网络环境中进行保真和有效传输数据的协议。但 Wi-Fi 并非在短时间内普及，被人们认可接受是一个漫长的过程，在此期间它不断完善现有功能并扩展其他功能。到现在 Wi-Fi 仍然是人们最常用的连接互联网的方式，功能早已不满足于互联网数据传输，根据不同的工作环境及需求衍生了各种版本，这其中产生了多个里程碑式产品。

Wi-Fi 的第一个具有标志性的产品为 802.11b，其从根本上改变了无线局域网的设计和应用现状，满足了人们在覆盖范围内实现移动上网的需求。Wi-Fi 的第二个具有标志性的产品为 802.11g，它的发明大大提高了 Wi-Fi 的传输速率并且提高了兼容性，同时延长了使用寿命，降低了用户的使用成本，其稳定高速的传输速率成为人们关注的新焦点。Wi-Fi 的第三个标志性产品为 802.11n，它在上一代的基础上再次优化了传输速度及覆盖范围，并且可以人为调整天线阵列，能够同时传输不同的数据，并且在这些优化的基础上建立了可编程的硬件平台，使之可以接受不同的系统。Wi-Fi 的第四个标志性产品 802.11ac 于 2014 年推出，它是 802.11n 的进一步升级，再一次提高了传输速度，使用起来更加便利。

无线局域网技术和蓝牙技术皆为短距离无线通信技术，常见于办公场所及家庭环境之中。它们均在接近 2.4 GHz 的频率范围内进行操作，该频率范围为 ISM 无线电频段，无须额外申请。由于这两个协议之间具有很强的互补性，所以可以将两者结合起来使用。当前，存在两种可供使用的规范，分别为 IEEE 802.11a 和 IEEE 802.11b。这两个技术标准已经得到了广泛使用，但由于两者均属于非正交频分复用系统，所以各自的性能各有优劣。在制造商中，Wi-Fi 技术因其独特的优势而备受欢迎。

其一，无线电波广泛应用于覆盖范围的各个领域，为人们提供了极其便利的通信方式。此外，由于无线信号传输距离有限，因此无法实现远距离通信。然而，蓝牙技术所产生的电磁波仅限于狭窄的覆盖范围，其半径仅能涵盖约 50 英尺（约 15 m）的范围。相较而言，Wi-Fi 网络的覆盖范围门槛较为苛刻，可达约 300 英尺（约 100 m），适用于办公室和整栋大楼内的各种场景。

其二，尽管 Wi-Fi 技术在无线通信中的表现不佳，与蓝牙相比，其数据安全性能较差，传输质量也有改进空间，但是其传输速度却非常快。IEEE 802.11ac 数据传输速率可达 422 Mbps/867 Mbps，完全满足个人和社会信息化的需求。

其三，Wi-Fi 技术的门槛相对较低，制造商只需在人员密集的场所如机场、车站、咖啡店和图书馆设置"热点"，并通过高速线路接入因特网，就能实现对互联网的快速接入。这些热点所发射的电波能够覆盖数十米至 100 m 的半径范围，为支持 WLAN 的笔记本电脑或 PDA 用户提供了高速接入因特网的便利，让他们在网络世界中畅游自如。相较于传统的网络布线接入方式，厂商无须投入巨额资金，从而成功地实现了建设成本的降低。

尽管 Wi-Fi 是一种方便继承以太网的无线扩展技术，但在一个接入点周围的特定区域内，用户仍能以高达 11 Mbps 的速率连接网络。这对于一些高速数据业务来说是相当理想的。当多个用户同时通过一个接入点接入时，由于带宽被多个用户共享，因此其接入速度通常仅能达到数百 kbps 的速度。此外，由于墙体对信号的阻隔，建筑物内的有效传输距离相对较小，从而限制了信号的传输范围。

未来，Wi-Fi 技术将广泛应用于 SoHo、家庭网络以及那些难以安装电缆的场所或建筑，为用户提供更加便捷的通信体验。这些应用都需要一个低成本的无线接入设备，以支持各种不同类型的通信系统。当前，该技术的使用者主要聚集在公共“热门”区域，如机场、酒店和商场等。通过将无线网络技术与基于 XML 或 Java 的 Web 服务相融合，企业可以实现成本的降低。企业还可利用该技术构建一个无线局域网，为公司内的所有用户提供高速数据传输。通过为每层楼或部门配置 802.11b 的接入点，企业可以避免在整个建筑物中铺设电缆所需的昂贵成本。此外，还可利用现有设备和资源实现更多业务应用。这一措施将显著减少企业的财务开支。

第三节　IrDA 无线红外数据通信技术

IrDA 是一种利用红外线实现点对点通信的尖端技术，它为无线个域网（Wireless Personal Area Network，WPAN）的实现奠定了坚实的基础。目前已成为一种新型的短距离无线通信手段。随着信息技术的飞速发展，现代社会对无线通信的期望日益提高。红外作为一种新型电磁波，可以通过发射和接收两种途径来传递信息，因此，将之应用于无线通信领域具有重要意义。通常用 900 nm 的近红外波段红外线作为信息传输介质，也就是通信信道。由于红外波长短，且不容易被探测到，因此可以用短距离无线通信方式来代替有线通信。这种无线通信方式以其卓越的抗干扰能力、高速的传输速率和卓越的保密性而脱颖而出。通过利用基带二进制信号进行调制，将之转化为脉冲串信号，并利用红外发射管传输红外信号，从而实现信息的传输。对于来自发射器的光信号，在接收端进行解码和解调，以确保信号的完整性和准确性。其中，光电转换器作为系统中的重要部件之一，是整个通信系统的核心部件。通过将光脉转换为电信号，并经过一系列的放大、滤波等处理，接收端将之传输至解调电路，以实现解调，最终将解调结果转化为二进制数字信号并输出。在实际应用中，由于光信号与噪声之间存在着较大差异，因此需要采用合适的调制方案才能实现对微弱信息的检测及解调。脉冲宽度调制法在光信号接收领域中应用较为广泛，并且取得了很好的效果。常用的调制方法主要包括两种：脉宽调制（Pulse Width Modulation，PWM）和脉位调制（Pulse Position Modulation，PPM）。PWM

主要利用脉冲宽度的调节来实现信号的调制。PPM 是一种信号调制技术，它通过调节脉冲之间的时间间隔来实现。

红外信道的传输实际上是通过对二进制数字信号进行调制和解调来实现的，这种通信方式被称为红外通信。为了使数据传输更加可靠、高效，需要将数据通过特定的方法编码成一定长度的信号，并由相应的红外光线传送到接收端。在这一过程中，红外通信接口扮演着调制解调器的关键角色。IrDA 作为利用红外线实现点对点通信的技术已被相应软硬件技术广泛采用，并有如下一些特点：

（1）具备移动通信设备必须具备的尺寸小、功率小、连接便捷、使用方便等特点。

（2）传输速率是适用于家庭及办公室的微微网（Piconet）中传输速率最高的一种，由于点对点的连接方式，数据传输受干扰小，传输速率高达 16 Mbps。

（3）红外发射角度小（30° 以内），传输安全性高。

（4）利用数据电脉冲与红外光脉冲相互变换，无线收发数据。

（5）多用于代替点对点线缆连接。

（6）新通信标准与较早通信标准相容。

（7）4 Mbps 速率的 FIR 技术已被广泛使用，16 Mbps 速率的 VFIR 技术已经发布。

（8）不透明材料在阻挡光线方面具有优势，可实现有效的空间分割和使用，方便集群间的协作和使用。相比其他传输技术，红外线传输受限于使用空间。通常情况下，光线在传输时会遭遇不透光的障碍物（如墙壁），从而进行反射。利用这一特性，在多个物理空间内的不同设备之间进行传输是可行的。

（9）由于红外线利用光进行传输，其传输过程不会占用任何频道资源，因此无须担心频道资源被占用的问题。此外，由于红外线传输仅在特定的物理空间内进行，并且需要对准接收端口，因此具有非常高的安全性，使被窃听和信息泄露的风险得到了极大的降低。

（10）由于红外线传输采用光传输技术，并且限定了使用的物理空间，所以具有优秀的互换性和通用性。在同一频率条件下，红外线发射和接收设备可以相互使用。

（11）红外线通信还有抗干扰性强、系统安装简单、易于管理等优点。

IrDA 技术在市场上拥有广泛的竞争优势，因此，在便携式产品中采用这种方式将成为一种趋势。首先，相较于一般的 RF 组件，红外线 LED 和接收器等组件的成本显著降低，具有更高的性价比。其次，IrDA 接收角度已扩展至 120°，超越了传统的 30°，呈现出更为广泛的接收范围。最后，由于采用了无线方式传输信号，因此不需要专门设计用于发射或接收的天线，可以减少设备重量、降低系统功耗以及提高产品性能。在台式电脑上使用带有 IrDA 接口的设备，如键盘和鼠标等，由于其低功耗、小体积和较大的移动范围，因此其可靠性得到了显著提升。IrDA 技术是一种理想的选择，特别是对于那些对传输速率、使用次数、移动范围和价格有较高要求的设备，如打印机、扫描仪和数码相机等。

IrDA 是一种被广泛应用于 IT 和通信行业的无线数据传输标准，尽管其通信距离仅有数米，但其红外光传输所具备的多重优势却是不可忽视的。目前，该技术已成为无线通信领域最热门的话题之一。由于其简单的连接方式，该系统适用于多种不同的操作系统，并且具有更高的传输速率，这使它成为一种非常优秀的选择。另外，它还可用于远距离无线通信。红外连接相较于有线连接，具备更高的安全性和可靠性，有效避免了线缆和连接器因磨损和断裂而引发的检修问题。在众多无线数据传输技术中，红外信号传输以它独特的优点受到越来越多用户的青睐。随着移动计算和移动通信设备的广泛应用，红外数据通信正在以惊人的速度蓬勃发展。目前，在全世界范围内已部署了上万台红外发射器/接收器。数据显示。

尽管 IrDA 作为一种无线数据传输技术在多个方面具有优越性，但由于需要进行视距传输，因此在两个设备之间进行数据传输时，不可以存在任何形式的障碍。因此，当它们距离较远时，就会造成一定程度上的延迟。在多个设备之间使用时，需要进行位置和角度等方面的调整，而在两个设备之间使用时并不会遇到任何问题。所以，必须要设计出一款专门为手机提供红外通信服务的产品来解决这个问题。

IrDA 技术在应对 LED 红外线方面表现出色，然而其自身的耐用性却相对较低，因此对于一些仅被偶尔使用的工作设备，如扫描仪和数码相机等，IrDA 技术具有很高的适应性。若频繁使用搭载 IrDA 端口的智能手机进行网络连接，LED 灯可能会在短时间内失去其原有的功能。

IrDA 的适用范围仅限于点对点的传输连接方式，无法灵活地构建网络结构，这在某些情况下限制了其应用范围。

1993 年，为了确立一套全球通用的红外数据通信规范，成立了红外数据协会（IrDA），该协会由 20 多家企业（包括 HP、Compaq、英特尔等）组成。它是世界上第一个致力于开发和推广红外技术应用的国际性组织，也是国际红外通信标准化工作中最重要的团体之一。IrDA 自成立以来，推出了多个红外通信协议，这些协议不仅注重数据传输速率，更强调能源节约，同时也兼顾了数据传输之间的平衡。

1994 年，IrDA 发布了第一个红外通信标准 IrDA1.0，定义了最高数据传输率为 115.2 kbps 的红外通信协议，简称为 SIR（Serial Infrared，串行红外协议），采用 3/16ENDEC 编解码机制。该方案是以光纤为信息载体的数据传输技术，具有成本低、性能好等优点。采用系统的异步通信收发器（UART）和 SIR 技术，实现了一种半双工的红外通信方式，通过对串行数据脉冲波形进行压缩和对接收的光信号电脉冲波形进行扩展的编解码过程，成功实现了红外数据的传输。

1996 年，IrDA 发布了 IrDA1.1 标准，即 Fast Infrared（快速红外协议），简称为 FIR。该技术是基于高速数字处理芯片设计实现的一种新型数字传输系统。相较于 SIR，FIR 不再依赖于 UART 技术，其数据传输效率得到了质的飞跃，可实现高达 4 Mbps 的数据传输速率。同时它也是一种新的帧结构，具有很高的编码效率和较低的复杂度，因此被广泛使用在军事、航天等领域。FIR 采用 4PPM 编解码机制，在低速时仍保留了 IrDA1.0 协议规定。该方案使系统能够以更低的功耗传输信息，从而提高整个红外链路性能。接着，IrDA 推出了 VFIR 协议，该协议可实现高达 16 Mbps 的最高通信速率，从而进一步提升了红外通信的速度。IrDA1.2 协议规定了在最高速率 115.2 kbps 下实现低功耗选择，而 IrDA1.3 协议则将这种低功耗选择功能扩展至 1.152 Mbps 和 4 Mbps 之间。

IrDA 标准涵盖了三个必需的规范：物理层 IrPHY（The Physical Layer），连接建立协议层 IrLAP（Link Access Protocol），以及链接管理协议层 IrLMP（Link Management Protocol）。其中物理层包括两个基本技术要求，即传输速率和时延限制。这三个组成部分构成了一个有机的整体，它们通过一系列规则相互协调和控制，以确保数据访问和网络传输的安全性和可靠性，从而保障整个网络系统的运行。其中最重要的两个方面是物理层和连接端设备。在这三个维度中，建立物理连接的协议层扮演着至关重要的角色。建立物理连接需要遵循一定的规则，这些规则主要包括传输控制协议、路由选择算法等方面的内容。在实现网络互联的过程中，必须严格遵守一系列基本规则，其中之一便是不可或缺的规则。因此，物理层规范成为构建网络体系结构必不可少的一部分。为了满足上层用户的多样化需求，每一项规范均提供了独具匠心的服务体验。因此，需要有相应的协议来描述这些规范的具体含义以及如何执行它们。本书所涉及的规范主要包括建立物理连接的协议层以及规范物理接口的标准。物理接口规范的构成要素之一是红外通信接口和射频接口，这两个组成部分共同发挥着至关重要的作用。这两种协议分别为无线传感器网络中的数据采集与传输提供可靠的物理地址空间和安全保障。整个无线传感器网络的架构是由它们共同构成的。在此基础上又衍生出一些相关的协议规范。IrPHY 规范规定了红外通信硬件设计的目标和要求，而 IrLAP 和 IrLMP 则分别承担着连接设置、管理和维护的职责，以确保通信的可靠性和稳定性。目前国际上对二者进行了较广泛的研究，并已制定出一些相关标准或技术规范。本书着重探讨了这两种规范的核心内容及其具体实施方式，同时深入剖析了它们之间的差异和联系。通过对它们进行分析比较，总结出一些重要规律和特点。确保网络的安全性是一项至关重要的任务，同时，这些规范也能够为红外通信系统的其他组成部分提供有益指导，从而确保系统的稳定性和可靠性。此外，IrDA 还推出了一系列更为高端的红外协议，如 TinyTP、IrOBEx、IrCoMM、IrLAN、IrTran-P 和 hBus 等，以满足各种不同的红外通信应用场景，为用户提供更加灵活和多样化的通信选择。

IrDA 的物理层规范规定了一种点对点的红外通信方式，采用串行半双工传输技术，实现了 0 到 100 cm 之间的无缝通信。它提供了一个标准而又简单的接口，便于对各种设备进行标准化连接与管理。为确保不同品牌、型号的设备之间实现物理上的互连，该规范详细规定了调制方式、传输速率、视角（即接收器和发射器之间红外传输方向上的角度偏差）、视力安全、电源功率以及抗干扰性等多个方面。这种规范可以为用户提供良好的性能价格比和较短的设计周期。该规范可确保在典型环境下（例如存在环境照明，如太阳光或灯光等红外干扰情况）进行可靠的通信，同时最小化参与通信的设备之间的干扰。目前，该协议已经被广泛使用在各种应用场合中。113 是 IrDA 规范的最新版本，它支持标准电源和低功率电源两种类型，为用户提供更加灵活和多样化的电力选择。这两种电源都具有良好的抗辐射性能，并且能提供稳定且足够大的有效信号接收范围。标准电源无误传输距离为 0～100 cm 不等，视角最大值至少为 15°。这两个参数都能满足一些特定应用中对传输速度及有效范围要求较高的需求。低功率电源适合便携设备及电信行业使用，它的无误传输距离从 0 至 20 cm 不等，且最大视角至少 15°。

利用将数据电脉冲转化为红外光脉冲并进行无线传输的技术，红外通信实现了数据的传输和接收。由于具有抗干扰能力强、保密性好等特点，红外数据传输得到了广泛的应用和发展。在红外数据关联（IrDA）中，发射设备运用发光二极管向外传输信号，其波长区间一般为（875±30）nm。使用带有滤波屏的光电二极管作为接收设备，仅允许经过调制的特定频率红外光经过。为了使发射器和接收器之间不发生电磁干扰，必须保证发射端能够有效地探测来自接收端的微弱电信号。光学部分所接收到的电荷量与信号辐射的能量成正比，这一比例关系表明了接收器的电荷量与辐射能量之间的紧密联系。为了减少这种不匹配造成的误差，需要将发射器和接收器分开放置。该接收器经过精心设计，能够有效地提取有用信号并过滤掉其他干扰光线，从而实现高度可靠的数据接收。

为了从外部的照明和干扰中提取出有用的信号，发送端应该尽可能提高输出功率，以获得更高的信号电流和信噪比。为了达到这一目的，发送端多采用脉冲激光器来发射激光光束。然而，由于红外发光二极管无法在 100%的时间段内以全功率运行，因此在发送端采用了脉冲调制技术，其脉冲宽度通常为 3/16 或 1/4 比特，以实现更为精准的信号传输。为了获得更大的输出电压和输出功率，必须选择合适的工作模式来提高器件效率，即使用较大的脉宽进行连续发射。随着脉冲宽度的增加，所提供的能量将变得更加充沛，同时发射结的温度也将逐渐降至最低水平。如此一来，发光二极管的持续发光功率得以提升至其最大功率的 4 至 5 倍。

此外，在红外通信中，由于传输路径中不存在直流成分，因此进行脉冲调制是不可或缺的。为了适应外部环境的照明需求，接收装置会进行调整，只会接收那些具有变化的部分，也就是有用的信号。另外，脉冲宽度是一个重要参数，它影响对噪声和干扰源的分辨能力。因此，在信号传输过程中，采用脉冲调制技术能够有效消除各种干扰因素的影响。

该 IrDA 收发器整合了一种滤波屏，能够高效地消除噪声，使得频率范围在 2.4～115.2 kbps 和 0.576～4 Mbps 内的信号得以通过滤波器进行传输。该收发器还具有一个用于选择各频段滤波器的选频功能，以便将所需的信息以合适的方式发送到用户终端中。为了有效地分离和过滤各个频带上的信号，该设计采用了多个不同频段的滤波器，从而实现了整个系统的简化和可靠性提升。另外，为了避免干扰其他用户设备的正常工作，还加入了抗干扰电路，以提高其抗干扰能力。通过对特定频率范围内的信号进行接收和处理，有效提升了通信的可靠性和抗干扰性，从而保障了通信的稳定性和可靠性。目前，红外通信以其低成本、近距离传输的独特优势，已广泛应用于多个领域。本书中所介绍的红外通信模块，可广泛应用于工业控制、军事侦察、智能家居、安防监控等场合。在网络应用领域，利用红外通信技术，可以实现对点调制解调器的互联。例如，在军事指挥控制系统中，通过对红外光源发出的红外线进行探测和跟踪，以达到远距离控制计算机或其他电子设备的目的。随着互联网的飞速发展和图像文件数量的不断攀升，红外通信已成为一种广泛应用于高速传输扫描仪和数码相机等图像处理设备的先进技术，通过无线方式实现与网络的灵活连接，从而实现信息的高效收发。在军事上，红外通信技术也被广泛地应用到导弹制导、电子战、侦察监视及防空反导系统中。为了实现无线数据传输，许多笔记本电脑和打印机等设备都配备了红外通信接口，这使它们之间的数据传输变得更加便捷。在军事方面，红外夜视仪的应用可以帮助士兵在夜晚进行目标观察、搜索和瞄准。

考虑到红外无线通信技术是将一种特殊的红外线作为载波，因此红外线对人体的潜在危害成为红外无线设备开发人员必须高度重视的议题。目前国内使用的红外信号传输系统都存在一定程度上的安全隐患。在人员密集型的红外无线通信应用场景中，确保安全性已成为开发过程中至关重要的一环。在一般情况下，为了满足远距离传输要求，红外光源和探测器之间存在较大的位速差。随着位速率的增加，实现相同有效距离所需的发射光强呈现逐渐增大的趋势。当接收到红外信号后会产生大量噪声，这些噪声严重影响了系统的性能，因此要求红外发射功率尽可能小。出于对人类安全的考虑，红外发射功率的限制已经被提出。为了满足人们对通信质量和功耗的要求，如何降低发射功率就成了一个研究热点。为了提高发射功率，许多学者探索了在发射端进行滤波的方法，以期达到更好的效果。M.Ghisoni 等人在研究中发现，使用全息漫射器对发射端进行过滤，可以显著减少红外光的辐射。他们认为全息漫射器可以将红外线转换成可见光，从而减小其辐射强度，但这并不意味着红外传感器也能够被用于这种情况下。在进行红外无线数据传输时，室内环境所产生的光源干扰会对系统的传输造成相当大的干扰。目前常用的抑制光源干扰源的方法是增加光纤和光栅。太阳光具有广泛的影响范围，白炽灯对于带宽有很大影响，荧光灯仅在 600 nm 左右才会产生很大的干涉。通过实验证明，利用全息漫射技术和光栅滤光片来抑制室内的可见光干扰是可行的。通过采用不同的调制方案，并对相关误码率进行处理，可以有效地解决室内光源所带来的干扰问题。

第四节　ZigBee 紫蜂无线通信技术

ZigBee 是一种新型无线通信技术，其命名灵感源于蜜蜂的 ZigZag 舞蹈。类似于 CDMA 和 GSM 网络，ZigBee 作为一种高度可靠的无线数据传输网络，曾被誉为 HomeRF Lite、RF-EasyLink 或 fireFly 无线电技术的杰出代表，其卓越的性能和可靠性备受赞誉。由于其自身独特的优点以及在许多领域中有广泛应用前景的潜力，近年来引起了学术界及工业界越来越多的关注。其具备低功耗和低成本等特质，彰显出其卓越的性能。它可以提供一个廉价而稳定的无线网络接入环境来进行各种数据的传输和交换。ZigBee 的数据传输模块呈现出类似于移动网络基站的特性，支持从标准的 75 m 到几百米、几千米的通信距离，并且拥有无限的可扩展性，为用户提供了无限的数据传输可能性。在短距离范围内可以提供高速数据连接，并以较少的功率为用户传输大量的信息。其速率之低、功耗之低、成本之低，使它脱颖而出。它在无线传感器网络应用方面有很好的前景。蜜蜂之间以 ZigZag 舞蹈为媒介进行信息传递，而 ZigBee 则是一种建立在无线通信技术基础上的高效、可靠的数据传输网络。

ZigBee 底层是采用 IEEE 802.15.4 标准规范开发的，特点是功率低、可短距离通信。一般情况下 ZigBee 技术的传输范围都比较小，仅有 10～100 m，只有在增加发射功率后才能把距离增加到 1～3 km。ZigBee 在功耗模式上可以说是十分强大，两节常用的干电池在低功耗待机状态下可支持一个节点工作一年甚至更长，而且芯片价格相当便宜还没有协议费。ZigBee 的工作速率一般为 20～250 kbps。虽然传输速率慢，但是延时时间短、响应速度快而且还十分安全。

作为一种广泛应用于工业现场自动化控制数据传输的网络，ZigBee 网络与 CDMA 网或 GSM 网不同，具有更高的可塑性和适应性，为工业生产提供了更加灵活的解决方案。它采用射频方式实现短距离无线通信，通过汇聚节点将采集到的信息汇集成一个整体并发送给上位机，同时还可以在远端对整个系统进行监视。由于具有高度的网络灵活性、可扩展性和低成本，使它成为工业环境中快速传输和实时处理数据的理想选择，特别适用于需要实时监测生产过程状态和参数变化的场合。因此，它必须具备易操作性、稳定性、可靠性以及成本效益等特质，以确保在市场上的竞争力。传统有线无线网络一般由若干个无线传感设备组成，它们需要安装大量线缆以实现信号传输。相对而言，移动通信网在语音通信领域的应用更为广泛，每个 ZigBee 基站的费用通常不到 1 000 元人民币，而每个基站的费用则通常超过数百万元。因其低成本、易部署和易维护等优点，无线组网成为一种备受青睐的选择。在 ZigBee 网络中，各个节点不仅可以充当监测对象，例如连接的传感器可以直接进行数据采集和监测，而且还能够自动转发其他网络节点传输的数据，从而实现高效的数据传输。这些特点使它非常适合应用于各种需要对环境状态及参数实时感知并及时作出响应的场合。此外，每个 ZigBee 网络节点（全功能设备）还可与多个不承担网络信息中转任务的简单设备（限制性功能设备）在其自身信号覆盖范围内实现无线互联。

ZigBee 网络由成千上万个微小的传感器节点构成，这些节点之间的通信相互协调，仅需极少的能量即可实现。由于每个节点都具有独立的电源和电池管理功能，所以在无线数据传输中不需要任何额外设备。通过利用无线电波的中继技术，数据得以高效地从一个网络节点传输至另一个节点，从而实现了通信能力的最大化。

ZigBee 规范是由 IEEE 802.15.4 小组和 ZigBee 联盟联合制定的。它提供一种全新的基于无线通信技术的低功耗、低成本、低数据率、多跳通信模式的解决方案。在未来数年内，该标准将被广泛应用在各种无线网络系统中，作为无线传感器网络中一种基本且通用的协议标准。目前已经有多个国家颁布了相关的技术规范。IEEE 802.15.4 小组负责物理层（Physical Layer，PHY）和媒体接入控制（Media Access Control，MAC）层规范的制定。该委员会由来自全球各地的著名学者组成。ZigBee 联盟肩负着制定网络架构、安全管理和应用界面规范的重任，以确保网络系统的稳健性和可信度。这些规范为整个无线通信网络提供了统一的通信平台，并支持异构设备之间的信息交换与共享。在无线传感器网络领域，该协议被公认为是最为重要的国际标准之一，其重要性不言而喻。目前已经有许多标准正在制定或准备制定之中。在 2004 年 12 月，ZigBee 联盟通过了第一个版本的 ZigBee 规范，随后陆续发布了 ZigBee 2006、ZigBee PRO、ZigBee RF4CE 等规范。这些标准主要针对无线传感网络中数据采集节点的通信机制进行研究，包括路由算法、网络拓扑结构以及密钥协商方法。由于这些协议均基于无线传感器网络技术提出，故具有高度的可扩展性和可移植性，从而成为一种极具实用性的通信方案。经过多年的发展，已经形成一套比较成熟的技术标准体系。2015 年，ZigBee 3.0 版规范获批。它包括一系列新的应用接口以及与之配套使用的标准文件，涵盖了所有需要进行无线通信连接的应用领域，如智能家居系统、工业监控、医疗健康、安全防护、交通控制等。在物联网行业中，这一系列标准将成为最具影响力的技术规范之一，为行业的发展注入新的活力。它将促进无线传感器网络技术与智能家居系统之间的无缝集成。ZigBee3.0 版本的规范致力于为家庭自动化、照明和节能等领域的设备提供高效的通信和互操作性，从而为产品开发商和服务提供商提供更加多元化、完全可互操作的解决方案，以满足用户在这些领域的需求。为了使用户能够使用这些协议，必须对现有的规范进行修改或重新构思，以确保满足用户的需求和标准。新版本采用了一种全新的分层结构，并增加了一系列扩展模块来实现与原有系统兼容的要求。所有符合 ZigBee PRO 标准的设备类型、命令和功能，均可依据最新的规范进行明确定义。同时，通过将设备与网关分离，使得设备可以从网关处下载并安装软件来实现远程控制。在此版本中，网络协议栈的依赖程度得到了有效降低，因为各种任务不再需要设备之间的直接通信即可完成。同时，该版本也提供了一个统一的平台，可以支持多种协议并扩展相应的应用。除此之外，ZigBee3.0 版本的规范还引入了 ZigBee RF4CE 和

ZigBee GreenPower 技术，以进一步提升在低延迟和低功耗方面的表现。此外，也将使用新的路由算法来优化无线传感器网络的能量消耗问题。在此版本中，用户得以运用这些新特性，以达到更高效的能源利用。值得特别一提的是，已经采用了先进的技术支持 IPv6，使用户可以通过 IP 网络实现遥控操作，这一技术的引入为用户带来了巨大的便利。ZigBee 设备可通过路由器或网关实现与网络的互联，从而实现对智能家居设备的遥控。

ZigBee 技术的特点概况如下：

（1）ZigBee 的低功耗特性是其突出的优势之一。两节五号电池可以使用半年到两年甚至更长的时间（低功率状态），无须频繁更换电池或充电。这种特性使 ZigBee 非常适用于无线传感器网络。相比之下，蓝牙的工作时间仅为数周，而 Wi-Fi 的工作时间则仅为数小时。

（2）ZigBee 采用了大量简化协议（不到蓝牙协议的十分之一），从而有效降低了对通信控制器的要求，实现了低成本的控制。由于采用低功耗设计，该技术可以节省整个网络所需的能量和功耗。根据预测分析，当采用 8051 的 8 位微控制器时，全功能的主节点所需的代码为 32 kB，而子功能节点则只需 4 kB。因此，低成本使它成为目前最好的无线通信技术。ZigBee 的杰出之处之一在于其卓越的性能表现。

（3）ZigBee 的数据传输速率为 20～250 kbps，表现出了相对较低的速率。为满足各种低速率数据传输应用的需求，该系统提供了多种不同频率下的原始数据吞吐率，其中包括 250 kbps（2.4 GHz）、40 kbps（915 MHz）和 20 kbps（868 MHz）。

（4）ZigBee 以惊人的速度响应，仅需 15 ms 即可从休眠状态转变为工作状态，节点加入网络仅需 30 ms，而节点连接进入网络也仅需 30 ms，这无疑极大地节省了能源消耗。同时，它还能通过无线方式进行数据交互和传输，无须有线布线，因此具有广阔的应用前景。相对而言，蓝牙所需的时间介于 3 到 10 s 之间，而 Wi-Fi 则需要 3 s 的时间才能完成其功能。

（5）ZigBee 的可覆盖范围受实际发射功率和应用模式的影响，通常为 10～75 m，足以覆盖大多数家庭或办公室环境，因此其覆盖范围相对较小。通过提高 RF 发射功率，可以将覆盖范围扩大至 1 至 3 km。通过利用路由和节点之间的中继通信，可以进一步扩大传输距离，从而提高数据传输的效率和可靠性。

（6）ZigBee 网络的拓扑结构支持多种形态，包括星型、片状和网状结构，其中一个主节点具备管理多个子节点的能力。在整个网络结构中，主节点是所有从节点的汇聚点，负责转发来自各个从属节点的数据包。每一个 ZigBee 网络最多可与 255 台设备相连，即每台设备最多可与 254 台其他设备相连。此外，上层网络节点可对主节点进行管理，从而形成一个规模庞大的网络，其节点数量最多可达 65 000 个。

（7）ZigBee 具备数据完整性检查和鉴权功能，同时支持 AES-128 加密算法，其安全属性可根据实际需求进行灵活配置，从而确保数据的高度安全。

（8）在工业科学医疗（ISM）频段，采用直接序列扩频技术，可实现 2.4 GHz（全球）、915 MHz（美国）和 868 MHz（欧洲）的免执照频段和灵活的工作频段。

第五节　RFID 射频识别无线通信技术

射频识别（Radio Frequency Identification，RFID）是一项基于射频信号和其空间耦合（如电感或电磁耦合）的传输特性的先进技术，其独特之处在于无须人工干预即可自动识别静态或动态物品，从而实现了智能化的物品识别。射频识别技术以无线方式进行数据传输，不受时间与距离限制。其非接触性、高速读写和高容量信息存储能力，以及卓越的保密性，使它广泛应用于物流管理、商业自动化、交通监控、防伪溯源、医疗检测、身份认证和工业过程控制等领域。随着信息技术的发展和社会信息化水平的提高，人们对各种不同种类产品进行跟踪管理越来越依赖这种技术，而传统的手工管理方法已经无法满足需求，因此，利用现代信息技术加强管理成为必然。射频识别技术已广泛应用于感应电子芯片、近距离卡、感应卡、非接触式卡片、电子标签、电子条码等领域，为这些领域的进一步发展提供了强有力的支撑。射频识别技术具有安全、可靠和快速传输信息等优点，被认为是未来自动识别系统的重要发展趋势之一。当前，该领域已经在全球范围内获得了迅猛的进展。该技术广泛适用于物流管理、商业零售以及其他领域，应用前景广泛，从而使其成为行业内不可或缺的重要组成部分。RFID 系统包括 Reader（读写器）、Transponder（应答器）和 Tag 标签三个组件。通过向应答器发射一定频率的无线电波能量，读写器能够唤起应答器电路的反应，从而获取应答器内部唯一的标识码。当读取到标签后，就能根据标签中存储的信息判断出物品的类型。该设备能够自动识别物品上附着的条形码或二维码，从而实现物品身份的自动识别和定位功能。当读写器与应答器进行通信时，应答器会接收到来自读写器的信息，并转化为数字信号，随后传输至读写器，最终通过天线进行发射。由于射频技术是一种非接触式识别技术，所以它能以很低的成本获得广泛使用，尤其适用于商业领域。应答器的形态多种多样，其中包括但不限于卡片、纽扣、标签等，而电子标签则因其不需要电池、无接触、抗污染等优点备受推崇，其内部芯片密码独一无二，不可复制，安全性高，使用寿命长久。由于射频识别技术具有非接触式和远距离传输特性，所以该系统可应用于许多场合。因此，RFID 标签可以被粘贴或安装在各种物品上，通过安装在不同地理位置的读写器，读取存储于标签中的数据，从而实现对物品的自动识别，进而提升识别效率和准确性。RFID 技术已在动物芯片、汽车芯片防盗器、门禁管制、停车场管理、生产线自动化、物料管理、校园一卡通等多个领域得到广泛应用，彰显出卓越的应用潜力。

RFID 技术以电磁耦合为基础，实现了信息的快速识别、无空间限制的物体跟踪和高效数据交换。在很多场合下，利用它进行数据采集是很有效的手段，如物流系统、仓储管理系统等。然而，由于 RFID 需要利用无线电频率资源，因此必须遵守无线电频率管理的规定，以确保系统的稳定性和可靠性。在目前的射频识别系统中，大多数都是采用非接触方式进行通信的，即不与任何其他设备发生直接关系，也不占用其他系统的频段。RFID 技术相较于早期或同期的接触式识别技术，具备更为优越的特性：

（1）实现数据读写的能力。利用 RFID 读写器，可以实现对射频卡内数据信息的非接触式读取，并存储于数据库中。此外，该读写器还支持一次处理多个标签，并将处理后的数据状态写入电子标签。

（2）实现电子标签的微型化和多元化，以满足不同用户的需求。RFID 技术在信息读取过程中不受限于物品的尺寸和形状，因此无须考虑标签与读取精度的对应关系。此外，RFID 电子标签正朝着微型化的方向不断演进，以便于嵌入各种不同的物品中，从而实现更加灵活的物品生产和加工控制，特别是在生产线上的应用。

（3）具备对环境的耐受性。由于该标签具有很强的抗电磁干扰性能，所以非常适合应用于恶劣的电磁环境。RFID 的最显著特征在于其能够以非接触方式进行读写，距离可达数厘米至数十米，同时具备识别高速运动物体和耐受苛刻环境的能力，对于水、油、药品等物质也表现出强大的抗污能力。此外，RFID 技术还具备在昏暗或污染的环境下精准地提取数据的能力。

（4）该物品具有可重复利用性。RFID 技术的电子标签具有可重复读写的特性，因此，通过回收和再利用标签，可以提高资源利用效率，降低电子垃圾和环境污染的风险。

（5）强穿透。RFID 具有较强的穿透性，即使在被非金属、非透明材料如纸张、木材和塑料包覆的情况下，仍然可以进行正常的通信和识别。然而，当 RFID 标签被嵌入铁质等金属物体内部时，由于电磁波难以穿透金属等材料，因此无法实现正常的通信和识别。

（6）存储容量大。数据的记忆容量大。随着存储规格的不断提高，RFID 标签的数据容量也会随之扩大。未来，物品所需要携带的数据量将会不断增加，对于标签所需扩容的要求也将逐渐增加，但是 RFID 技术可以很好地应对这种需求，因为它不会受到容量限制的影响。

（7）系统安全性。将产品数据储存于 RFID 标签上，可有效提升系统的安全性，从而避免数据泄露的风险。为确保 RFID 标签中存储数据的准确性和完整性，可以采用循环冗余校验等措施进行数据校验。

鉴于全球范围内电磁波的存在，为确保频谱分配的公正性，必须达成国际协议。为了保证各成员国能够公平地享受所需频段资源，各国都制定了自己国家的无线电管理法规。为了避免频率使用方面的混乱，我们需要对不同的业务进行频谱分配，以确保资源的最大化利用。现今，进行频率分配的主要组织有国际电信联盟（International Telecommunication Union，ITU）、国际无线电咨询委员会（International Radio Consultative Committee，CCIR）和国际频率登记局（International Frequency Registration Board，IFRB）等。这些组织是由各国政府或其授权机构发起成立并提供技术支持的，对本国的无线电频谱资源实行统一管理和协调使用，以确保国家安全与社会经济发展需要之间的平衡。在中国，频率分配的职责由工业和信息化部的无线电管理局承担。

一、标签

耦合元件和芯片构成的电子标签，每个标签均配备独特的电子编码，以实现目标对象的识别。通过读取标签上的信息可以获得所需物品的相关属性或特征。电子数据在标签中通常以规定的格式存储。这些信息是用来识别被检测物或物品是否为已标记的标签所指定的。在实际的应用场景中，待识别物体的外表会附着着标签。因此，需要对标签进行读写操作来获取目标物的相关信息。读写器能够以不需要接触的方式对标签中存储的电子数据进行读取和识别，从而实现自动识别目标体的目的。由于标签是固定于待机设备上的，所以其读写过程和其他电子设备一样，都必须通过一定方式使之处于工作状态，才能完成整个操作过程。一般情况下，读写器会与计算机相连，以获取标签信息并传输至计算机，以便进行下一步的处理。为了方便用户使用，系统必须支持一些基本功能和操作。除了基本配置，还需要相应的应用软件来支持系统的运行，以确保系统的稳定性和可靠性。

为了提高读写器对不同类型的标签信息的识别率，提出了一种基于无线射频技术的智能识读方法。当读写器向标签发送一定频率的射频信号时，标签会接收到该信号并从中提取能量，从而产生感应电流，并将其编码信息传递出去。该信息包含了标签上存储的内容。标签信息经过读写器的读取和解码后，被传输至计算机主机，以接受进一步的加工处理。

RFID 标签可分为被动标签（Passive Tags）和主动标签（Active Tags）两大类，各自具有独特的特点和应用场景。被动标签是一种无源标签，其读写设备与被读对象无关。由于主动标签自带电池供电，因此其成本相对较高。被动标签是依靠阅读器来识别标签信息的，其读写器可以与目标物体直接接触。通常情况下，主动标签的阅读范围较为有限。在一些应用场合中，例如智能仓储系统、物流跟踪系统等，要求标签具备较长的读取时间。然而，鉴于电池能量的有限性，主动标签的使用寿命受到限制，因此需要进行电池更换。此外，主动标签在非工作状态时不具有识别能力，无法对环境信息进行检测和记录。相对而言，被动标签在成本和使用寿命方面具有更高的优势，然而其阅读距离却相对较短。

在接收到微波信号后，被动电子标签将部分能量转化为直流电，以供自身运作。这种电能转换过程可通过一个电容实现，而该电容通常由金属氧化物半导体制成，所以又称为有源电容标签。这类标签具有免维护、低成本和长寿命等优点。目前使用的主动电子标签主要包括有源标签和被动标签两类。相对于有源标签而言，被动标签具有更小、更轻的特点，但其读写距离相对较近，因此被归类为无源标签。被动标签主要用于识别特定目标并提供位置信息，可应用于智能交通系统等多个领域。相较于主动标签，被动标签在适应物体运动速度和阅读距离方面存在一定的限制。

根据信息存储的可修改性程度，电子标签可被划分为只读标签（Read Only）和可读写标签（Read and Write）两类。只读标签是将芯片中的数据信息用一种特定方式记录在介质上。在集成电路制造过程中，标签被即时写入信息，无法再次修改，只能通过特殊设备进行读取操作。可读写标签能够在一次读写操作中完成数据的读取和写入两个过程，并且不存在擦除错误等问题，所以更容易实现对芯片内存储容量、可靠性及安全性等方面的保护。可读写标签具备信息写入和修改的功能，可通过编程或写入设备实现，且可在后续进行修改。通常情况下，将信息写入电子标签需要耗费数秒钟的时间，而获取标签信息则仅需数毫秒钟的时间。

二、读写器

随着微型集成电路技术的日益精进，RFID 读写器在近年来获得了巨大的进步。传统的标签主要由电子电路组成，需要消耗大量电能。利用 RFID 读写器所产生的磁场，被动 RFID 标签无需电池即可获取所需的工作能量，但由于读取距离较短，因此存在一定的局限性。由于无源标签与有源标签之间存在着电磁耦合，使得其读写效率很低，且需要额外增加天线以增大接收面积。主动 RFID 标签采用最新技术制造，不仅具备远距离读取、长寿命、可靠性能等优点，同时还拥有更小的体积和更低的功耗。因此，研究一种新型的无线射频识别技术成为当前的一个热点课题。可供手动或固定操作的装置，用于提取（有时也可写入）标签信息。这种装置可用于仓库、商店和超市的货物管理及防盗报警系统之中。在读写器中，高频载波经过 ASK 调制后被检波电路包络检波，高频成分被滤去后，包络被还原为应答器单片机所发送的数字编码信号，并被传输至读写器上的解码单片机处。解码器接收来自读写器的解调脉冲后对其进行处理和译码后得到对应的数字数据，然后送至数码管显示电路进行存储。在接收到信号后，解码单片机通过控制数码管显示电路，将应答器所传输的信息以数字形式呈现，从而实现了信息的传输。

三、RFID 天线及工作频率

在 RFID 系统中，需要将来自读写器的射频信号转换为电磁波能量，或者将电磁波能量转换为射频信号，用来传输信号的装置称为天线。读写器产生的射频信号经过天线传输到 RFID 标签，通过标签天线将信号转换为某种极化的电磁波能量，并向周围环境辐射出去。标签接收到射频信号后，标签天线将来自特定方向的某种极化的电磁波能量又转换为射频信号，经标签芯片处理后再次通过标签天线发送回读写器。因此，RFID 天线负责在标签和读写器之间传递射频信号。

通常情况下，RFID 系统的操作频率与读写器所接收到的信号频率密切相关。不同类型的射频识别技术有其自身独特的工作频带，在这些特定的工作频率下可以得到较好的应用效果。常见的工作频率包括 125 kHz、134.2 kHz 和 13.56 MHz 等。这些工作频率中，有两个以上的工作频段被称为高频系统。通常所指的高频系统，指的是那些在上述三个频段范围内的工作频率超过一定标准的系统。这类系统主要由天线和射频电路两部分组成。低频系统指的是频率在 30 MHz 以下的系统，其典型的操作频率包括 125 kHz、225 kHz 以及 13.56 MHz 等。随着科学技术的发展，人们对通信质量也提出了更高要求。由于其出色的电磁波屏蔽性能，低频系统在通信领域被广泛采用。随着科学技术的不断进步和发展，低频系统已经逐渐成为现代社会中不可缺少的重要组成部分之一。在应用频点时，这些射频识别系统通常会遵循符合国际标准的规范，以确保其有效性和可靠性。低频系统的显著特点在于其电子标签的成本相对经济实惠，同时标签内存储的数据量相对较少，阅读距离也相对较短。此外，电子标签的形态多种多样，包括但不限于卡状、环状、纽扣状、笔状等，同时阅读天线的方向性也相对较弱。

通常情况下，高频系统指的是其工作频率在 3 MHz 到 30 MHz 之间，而超高频（UHF）系统则是指其工作频率在 300 MHz 到 3 GHz 之间，典型的工作频段包括 860～960 MHz、2.45 GHz 等，这些频段的频率范围相当广泛。与低频系统相比，高频系统对信号传输要求更高，需要使用更多的器件才能达到良好的效果。在相应频段上，UHF 系统的广泛应用得到了众多国际标准的支持。电子标签和读写器的基本特征在于其成本较高，同时标签内存储的数据量较大，阅读距离也较远，可达数米至十几米。此外，该设备具有适应物体高速运动的良好性能，其外形通常呈现出卡状、贴片状或射频标签状，而阅读天线和电子标签天线则都具有强烈的方向性。

RFID 系统的工作原理可以概括为以下几个步骤：首先，读写器会产生一定频率和功率的高频电磁场信号，并通过天线将信号辐射出去。当被动式 RFID 标签进入读写器的工作范围内时，标签内的天线会接收到来自读写器的电磁场信号，并产生感应电能。接着，标签内的芯片会将感应电能转换为工作电源，并利用此电源激活标签内部的电路，开始和读写器进行通信。标签内的电路会在读写器的信号指令下，将保存的数据编码后通过标签天线发送回读写器。读写器接收到标签发送的信号后，将它转化为数字信号，再通过软件进行解码，从而实现对标签信息的读取。在整个过程中，标签无须电池供电，完全由读写器提供所需的能量。

一旦应答器单片机接通电源，它将自动进入正常工作状态，并持续向外部传递数字编码信号，以确保正常运行。如果该应答器内出现故障或其他异常现象时，则会产生各种不同类型的报警提示，如“系统异常”“数据错误”等。在此情形下，微处理器在应答器内部对所接收到的数字信息进行解码和处理，从而获得相应的数字响应结果。其中，一个重要组成部分就是开关电路，它负责将接收到的数字信号转化为与之对应的模拟量输出给微处理器。随着数字编码信号的高低电平的变化，开关电路的状态也随之呈现出多样化的变化。此时应答器将根据输入端与输出端的连接关系，实现从“等待”模式或“呼叫”模式向 “响应”模式的过渡。在此过程中，应答器内部的开关元件将会遭受不同程度的能量损失。由于开关电路工作于非线性区，因此其工作频率较低，而应答器的输入脉冲宽度较大，因而开关电路所消耗的功率很大。改变开关电路的状态会对应答器电路的品质因素和复变阻抗的大小产生影响，从而引起读写器天线的电压变化。因此，需要根据实际情况设计出满足系统要求的有源滤波电路来抑制这些变化带来的不良影响。

第六节 NFC 近距离无线传输技术

一、NFC 概述

Near Field Communication（NFC）技术是一项高效的短距离高频无线通信技术，它实现了电子设备之间的点对点数据传输和交换，从而极大地提升了数据传输的效率和准确性，为现代通信技术的发展奠定了坚实的基础。该系统采用非接触式的感应方式进行信息传递，不需要任何物理连接就可以完成数据的交互。近年来，由于其卓越的安全性和高效性，该技术已被广泛应用于手机支付、智能家电控制、车辆导航等多个领域。目前，大多数基于蓝牙的近距离无线通信系统都采用了非接触式天线进行信息传输，但这也导致了大量的功耗问题，因此研究一种低成本高效率的低功耗方案就变得非常重要。通过将无线射频识别技术（RFID）与互连技术相互融合，NFC 技术实现了两个设备之间的无缝通信，无须使用线缆插头即可实现无缝连接。与传统的有线连接方式相比，该方法可以使设备更加小巧便携。在设备互联、服务搜索和移动商务等方面，这种简单易用的近距离无线技术已经被广泛地采用。同时，该技术也是一种低成本、低功耗、易于集成的无线网络标准，可广泛应用于工业自动化、交通管理、医疗保健等众多领域。在接下来的数年中，它将被广泛地运用于人们的日常生活之中。由于极具吸引力和易用性，NFC 技术已成为全球各大运营商、手持设备制造商、信用卡公司和公共交通系统首选的先进技术。随着社会发展和人们生活水平的提高，越来越多的人倾向于使用智能手机或平板电脑等现代科技设备来获取互联网服务。NFC 技术在非接触式交易领域具有广泛的应用前景，尤其是在安全支付和票务等方面，可有效提升交易效率和安全性。

利用非接触式射频识别技术和互连互通技术，NFC 是一项先进的技术，能够在短距离范围内与兼容设备实现高效的识别和数据交换，从而实现短距离无线通信。NFC 芯片融合了感应式读卡器、感应式卡片和点对点通信等多种先进功能，使它成为一种蓬勃发展的无线通信技术，为通信领域注入了新的活力。由于该技术具有低功耗、低价格、低成本、易集成以及安全性高等特点，因而被广泛认为是最有前景的移动支付方式之一。当前市场上涌现出众多应用产品，包括但不限于智能钱包、智能卡、智能手表、电子狗等，它们为用户提供了广泛的选择。通过将 NFC 芯片嵌入手机中，用户得以轻松实现小额电子支付和读取其他近场通信设备或标签的信息，从而极大地简化了认证识别过程，使设备之间的相互访问变得更加直接、安全和清晰，为用户提供了更加便利和高效的使用体验。随着智能手机性能的不断提升，越来越多的人开始将它应用于购物、娱乐、社交、工作等领域，以满足日益增长的需求。同时，智能手机逐渐成为人们生活不可或缺的一部分，而手机作为移动计算平台的重要组成部分，其安全性问题也日益突出。NFC 技术的广泛应用不仅限于手机支付和门禁等领域，还包括 POS 终端、自动收费等场景，从而具备了无线连接、数据交换和服务等多方面的功能。目前，已有若干国内企业推出了相应的产品，并开始进军市场。未来，NFC 技术将在各类智能设备上得到广泛应用，呈现出无限的发展潜力，为科技创新注入新的活力。

“近场”是一个术语，指的是无线电波在其周围形成的电磁场区域。无线电波通过传播介质时会受到电磁波频率、强度和方向等因素的影响而产生衰减现象，从而形成了不同频段的电磁环境。当无线电波从发射天线传输至接收天线时，其所携带的电磁场能量将在远距离内相互交换并相互激发，从而形成一种被称为远场的电磁场。如果将整个电磁波看成一条直线的话，那么这个射线叫作主干线，它对所有方向都有影响，所以说远场和近场是不同的概念。然而，在距离发射天线不足 10 个波长的范围内，电磁场呈现出相互独立的特性，即近场现象。如果将电磁波传播到这个空间范围内，就叫远场。在近场范围内，电场的影响并不显著，然而磁场却可被运用于短距离的通信。

由于初级线圈（即发射天线）和次级线圈之间的距离相对较短，因此 NFC 技术可被视为一种高度耦合的互感器，以实现更为精准的信号传输。为了使它与其他传感器进行信息交互，需要采用近距离无线通信来完成数据的传输。随着通信距离的增加，近场通信中的信号强度呈现出(1/d)^6 的衰减速率，因此可以被视为一种高效的短距离通信技术，这种技术能够有效减少信号传输中的能量损失。相对而言，在较远的距离范围内，信号的强度呈现出日益递减趋势。这种特性使得近距离通信具有较大的安全隐患。为了提升近场通信的品质，必须对所接收到的信号进行滤波处理，以达到更高效的传输效果。虽然 NFC 和 RFID 都采用电磁感应耦合方式传输信息，但它们之间的信息传输方式存在显著差异。NFC 之所以拥有成本更低、带宽更高、能耗更低等特点，是因为采用了一种独特的信号衰减技术，从而实现了更为高效的信号处理，相较于 RFID 而言，NFC 的信号处理效率更高。这种技术能够将非授权用户识别为合法用户，并可以根据不同情况选择不同策略以降低系统功耗和提升安全性。此外，它还提供了多种可供选择的通信方式，从而扩大了其应用领域。RFID 技术在生产、物流、跟踪和资产管理等多个领域得到广泛应用，而 NFC 则在门禁、公交、手机支付等多个领域扮演着不可或缺的角色。

NFC 与 RFID 的差别在于 NFC 具有双向连接与识别能力，在 13.56 MHz 频率下运行，其作用距离约 10 cm。与传统的射频识别相比，它具有成本低、功耗低、速度快等优点。当前，NFC 的数据传输速度可达 106 kbps、212 kbps 或 424 kbps，未来有望提升至约 1 Mbps 的高速率水平。此外，由于其独特的优点，它将是今后移动支付系统中最有潜力的技术之一。NFC 技术促进了 ISO 18092、ISO 21481、ECMA（340、352 和 356）和 ETSITS102190 框架下的标准化，同时与 ISO 14443Type-A、B 和 Felica 标准兼容，构建了一种非接触式智能卡基础架构，具有广泛的应用前景。

随着智能手机的广泛普及，人们对于利用智能手机进行电子邮件的收发、网页的浏览以及信息的查询等方面的需求也日益增长。由于智能手机具有体积小、功耗低以及携带方便等优点，使它非常适合作为无线数据传输设备使用。利用 NFC 技术，多台设备（如计算机、数码相机、手机、PDA 等）可以轻松实现无线连接，从而实现高效的数据交换和服务，为用户带来更加便捷、高效的使用体验。由于其低成本、低功耗、易于安装和更新等诸多优点，目前已成为一种备受欢迎的无线数据通信方式。此外，NFC 通信的覆盖范围不仅限于手持设备之间的连接，而且能够实现移动设备与某些被动目标之间的无缝通信，从而实现了更高效、更智能的通信方式。商店的销售终端系统集成了一系列近场通信芯片，其中包括标签、商标标签、海报、印花或卡片等元素，这些元素相互协作，形成了一个完整的销售网络。在这个系统中，近场通信芯片能够将来自于这些终端的信息进行传输并存储起来，从而使商家能快速地了解客户的需求。在这些应用场景中，用户得以利用移动设备如手机、平板电脑等，与这些设备建立联系，并以多种方式向它发送数据。在一些特殊情况下，例如在超市购物时，也能利用近场无线通信技术完成商品的交易。这些近场通信芯片坐落于被动目标之上，无须电池支撑，可通过另一装置所产生的无线射频场来实现激活。

相对于其他短距离无线通信技术而言，NFC 技术以其更高的安全性和更快的反应速度，在无线支付环境下被广泛采用，成为电子钱包技术中交易速度快且安全可靠的一种。随着 NFC 技术与现有的非接触式智能卡技术的融合，其已成为越来越受欢迎的行业标准，并得到越来越多厂商的青睐。NFC 技术的通信功能不仅限于支付，它还提供了一种轻松、安全、快速、自动化的方式，从而使得各种设备之间的信息传递更加高效。NFC 是一项高效的信息传输技术，它能够实现文字、音乐、照片、视频等多种信息在不同设备之间的无缝传输，同时为人们提供了便捷的购买新信息内容的途径。随着全球 3G 技术的广泛普及，智能手机与非接触式智能卡的融合将愈加紧密，为用户带来更加智能化的使用体验。

随着物联网和移动互联网的蓬勃发展，NFC 技术的应用前景将更加广阔。其中之一是在各种电子标签的识别和追踪方面。在物联网时代，几乎所有物品都将配备电子标签，并且这些标签可能是 RFID 标签，类似于现在的条形码，但更具成本效益。通过将 NFC 设备（如手机）靠近任何物品/商品，我们可以利用网络获取相关信息，从而实现更加高效和便捷的物品管理和监测，这对于商业领域的供应链管理和库存管理至关重要。此外，NFC 技术还可以应用于安全访问控制、智能家居、智能医疗等领域，为人们带来更便捷、更安全、更智能的生活体验。

使用 NFC 设备（例如手机）进行交易的方式即点对点支付，与传统的手机支付方式有所不同。在传统的支付过程中，用户只能通过自己的银行卡或其他设备来完成支付。当 A 需要向 B 转账 n 元钱时，他们可以利用各自的 NFC 设备，将这些设备集成在一起进行交易，无须借助第三方支付平台。这种支付模式也被称为“零现金”或“零成本”支付，其最大特点在于无须第三方参与，而是由用户自己去完成整个过程，这使消费者的消费更加方便和快捷。或许在未来，卡片、门票、火车票、证件都将消失殆尽，只留下一部手机（就像曾经被 MP3、MP4 淘汰的手机），而一部手机，几乎可以胜任所有的任务。

二、NFC 技术特点

下述文字详细描述了 NFC 和 RFID 之间的区别以及 NFC 与其他通信方式（如红外和蓝牙）的比较。

（一）NFC 与 RFID 的区别

NFC 是一项专注于提供无线连接技术的先进技术，其主要应用于物品识别和跟踪等领域，为用户提供了轻松、安全、高效的通信体验。

NFC 传输范围小于 RFID，一般小于几厘米，RFID 传输范围可达数米乃至数十米。

NFC 运用了一种独特的信号衰减技术，其具备近距离、高带宽、低能耗等特性，而 RFID 则需要更大的功率和带宽，同时也更容易受到干扰的影响。

（二）NFC 的特点

NFC 是一种高效的近距离通信协议，可为各类设备提供轻松、安全、快速且自动化的数据传输服务。

NFC 之所以备受青睐，是因为具备高度的私密性，同时由于其极近的距离和极小的射频范围，使通信更加安全可靠。

NFC 已经成为主要厂商所支持的正式标准，因为它已经与现有的非接触智能卡技术实现了无缝兼容。

NFC 技术在门禁、公交、手机支付等领域得到了广泛的应用，展现出了无限的发展潜力。

三、NFC 与其他通信方式的比较

相对于红外通信而言，NFC 具有更快的响应速度、更高的可靠性和更简单的操作流程，无须进行设备校准和位置固定。

相对于蓝牙通信而言，NFC 技术更适用于近距离交易，可用于交换财务信息或敏感的个人信息等重要数据，而蓝牙通信则更适用于远距离的数据传输。

NFC 和蓝牙具有互补性，NFC 可用于引导两台设备之间的蓝牙配对过程，从而推动蓝牙技术的应用。

综上所述，NFC 是一种近距离通信技术，具有简单、安全、快速、私密性强等特点，广泛应用于门禁、公交、手机支付等领域。与 RFID、红外和蓝牙等通信方式相比，NFC 在传输范围、功耗、安全性和应用领域等方面有明显差异，因此需要在不同的场景和需求下选择合适的通信技术。

NFC 与传统短距离无线通信技术的对比如表 2-6-1 所示。可见，和传统的短距通信相比，NFC 具有天然的安全性，以及连接建立的快速性。

表 2-6-1　NFC 与传统近距离通信技术比较

	NFC	蓝牙	红外
网络类型	点对点	单点对多点（WPAN）	点对点
频率	13.56 MHz	2.4～2.5 GHz	红外波段
使用距离	＜0.2 m	约为 10 m 低能耗模式时约为 1 m	≤1 m
速度	106 kbps，212 kbps，424 kbps 规划速率可达 1 Mbps 左右	2.1 Mbps 低能模式时约为 1.0 Mbps	约为 1.0 Mbps
建立时间	＜0.1 s	6 s 低能耗模式时为 1 s	0.5 s
安全性	具备，硬件实现	具备，软件实现	不具备，使用 IRFM 时除外

四、NFC 工作模式

针对不同的应用场景，NFC 技术提供了三种工作模式，分别为卡模拟模式、点对点模式和读卡器模式。

（1）卡模拟模式。目前这种方式已经被广泛地应用在了一些商业领域和公共服务场合。在 NFC 技术中，还存在一种名为“卡控模拟模式”的技术，它能够将具备 NFC 功能的设备模拟为非接触式卡片，如门禁卡片、银行卡等，从而实现设备的数字化管理。用户可以通过读取卡片上的信息来验证身份并进行支付。在商场、交通等无须人工干预的移动支付场景中，用户只需将手机靠近读卡器，输入密码以确认交易或直接接收交易，即可轻松完成支付。这种模式不仅可以减少用户的操作复杂度，而且不需要额外的硬件支持。此外，该应用模式还可实现与智能眼镜、平板电脑和智能手机等其他设备的无线连接，为用户带来更加丰富多彩的应用体验。目前，这种应用模式被广泛应用于各类商业领域。在此模式下，RF 域的非接触式读卡器能够为卡片提供电力，即使 NFC

设备无法供电，也能够持续稳定地运行。此外，用户还可以使用带有特定标识信息的卡片来验证身份。在此应用模式下，NFC 读写设备从具备标签功能的 NFC 手机中提取数据，并传输至应用处理系统，以便进行进一步的数据加工和处理。这种模式的典型应用包括本地支付、门禁控制、电子票务等，如图 2-6-1 所示。

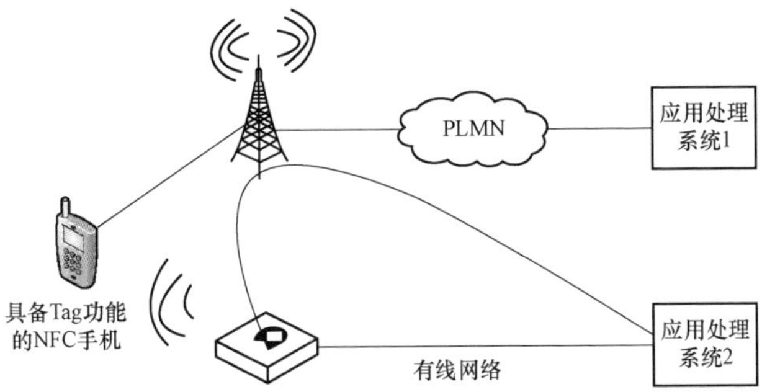

图 2-6-1　卡模拟模式

（2）点对点模式，即两个具备 NFC 功能的设备可以通过无线连接实现数据传输。它不需要在每个通信终端上设置天线或者无线网卡，也不需要对所有设备都配置天线或无线网卡，只需要在一个通信终端内即可完成无线通信任务。该模式实现了数字相机、PDA、计算机、手机等多个设备之间的无线连接和数据交换，无须借助其他设备或网络，从而实现了高效便捷的数据传输。它还能在需要时通过互联网与远端设备通信，以达到远程监控的目的。此模式适用于本地或网络应用场景，如图 2-6-2 所示。

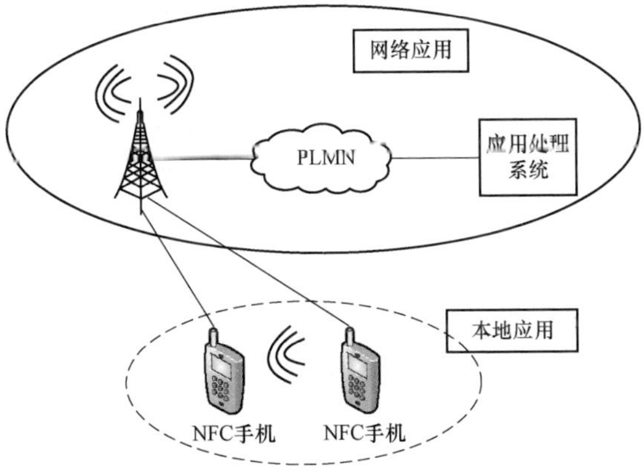

图 2-6-2　点对点模式

（3）读卡器模式。在读卡的过程中，用户需要从服务器中提取所需数据，并对其进行解码以获得相应的结果，这一步骤是必不可少的。在读取到这些信息后，通过将它们与预先存储于服务器端的数据相对比从而可以获得所需要的数据。采用 NFC 设备作为一种非接触式读卡器，以获取海报、展览信息或其他电子标签上的相关信息，实现了信息获取的高效性和准确性。当需要读取时，只需向服务器发送请求消息即可获得该数据。若欲从这些数据中提取所需信息，应用程序需先下载一款客户端软件以执行该程序。当应用运行时，通过对其进行读取，可以将所获得的数据发送到另一服务器。NFC 设备配备了一项读写功能，可从 Tag 中提取数据，并根据应用程序的要求进行相应的处理，从而实现数据的高效提取和处理。这种模式使得用户可以随时随地使用这些设备来进行文件的阅读和下载，不受任何地域限制。此外，用户还可通过移动终端对设备上的信息和数据进行修改或者更新。有些应用程序可以直接在本地进行数据处理，而其他一些则需要与网络进行互动才能完成，以实现更高效的数据处理。在某些应用场景下，用户可以自主选择将其个人信息和物品传递至特定的读卡器，以获取所需的信息或商品。当一个用户向另一用户发送消息时，这个用户可能会收到该消息的内容并显示在读卡设备中。这种模式的典型应用包括利用电子广告进行读取、购买车票或电影院门票等。目前已有多种基于读卡器的应用提供了这种服务。若用户欲避免他人获取其个人信息，则可运用读卡器来实现此目的。此外，读卡器还能用于其他许多方面。当用户在电影海报或展览信息标签上标注了 Tag 标签时，他们可以通过支持 NFC 协议的手机获取相关信息，或者立即使用信用卡购买门票，以获取更多的折扣优惠。通过使用读卡器模式，可以轻松地获取公交车站站点信息、公园地图等基础数据，这些数据如图 2-6-3 所示。

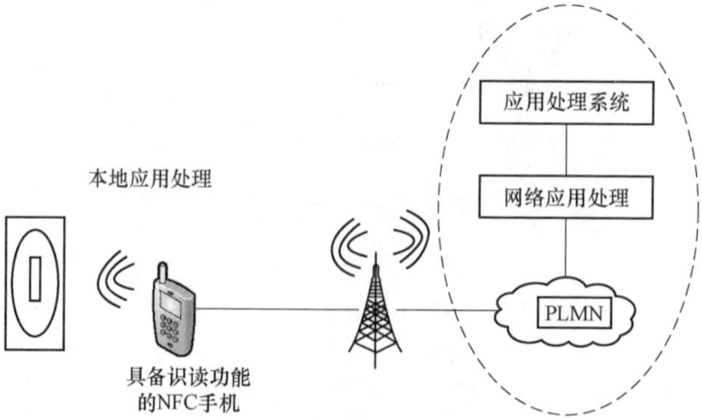

图 2-6-3　读卡器模式

五、NFC 发展前景

NFC 技术以其低廉的成本、易于使用和直观的特点，在多个领域展现出了巨大的发展潜力。NFC 是一种技术，它利用芯片、天线和软件的协同作用，实现了在几厘米范围内设备之间的通信。由于该系统可以利用智能手机或平板电脑等终端进行数据交互，因此也被称为“移动支付”。若进一步降低 NFC 技术的成本，其应用范围将扩大至更广泛的领域，甚至可能彻底颠覆人们使用电子设备、信用卡、钥匙和现金的模式。

尽管 NFC 技术改善了蓝牙等其他无线技术协同工作能力差的问题，但其目的在于在不同的场合和领域中与其他通信技术相互补充，而非彻底替代这些技术。由于 NFC 的数据传输速率仅为数百 kbps，因此在处理像音视频流这样需要高带宽的应用时并不具备足够的适应性。

尽管 NFC 技术已经在一定程度上得到了应用，但其应用范围仍相对有限。主要原因是在国内市场上没有真正意义上的成熟产品。NFC 的普及速度相对较慢，这是由于其硬件产品种类相对较少且价格较高。在 NFC 的规范和应用程序方面，我们需要更多的投入和支持，以进一步完善其性能和可靠性。由于目前国内没有成熟的标准可以遵循，所以在发展过程中会遇到一些困难。为了在全球范围内推广 NFC 技术，需要跨越多个行业领域的合作，包括但不限于硬件制造商、电信、金融和零售等，这也需要解决涉及利益分配和业务重组的复杂问题。因此，推广工作必须从各方面进行协调，才能顺利进行。其中，用户的认可程度也是至关重要的。因此，必须将注意力集中于用户本身。只有在用户对 NFC 技术的便捷性、安全性和隐私保护等方面感到满意的情况下，他们才会对其使用产生浓厚的兴趣。

第七节　UWB 超宽带无线通信技术

一、UWB 概述

UWB（Ultra Wideband）是一种无线通信技术，使用纳秒至微秒级的非正弦波窄脉冲来传输数据，而不是传统的载波传输。UWB 技术具有以下特点：

（1）超宽带宽：UWB 利用 1 GHz 以上的超宽带宽进行通信，可以占用较宽的频谱范围。这使 UWB 能够实现高速数据传输，适用于近距离通信和高带宽需求的应用。

（2）高速传输：UWB 技术具有很高的传输速率，可以达到几百兆比特每秒甚至更高的速度。这使得 UWB 适用于大容量数据的传输，如高清视频和大型文件的快速传输。

（3）短距离通信：UWB 主要用于短距离通信，通常在 10 m 以内。在这个范围内，UWB 能够提供高速、可靠的数据传输，并具有抗干扰的能力。

（4）高定位精度：由于 UWB 技术具有极高的时间分辨率，可以测量信号的到达时间差异，因此可用于实现高精度的定位和跟踪。这使 UWB 在室内定位、物体跟踪和导航等领域具有潜力。

（5）多种方案和应用：UWB 技术有多种不同的实现方案，包括基于多带脉冲、直扩码分多址和多带正交频分复用等。它在无线个人局域网、无线家庭网络、无线传感器网络等领域具有广泛的应用前景。

随着 UWB 技术的不断发展和标准化进程，预计它将在未来成为短距离无线通信领域的主流技术之一。目前，UWB 已被纳入 IEEE 802 系列无线标准，并正在制定各种应用领域的标准，如高速无线个人局域网和无线 USB 等。未来几年，我们可以期待看到 UWB 在无线通信领域的广泛应用和商业化推广。UWB 技术与其他短距离无线通信技术的比较如表 2-7-1 所示。

表 2-7-1　UWB 技术与其他短距离无线通信技术的比较

	传输速率/Mbps	功耗/mW	传输距离/m	频段/GHz
蓝牙	≤1	1～100	100	2.402～2.48
IEEE 802.11b	11	200	100	2.4
IEEE 802.11a	54	40～800	20	5
IEEE 802.11g	54	65	50	2.4
UWB	≥480	<1	≤10	3.1～10.6

二、UWB 技术特点

（一）传输速率高，空间容量大

UWB 是一种基于极短时间间隔脉冲（小于 1 ns）的无线电技术，其通信方式也被称为脉冲无线电、时域通信或无载波通信，是一种高效的通信手段。在这种无线通信方式中，由于天线之间存在着一定距离，使得电磁波在传播过程中受空间和时间限制，无法实现远距离传输，而采用了脉冲形式。相较于传统的二进制相移键控（BPSK）信号，UWB 采用非余弦波载波调制技术，实现了高效的 1 ns 以下脉冲传输。在这种情况下，每个子信道都可以接收到一个独立的基带信息。因此，UWB 所占据的频带极为宽广，呈现出扩频通信的特性，同时其频谱功率密度也极为微小。UWB 采用宽带技术，实现了高速数据传输，避免了对拥挤频率资源的独占，而是与其他无线技术共享频段。此外，由于其特有的正交性，还能够获得良好的抗干扰性能，从而使之成为一种极具潜力的无线通信方式。UWB 在军事领域的应用中，借助其卓越的扩频增益，实现了数据传输的长距离、低拦截率、低检测率、高安全性和高速度。

（二）适合短距离通信

根据 FCC 的规定，UWB 系统的发射功率受到了严格的限制，其 3.1～10.6 GHz 频段的总辐射功率仅为 0.55 mW，这一数值远低于传统的窄带系统所能承受的范围。为了实现相同的效果，需要采用多个天线来覆盖该频段在空间上连续的覆盖区域。此外，由于该频段存在较强的多径效应和多普勒频移等因素，使得接收到的回波会出现严重畸变甚至失真。随着传输距离的增加，信号所携带的能量将逐渐衰减，逐渐失去其原有的强度和影响力。为了保证信息的有效接收和安全传输速率，要求对发射端进行合理设计以实现最优性能。考虑到该频段在整个无线通信中所占比例巨大，必须思考如何提升通信品质。为了解决这一难题，可以通过采用不同类型和结构的多天线来实现性能的有效改善。此外，UWB 信号所包含的频率成分呈现出高度的多样性和丰富性，足以引起人们的高度重视。这些因素共同导致了其频谱利用效率的下降以及误码率的增加。随着传输距离的增加，不同频段的无线信道所呈现的衰落特性各异，导致高频信号的衰减速度显著加快，从而引起 UWB 信号的失真，对系统性能造成了极其严重的影响。因此，如何在不改变原有通信设备的情况下对现有无线通信系统进行优化设计成为一个亟待解决的问题。为了优化系统误码率，必须提升天线阵列的增益和接收通道的信噪比，以达到更高的性能水平。此外，收发链路的间距也会对通信质量产生较大影响。研究表明，UWB 系统的信道容量随着收发信机之间距离小于 10 m 的增加呈现出高于 5 GHz 频段的 WLAN 系统的趋势。因此，可以通过增大发射天线数量来改善整个系统的工作状态。然而，一旦收发信机之间的距离超过 12 m，UWB 系统在信道容量方面的优势将逐渐消逝。因为无线信道是典型的多径衰落信道，而这一特性会导致信号在传输过程中产生严重的时延扩展现象。此外，由于天线之间的相互作用，导致收发双方均受到一定程度的干扰，从而产生了耦合效应。因此，UWB 系统展现出了卓越的适应性，尤其在短距离通信方面，其表现可谓无可挑剔。

（三）具有良好的共存性和保密性

UWB 系统利用极低的辐射谱密度（小于 –41.3 dBm/MHz），将信号的能量分散到极宽的频带范围内，实现了能量的弥散。由于其自身所特有的特点，使它能很好地克服多径效应等不利因素的影响而成为无线通信领域中一种非常重要的信息传输手段。相较于传统的窄带系统，UWB 信号呈现出宽带白噪声的特征，其谱密度甚至低于背景噪声电平，这意味着 UWB 系统与窄带系统之间存在着良好的共存性，从而有助于提高无线频谱资源的利用效率。UWB 信号的隐蔽性极强，难以被拦截。通过对脉冲参数进行编码和伪随机化，可以进一步提高脉冲检测的难度，从而有助于增强通信保密性。

（四）多径分辨能力强，定位精度高

在传统的无线通信系统中，使用射频信号时，若其持续时间远大于多径传播时间，则多径传播效应将对通信质量和数据传输速率造成限制。在无线传感网络中，通过发射窄带脉冲调制技术可以将宽带信号转换成多个较短波长的载波来传输。UWB 信号所采用的窄脉冲持续时间极短，具备卓越的时间和空间分辨率，因而其多径分辨率达到了极高水平。此外，由于它不需要发射天线也不用接收天线，所以还可以降低系统对环境的要求并提高其可靠性。UWB 信号的高分辨率赋予了其卓越的测距和定位能力，从而为通信系统带来了巨大的益处。然而，在 UWB 系统的设计过程中，必须仔细权衡多径分辨率所带来的利弊，以确保系统的稳定性和可靠性。因为多径不仅降低了传输效率，而且增加了接收端计算复杂度。在无线通信系统中，时间和频率的选择性是至关重要

的因素，它们直接影响着系统的性能。为了提高传输效率，需要采用分集来抑制多径效应。在传统的窄带系统中，由于多径信号无法区分，因此会导致信号的衰减。但是，通过使用分集接收技术将这些多径信号分离并合并，UWB 系统可以表现出强大的抗衰落能力。然而，UWB 信号的极高多径分辨率所带来的时间弥散现象，不仅会导致信号能量的严重损失，还会引发频率选择性的衰减。当存在多个不同方向上的传播信号时，这种情况就更加明显。为了获取足够的信号能量，接收机需要增加分集重数，这将导致复杂度下降。在 UWB 系统的实际设计中，必须综合考虑信号传输的带宽和接收机的复杂度，以达到最优的性价比。

超宽带无线电通信采用冲激脉冲技术，以其卓越的定位精度和通信集成能力脱颖而出，相较于传统无线电技术，其集成能力更为卓越。超宽带无线电台可以通过对信号进行压缩编码来提高抗干扰能力，从而降低误码率和时延抖动。在军事领域中，超宽带无线电已被广泛运用，成为一种不可或缺的技术手段。超宽带无线电系统由多个子系统构成，其中接收机是最重要也是最具挑战性的组成部分之一。超宽带无线电的卓越穿透能力，使它能够在室内和地下实现高精度的定位，而 GPS 定位系统则仅限于在卫星视野范围内运行。超宽带无线电系统能够为用户提供超短距离的精确导航服务，但同时也面临着信号干扰问题。利用窄脉冲序列发射技术，超宽带无线电能够实现高精度的定位信息获取。相对于 GPS 提供的绝对地理位置，超短脉冲定位器的相对位置定位能力更为精准，其定位精度可达厘米级别。与传统无线通信系统相比，超宽带无线电通信更适用于弱信号环境，且无须额外安装天线或基站，因此能够有效降低部署成本，提升应用灵活性。相较于其他技术，超宽带无线电定位所具备的安全性能更为卓越。在实际应用中，超宽带无线电定位系统还能够对被测物体进行全方位扫描测量。此外，超宽带无线电定位器的成本更为经济实惠，为用户提供了更为高效的定位服务，从而进一步提升了用户的使用体验和满意度。

（五）体积小、功耗低

利用 UWB 技术，数据传输无须使用正弦波载波，而是通过调制基带窄脉冲在纳秒级或亚纳秒级上实现。通过对接收到的回波进行相关处理，可以实现目标定位和测距功能。利用相关器进行信号检测的接收机，无须借助烦琐的载波调制/解调电路和滤波器，从而实现了直接接收信号的目的。通过对接收到的微弱回波信号进行相关运算得到目标距离信息，然后再经过判决后确定出收发天线之间的相对位置，从而实现对多径信道中运动弱小目标的快速跟踪定位。采用该方法，系统的复杂度得到了显著降低，同时收发信机的体积和功耗也得到了有效缩减。

UWB 系统所采用的数据传输方式为短脉冲间歇，其脉冲持续时间较短，通常为 0.20～1.5 ns，且具有较小的占空比，因此该系统的能源利用效率极低。此外，它还具有很强的抗干扰能力和较高的可靠性。在高速通信的情况下，系统所需的能量仅为数百微瓦至数十毫瓦不等。由于它能提供高传输速率和低功耗，所以可以用于短距离无线通信。民用 UWB 设备功率通常约为传统移动电话功率的 1/100。与传统无线通信技术不同，它不需要复杂的射频电路，只需要使用很少数量的芯片即可完成信号发送、接收等功能。即便是军用 UWB 电台，也能以极低的能源消耗实现其功能。因此，相较于传统的无线设备，UWB 设备在电池寿命和电磁辐射方面呈现出显著的优越性。

（六）系统结构的实现比较简单

目前，无线通信技术所采用的通信媒介为连续的电波，通过其频率和功率在特定范围内的变化来实现信息的传递。由于电磁波具有相干性，所以它可以用于远距离传输信息。UWB 采用纳秒级脉冲传输数据信号，而非使用载波传输，这是一种与传统传输方式不同的技术。由于脉冲传输具有较高的带宽利用率以及较强的抗干扰性能，所以可以有效地应用于军事、民用等领域。采用小型脉冲激励天线直接向 UWB 发射器发送脉冲，无须使用传统发射器的上变频电路，因此无须进行功放和混频器的设置，从而可选用成本更低的宽带发射器。UWB 接收机的独特之处在于其无须进行中频处理，这使得其系统结构的实现相对简单。

相较于其他无线技术，UWB 技术在工程实现方面呈现出更为简便的特点，能够实现全面数字化的目标。目前，这种基于超宽带的无线电系统正在被应用到许多领域。通过运用一种数学技术，可以产生脉冲并对其进行调制，从而将这些电路集成到一个芯片中，以达到降低设备成本的目的。

三、UWB 的关键技术

（一）高斯单周脉冲

高斯单周脉冲，作为一种无载波脉冲，是最具有代表性的脉冲类型。为了提高系统性能，需要对系统中产生高斯脉冲噪声的原因以及相关影响因素进行分析和研究。通过对高斯的一阶导数进行逐步推导，可以获得其各个阶导数的数值。根据这一特性，提出了一种基于四阶累积量和高阶统计量分析的自适应滤波算法，以实现对单脉冲雷达回波信号的去噪处理。经过模拟实验的验证，该方法已被证明具有显著的实效性。随着脉冲信号阶数的增加，过零点数逐渐扩大，导致信号中心频率向高频方向移动，然而信号的带宽保持稳定，而相对带宽则逐渐缩小。因此，当使用多个脉冲序列时，可以利用其各自不同的频谱特性来抑制干扰。在早期的 UWB 系统中，由于 1 阶和 2 阶脉冲的广泛应用，导致直流信号的频率成分一直延伸至 2 GHz 的频率范围内。由于其较低的脉冲功率，使它在通信范围内具有显著的优越性。然而，根据 FCC 对 UWB 的最新定义，为了满足辐射谱的要求，必须采用亚纳秒脉冲的阶数达到 4 或更高级别的频率。

（二）载波调制成形技术

UWB 通信的前提是信号的带宽和能量密度符合 UWB 的要求，只有满足这些条件，才能使用该信号进行通信。因此，UWB 系统可以采用传统的载波通信系统信号成形方案，以提高其性能和效率。在此情形下，超宽带信号的设计被转化为低通脉冲的设计，以载波调制的方式实现频率轴上信号频谱的灵活移动。

（三）Hermite 正交脉冲技术

Hermite 脉冲是一种最早被提出用于高速 UWB 通信系统的正交脉冲成形方法，它融合了多进制脉冲调制技术，从而显著提升了系统的传输速率。这类脉冲波形源于 Hermite 多项式，其独特之处在于其能量主要聚焦于低频，而不同阶数的波形频谱则呈现出明显的差异。由于频率分辨率较低，使得该方法无法适用于高速率无线传输系统。为了满足 FCC 的要求，必须运用载波移动技术对频谱进行调整，以达到优化效果。

（四）PSWF 正交脉冲技术

在带限信号分析领域，PSWF 脉冲以一种近似于“时限 – 带限”信号的形式呈现出卓越的表现。它可以被看作是一种具有特殊频率范围特性的宽带脉冲序列，同时还具备时域波形可控且易于调节等优点。近年来，由于其卓越的性能表现和简约的结构设计而备受瞩目。相较于 Hermite 脉冲，PSWF 脉冲可根据目标频段和带宽需求进行个性化定制，无须进行烦琐的载波调制，从而实现高效的频谱传输。由于其独特的脉冲特性，该方法同样适用于宽带通信系统中的窄带信号处理，从而彰显了其非凡的适用性。此外，通过对传统的有/无自适应天线设计理论进行分析可知，在不增加硬件成本的情况下，二者均无法获得满意的效果。因此，运用 PSWF 脉冲作为无载波成形技术，可显著简化收发信机的复杂度，从而提升其效率和性能。

超宽带技术因其独特的特性，在短距离无线连接领域呈现出了广泛的发展前景，为人们提供了无限的可能性。

第三章 第五代移动通信技术 5G

本章为第五代移动通信技术 5G，分为 5G 概述、5G 网络构架与关键核心技术、5G 网络安全技术、5G 网络与人工智能、5G+工业互联网五节，详细阐述了第五代移动通信技术相关的概念和主要的应用发展。

第一节　5G 概述

5G 是 4G 的延伸，是第五代移动通信标准，也称第五代移动通信技术。首先阐述 4G 概念，4G 指的是第四代移动通讯技术，集中了 4G 技术与 WLAN 技术的优势，能够实现对高质量视频及图像的传输。目前，第五代移动网络通信技术已经在推广商用，但是市面上仍以 4G 为通信技术的主要选择，与上一代 3G 技术不同的是，在 4G 技术下，无线网络的 Internet 的速率得到进一步提升，其信号传输波段单位为毫米波，使用户容量得到提升。同时，4G 无线通信技术满足全球统一的标准，可以提供全球漫游、局域网以及卫星定位等多项服务，并且可以与移动设备及电视的卫星通信、蓝牙以及局域网等实现无缝衔接，并对资源进行智能分配，适应性和便利性得到了极大的提升，可以与各种设备互通，在多个领域发挥着重要的作用。

我国第四代移动通信技术的文献研究始于 1996 年，2010 年后，相关文献数量急剧增多。王欣等相关人员在正交频分复用（OFDM）领域进行了专利分析，其中包含候选分布、年度趋势、技术领域等，提出了我国第四代移动通信系统专利战略。孙丽丽及其团队对涉及 LTE TDD 和 LTE FDD 两种技术标准的长期演进技术专利布局进行了专利信息分析和深入研究。郑玮总结了我国通信企业在第一代和第二代移动通信技术知识产权方面的劣势。借助对我们国家 4G 移动通信技术专利申请现状的综合分析，确定了其优势和劣势，并提出了 4G 技术发展的战略建议。彭锐采取 SWOT 法对我们国家中小通信企业在 4G 技术领域的专利进行了统计分析，总结了申请日期、数量和申请人等各项指标，并提出了可行的对策和专利策略。王雷和戴妮对长期演进和全球微波互连接入两大 4G 技术标准的专利状况进行了比较研究。他们从实证专利的角度探索了 4G 技术的专利格局。

5G 移动通信技术的出现彻底颠覆了传统移动通信的模式，其低消耗、低成本、高安全性以及高传输速率等优良特质，使人们可以在现实生活中轻松地打破时间和空间限制，实现真正意义上的万物互联。随着 5G 移动通信技术的发展，其应用场景进一步拓展，如远程超高清视频与虚拟 AI 技术的完美融合等，为人们的生活带来了更加便捷、高效、智能化的体验。在未来，5G 通信技术将通过提升用户体验，实现智能家居、无人驾驶等方面的功能，以及在衣食住行、医疗服务等领域中发挥越来越重要的作用。因此，对 5G 移动通信网络的构架和关键技术进行深入探究，具有重要的现实意义。5G 技术应用场景如图 3-1-1 所示。

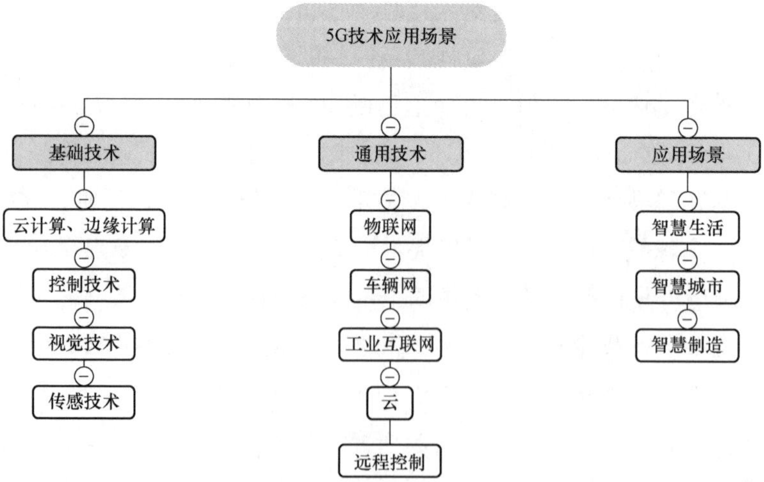

图 3-1-1　5G 技术应用场景

5G 网络是在 4G 网络的基础上进行优化改良而成的，其构架的研究对于互联网和物联网的有机融合具有重要作用。5G 移动通信技术将不仅带来对移动互联网的重大改变，还将为物联网的发展提供有力的技术支持，从而大幅度提升数据传输密度。当前，5G 移动通信网络的基本架构已初步确立，未来的发展主要关注于网络部署场景、核心网络和接入网络这三个核心模块。

与 4G 网络相对比，5G 网络在场景部署方面做出了一些改善。在进行场景部署时，同样可以划分为室内和室外两个部分。室内场景区域主要包括办公室、家庭、学校等消费市场，这些区域需要建造 5G 微基站以提供更快、更可靠的服务。而室外场景区域则着眼于解决人口密集区域通信容量不足的问题，例如城市地区、机场、车站等。

在室外进行 5G 网络的部署，可以将大规模的 MIMO 和分布式天线结合使用，以此来提高室外网络覆盖率和数据传输速率。将室内与室外的 5G 基站采用光纤进行连接达到 5G 室内室外的全面覆盖。除此之外，使用蜂窝系统作为辅助，可以进一步提高室外网络覆盖，增加 5G 网络使用场景。

5G 移动通信的整个网络框架中核心网络的设计与构成是关键问题。一个成熟有效的核心网络必须具备快速高效处理数据的能力。目前。核心网络主要涵盖 SDN 和网络虚拟化技术。具体包括控制与转发分离、数据扁平化、动态数据传输和物理与逻辑分离四个主要特征。以物理与逻辑分离举例说明：在 5G 网络中，核心网络设备采用信息虚拟化技术，将其转移到具备高性能的服务器上。这种转移方式将核心网络中的网元功能从硬件环境迁移至虚拟平台上，实现了物理资源和逻辑功能的分离。这种架构简化了硬件平台，增强了网络的灵活性，并相应地降低了成本。

目前，5G 移动通信的接入网技术主要包括以下 3 种：第一种是在现有接入技术的基础上实现多网络多制式的融合；第二种则是通过配置网络基站，合理分配虚拟资源；第三种是通过缓存与传递信息边缘，实现更加高效的数据传输。在接入技术的有机融合方面，我们可以考虑将独立的无线控制器纳入 5G 网络中，从而扩大操作空间，提升边缘信息的缓存与传递效率。5G 移动通信的无线接入方式不仅能够应用于移动通信领域，还能够为第三方业务活动提供支持。服务提供商可以基于用户需求，为他们寻找最佳的网络服务方案，以提升用户获得最优质服务体验的机会。通过接入网络进行数据传输，还可以优化数据传输路径，显著提高 5G 移动通信数据的传输速率。

第二节　5G 网络构架与关键核心技术

5G 网络关键性技术主要包括以下几个部分：

（1）大规模 MIMO。多输入多输出（MIMO）系统通过在接收端和发射端设置多个天线构成 MIMO 通信电路，可接受更多的数据信息，在不扩大带宽或增加设备的情况下，可以显著提升系统的数据速率和传输距离。与 4G 技术比较，大规模 MIMO 技术的优点在于基站天线数量无限制，是一种具备可扩展性的技术。相反，4G 技术的定向天线受到空间限制，天线数量和设备数量必须相互配合，这在一定程度上限制了网络的覆盖范围，并且使信号传输容易变得不稳定。对此，5G 技术可大幅提升信息传输效率，有效扩大网络覆盖范围。

（2）超密集网络技术。伴随着物联网的快速推进，未来各方面的应用领域都将朝着多元、智能化的方向演化，各个领域终端电子产品的普及会使各种数据增量呈现千倍级的增长。应用超密集网络技术可以有效减少外部环境因素的干扰，优化具体区域内部的信号质量，提高具体区域内的输出传输稳定性。

（3）D2D（Device-to-Device）通信技术。D2D 通信是一种短距离的通信技术，可以实现终端之间的直接数据传输，提供可靠的实时数据传输。由于蜂窝系统的网络覆盖范围有限，信息和数据容量小，而且功耗大、距离短，因此 D2D 通信技术可以起到很好的补充作用，支持蜂窝系统的通信。从用户的角度来看，D2D 通信技术的特点也有利于提高用户的满意度和便利性。

（4）毫米波。为了更好 5G 网络的覆盖面积，在 5G 的建设中使用毫米波作为载体，毫米波在 5G 的建设过程中起到促进的效果。在毫米波的影响下，在不增大功耗的前提下依旧可以以恒定频率进行宽带连接，减少各个基站之间的相互干扰，提高 5G 通信质量。然而，应该注意的是，毫米波对外部干扰高度敏感，不能有效提供数据传输所需的精确信息。

（5）NOMA（Non Orthogonal Multiple Access）技术。随着 5G 移动通信技术的迅猛进展，社会各个领域对智能化和场景多样化的需求日益紧迫。由于传统的正交频分多址技术已经无法满足这种需求，NOMA 技术在 5G 移动通信网络中成为关键技术之一，可以更好地满足不同场景下多样化的技术需求。这种技术的应用将实现更好的场景匹配和技术融合。

（6）同频全双工技术。同频全双工技术是一种能够同时发送和接收无线信号的技术，可提升频谱效率，在无线通信中具有至关重要的作用。通过同频全双工技术，无线通信链路的频谱效率能够提高 1 倍以上。但是，该技术仍面临着异频干扰、数据干扰和数据系统吞吐量不足等问题，必须要克服这些问题才能实现其完全应用。

（7）移动云计算。为了更好地满足终端客户的使用体验，将 5G 技术和现实生活进行紧密连接，使用移动云计算是实现这一需求的关键因素。移动云计算技术使用户的数据得到安全存储，从而保障移动通信环境的安全性。此外，移动云计算技术还支持多设备同时访问，但这也需要借助其他相关技术的配合支持。

（8）绿色通信。实现绿色通信的关键在于优化 5G 移动通信技术，提高传输效率的同时降低传输过程中的能耗，优化网络结构并实现网络资源的灵活分配，以实现节能效果。因此，高效的信息传输和灵活的网络资源分配是实现绿色通信的核心问题。

（9）超宽带频谱。频谱在移动通信中扮演着至关重要的角色，技术团队经常推出新的频谱优化方案以提高通信效率。5G 移动通信适应性广泛，可通过带宽进一步拓宽应用场景。超宽带频谱技术是 5G 移动通信的重要组成部分，可大幅提升宽带容量，同时有效抵御外部干扰并实现数据传播距离的缩短。

（10）认知无线电技术。在数据传播中，准确传输数据变得越来越重要。正确选择技术将有效提高数据传输的精度，确保数据的完整性和正确性，并避免数据传输中的错误。为了满足用户的需求，5G 移动通信网络充分利用了认知无线电技术，通过对频谱的分析和检测来提高了信息数据的射频判决准确性，从而有效保障了信息数据传输的正确性。

第三节 5G 网络安全技术

伴随着我国通信技术的快速发展，特别是 5G 通信技术的逐渐普及，全新的通信技术与工业互联网的紧密结合，再次掀起了技术变革的风潮。这种技术变革不仅意味着工业生产效率的提高，同时也标志着智能化水平的持续提升，这必将加速我国新型工业化的发展过程，同时为全球经济的不断创新创造了更为广阔的发展机缘。网络攻击给工业互联网领域带来了严重影响。相对于传统互联网，5G+工业场景的网络攻击表现形式更为多样和复杂，因此传统的网络安全技术远远无法满足 5G+工业互联网的应用需求。因而，对工业互联网的网络安全研究日益受到人们的关注。

尽管 5G 通信技术和工业互联网的结合为连接一切提供了机遇，但开放的网络环境正在改变原本封闭的工业生产环境的本质。对工业互联网设备的持续投资使得更多的工业连接设备面临网络攻击的危险。企业摆脱维护工业互联网的封闭思维仍然需要时间，用 5G+保障工业互联网的安全面临很多挑战，包括对网络安全缺乏了解，对防御缺乏重视，以及在紧急情况下缺乏支持。

（1）网络虚拟化构成了威胁。工业互联网的服务需求多种多样，难以制定一致的标准，这就需要使用网络切片技术，这是一种更加灵活和定制的 5G 网络方法。将一个整体的物理网络划分为几个相互独立的虚拟网络，同时这些独立的网络结构保证整体的网络传输不受影响。然而，现有的网络切片规范并没有强制要求不同网络切片之间的一致性，使得虚拟网络在实践中真正独立。如果攻击者破坏了其中一个片区的数据，可以通过未经授权的短信、数据嗅探、木马和其他对不同安全域的攻击来实现对其他片区的访问。同时，5G 核心网中的用户平面功能（UPF）的一些网元将被埋在基站侧，以满足工业互联网的海量接入需求，这使得传统的网络安全措施难以实施，在一定程度上容易受到攻击。

（2）平台虚拟化威胁。随着虚拟化平台和云计算技术的发展，大量的系统开始在云端部署，使得工业数据的保护变得越来越困难。与传统的部署方案相比，虚拟机之间的隔离和保护往往成为黑客攻击的目标，特别是许多客户在基于虚拟化技术的工业互联网平台上使用相同的计算资源，这些虚拟机之间可能存在未经授权的访问风险。现有的许多公司在设计平台时遵循传统的设计理念，更注重业务平台的功能，而不注重平台的安全架构，这使得权限绕过、缓冲区溢出、未经授权的访问和其他攻击经常发生。

（3）在 5G 环境下，工业互联网终端面临着安全威胁。5G 的大规模接入为各类智能工业终端连接到工业互联网提供了解决方案。但同时也给智能工业终端接入工业互联网的网络安全带来了许多漏洞和隐患，使 5G+工业互联网网络的安全问题因此变得更加复杂。智能工业终端通常带有桥接端口，通过这些端口，攻击者可以使用具备较高系统权限级别的账户进行入侵。一旦登录，攻击者可以利用系统权限进一步侵入内部网络，这为攻击者提供了有利的条件。许多物联网设备使用相同或相似的嵌入式操作系统，这为大规模网络攻击创造了便利条件；而物联网设备分布在各个安装地点，导致设备数量众多，使得系统漏洞的及时升级和更新变得困难。如果攻击者进行大规模入侵操作，系统漏洞就会暴露出来，从而引发大规模的网络攻击，直接影响工业生产运行；一旦通信流量被截获，很容易通过对流量进行分析来实施中间人攻击。

（4）5G 环境下工业互联网数据安全风险。5G 和工业互联网的深度融合产生的巨大数据集具备极其广泛的应用潜力，可以借助大数据挖掘技术支持新的商业模式和数字经济。

但是，5G 和工业互联网的深度融合也进一步加大了工业生产中工业数据的透明化，这样就会大大增加工业数据的泄露风险。而且 5G 与工业互联网的深度合作会在工业生产中的各个环节增加更多的数据。与传统的网络流量数据相对比，在线工业数据因工业网络所使用的通信协议（如 S7、Modbus 等）而变得更为错综复杂和异质化。并且具有不同的安全保护需求，使得数据的分离、分类和保护非常困难。

同时在工业生产中产生的工业数据，一部分储存在云平台中，另一部分储存在终端设备中。在这两种存储方式中都有丢失、泄露以及损坏工业数据的风险。虚拟化的云平台结构也不能保证极度安全的将工业数据进行隔离，依旧会产生对所有虚拟机未经授权的访问，导致数据流失和修改等问题。存储在终端的数据也会因为工业生产中生产环境的影响，导致存储在终端中的数据发生丢失。

（5）5G 环境下工业互联网管理人员能力不足导致的安全威胁。5G+的工业网络要进行整合与部署所需的技术与工作量是远远超过传统的工业互联网的。这一现实为当今的工业网络的运营商们带来了巨大的困难与挑战。负责工业互联网安全的人必须时刻注意工业互联网的安全。他们不仅需要关注现有的物联网安全漏洞，还需要识别物联网设备的安全漏洞，并学习如何在紧急情况下处理这些漏洞。同时，工业物联网管理者还需要计划如何快速更新和升级大量的物联网设备。管理员面临的挑战是如何在更新物联网设备的同时确保稳定和安全的生产环境。

5G+工业互联网网络安全应对措施包括以下几个方面：

（1）提高虚拟化技术的安全性。

（2）提高工业互联网终端的安全性。

（3）提高工业互联网设备的软件安全性。

（4）提高工业互联网云平台的安全性。

（5）提高工业互联网数据的安全性。

（6）构建5G场景下工业互联网的网络安全应急管理体系。

（7）引入新型网络技术提高工业互联网安全性。

第四节　5G网络与人工智能

人工智能的研究起源于20世纪50年代，随着计算机和信息技术的进展，逐渐从早期的符号学智慧和基于知识的专家系统转变为计算智能和数据驱动的机器学习。随着数据量的大幅增加、硬件平台的成熟、先进学习算法的提出和神经网络架构的发展，限制人工智能发展和应用的壁垒被逐一克服，以深度学习和强化学习为代表的多层神经网络正在催生许多新的行业，如图像辨识、数据分析、无人驾驶和机器人等，也为传统产业带来了新的机会。人工智能的不断发展使之在各个领域都得到了广泛应用，包括交通控制和安全维护等。伴随5G技术的成熟与普及，人工智能在通信网络领域的研究也逐步加深。

目前，一些国内、国际电信公司和研究机构已经开始研究将人工智能技术应用于他们的网络。美国AT&T的开源平台Acumos正被用来解决一系列活动中的问题，包括运营和维护、安全、客户服务和物联网。欧洲的主要运营商，包括沃达丰、西班牙电信、Telenor和意大利电信，正在研究和试验人工智能技术，以提高无线小区管理的效率。

国外方面：麻省理工学院在TCP拥堵控制和网络资源管理方面进一步强化了深度学习的应用；卡耐基梅隆大学在预测和提高用户生活质量方面采用流媒体中呈现的需求不同作为依据；谷歌将深度学习应用于对数据中心环境的各项参数进行分析并对所需的电力使用效率（PUE）进行确定，同时也对数据中心接下来一个小时内的环境温度与气压进行预测，通过合理的能源分配将冷却系统的电力消耗降低 40%。

国内方面：

在河北省廊坊市数据中心的试点项目中，华为通过实时的人工智能微调，将能源效率提高了 15%，每年节省 800 万美元的电费。将人工智能应用于 VoLTE 故障的自动根源分析，将检测故障的时间从 7 天缩短到 15 分钟，并将故障检测的准确性从 40%提高到 90%。人工智能技术还使 Massive MIMO 智能调谐的最佳初始值在短短几天内实现，与传统方法相对效率显著提升。

中兴通讯计划在基础设施层、网络和业务控制层、协调层和网络运营逐步部署人工智能。在广东省开展的基于人工智能的告警根源分析试点项目中，将告警规则提取工作量从平均 30 个工日减少到 7 个工日，告警数量压缩了 40%～60%，提取的有效告警规则数量增加了 60%。人工智能的移动负载均衡结果显示，该地区的总流量增加了 10%。

国家高度重视基于人工智能的智能电网的发展，近年来出台了一系列数字中国、智慧社会、能源网建设的政策，要求快速发展集记录、计算、处理、传输、存储为一体的智能信息平台。对人工智能技术的最新需求是构建集中式的信息结构，这也是人工智能技术研究发展中诞生的新研究领域。

5G 和人工智能相辅相成。有了 5G，人工智能可以更快地处理数据，可以监测和管理网络系统。今天，人工智能应用依赖于云计算和终端处理，但 5G 将允许人工智能被发送到云端，并使用边缘计算技术进行信息处理。人工智能为物联网提供了应用场景，5G 需要人工智能的强大计算能力来处理海量的数据流。人工智能促进了 5G 的发展，可以解决复杂的问题，建立逻辑和计划，确保 5G 网络的自动运行。这包括网络规划和优化、网络资源管理以及故障检测和分析。

5G + 人工智能 = 超级智能

5G 网络与人工智能的结合可以有效提高 5G 网络的智能化，使它从手动参数设置和专家知识制定策略的方式，转变为智能参数设置和策略的自动生成。

人工智能可应用于 5G 基站覆盖的优化。5G 技术现在发展迅速，正向着好的方向快速发展，但是 5G 技术在商业领域的发展依然有不少阻力。在大规模 MIMO 和非正交技术等核心技术取得巨大进步的同时，也增加了网络拓扑结构的复杂性，干扰控制和小区间协调等问题也越来越复杂。仅凭人工收集和分析数据的方式不仅时间和人力成本高昂，而且很难找到最佳解决方案。然而，利用人工智能技术对数据进行自动分析，在短时间内就能从成千上万的参数组合中找到最佳方案，从而大大降低5G安装的困难和成本。异构5G网络的接入控制正在广泛应用人工智能技术。未来的5G网络将是结合了宏基站和微基站的异构网络，不同的接入模式如4G、5G、Wi-Fi和D2D共存。人工智能技术会主动分析用户的服务需求和网络环境，优化接入方式。网络可以实现自动选择功能，并且可以根据用户的旅行路线和访问历史进行预先配置，以实现不同网络和小区之间的无缝移动，进一步提升用户的体验。

应用人工智能来管理5G网络切片的资源。在不同的工作应用场景中使用网络切片技术，利用虚拟技术将不同场景中的网络设施和资源进行划分，使它们成为若干个虚拟网络，并依据不同场景中的业务和呼叫模式，针对性地进行单独定制、切片和协调，满足不同的业务需要。人工智能技术具备自动辨识特定的商业场景并进行网络切割匹配的功能，最终可以根据各异的营运需求提出所需要的网络资源申请。

虚拟化分段技术用于实现虚拟网络，根据切片模型进行业务调度和接口实例化。在执行过程中，持续监控切片状态，以加快资源适应速度并加速功能升级的部署。这样可以有效提高系统的灵活性和响应能力。此外，分片资源在服务中断后可以快速重建和恢复，进一步提高网络弹性和网络资源利用率。

在5G管理和维护中使用人工智能。5G网络是延伸人类与万物连接的重要功能，如今的网络规模和复杂性不断增加，大大增加了管理和维护的成本。人工智能在网络运维中可以用来创建网络健康模型，通过对历史数据的深入分析来评估和预测网络运行的健康状况，利用人工智能的时间序列分析能力来预测网络流量趋势，并合理安排网络资源。它可以分配和安排网络资源，在高效提供服务的同时实现大幅节能，并通过监测和预警信息的相关性分析检测网络故障。通过分析监测和警告信息之间的相关性，可以确定停电的位置和原因，并迅速补救网络故障。

5G网络安全领域的人工智能应用。在5G时代面临着扑朔迷离的安全环境：一方面，网络规模庞大且复杂，难以检测入侵和防范病毒的攻击；另一方面，万物互联模式的发展，如车联网、工业物联网等，也使网络攻击所造成的危害进一步升级。由于传统的网络防御工具综合了已知恶意软件，攻击者可能会通过修改已知恶意软件的特定部分来规避这些有针对性的防御措施。而拥有人工智能的网络防御工具可以检测到网络行为的变化，察觉异常情况，并对未知的攻击手法作出响应。这些工具使防御者不仅能够监测已知的网络攻击，而且能够更主动和有效地应对新的和创造性的网络攻击形式。同时，人工智能技术可以通过自动辨识和修补系统漏洞来增强网络的安全性和稳定性。

通过抓住机遇和提前准备，可以确保人工智能和 5G 技术的顺利部署，建立一个强大的网络和数据基础设施。

第五节 5G+工业互联网

一、“5G+工业互联网”定义

“5G+工业互联网”是指利用以 5G 为代表的新一代信息通信技术，构建与工业经济深度融合的新型基础设施、新型应用模式和新型产业生态体系。以 5G 为代表的新一代信息技术将使人、机器、货物和系统充分连接，形成跨越整个产业链和价值链的新型制造和服务体系，为工业和产业数字化、网络化、智能化发展提供新的路径，使企业降低成本、提高质量、增加效益，帮助企业实现安全和环保的发展。5G+工业互联网计划涉及领域广泛，参与主体众多，资源投入巨大，涵盖了 5G 网络建设、工业互联网基础设施建立、融合产品研发和工业应用实施等各个方面。如图 3-5-1 所示，融合创新的发展需要产业界的不断探索和推动。

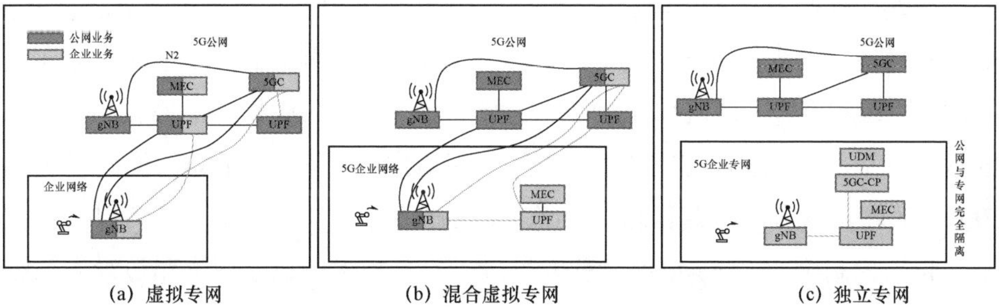

(a) 虚拟专网　　(b) 混合虚拟专网　　(c) 独立专网

图 3-5-1 “5G+工业互联网”企业融合组网模式

二、融合应用逐步向核心生产环节延伸

5G 将促进工业系统的转型，改变工业企业的生产、组织和运营方式。工业互联网的实践正逐步从生产中的外围辅助应用向与生产核心环节相关的应用发展，这可以为 5G 技术与工业的深度融合开辟新的创新发展途径。

5G+UHD 视频监控、无人移动巡检等辅助应用：传统工厂网络与 5G 网络应用的结合，可以有效提高非核心生产区域和工厂内部的服务管理能力。例如：使用 5G+UHD 视频监控可以通过视频实时对所需监控和管理的区域进行管理。

5G+企业融合应用，如机器视觉和 AR/VR 辅助装配：通过实施 5GMEC（边缘计算基础设施），将 5G 技术与人工智能（AI）等新技术在边缘融合，解决 AI 技术受限于终端处理能力和成本的问题，全面提升工业企业设备的智能化水平。例如，通过 5G+4K/8K+机器视觉技术，可以实现对钢板表面质量的智能检测等。

工业智能化应用中的 5G+：使用 5G 技术进行工业控制和设备的深度融合，以实现更高效、更智能的生产环节。例如，生产线上使用 5G 模块集成的 MES 工业网关。随着 5G 技术和工业系统的不断发展，5G 工业终端将更广泛地应用于生产过程中。

三、“5G+工业互联网”将激活工业控制应用创新

在 5GR15 中 eMBB（增强型移动宽带）功能基础上的“5G+工业互联网”使用了高带宽传输功能的融合应用。5G 超可靠低延时通信在 5GR16 版本中进一步成熟，使此项技术可以更加全面地应用在工业自动化控制中。5G 超可靠低延时通信可以支持 PLC、机器人等控制的无线南向接口，满足工业企业在生产线上“编织断开”的应用需求，并支持工业终端设备的软件部署和计算能力的提升。5G/5GAdvancedURLLC 场景（移动控制/现场控制/运动控制）与软 PLC、云端机器人、机器视觉、边缘 AI 等技术结合，可以实现工业自动化控制（移动控制/现场控制/运动控制）场景。当与技术、机器视觉和边缘人工智能相结合时，它重新定义了生产线的未来架构。

为了加快 5G 在工业自动化方向的探索，工业互联网产业联盟（AII）

“5G+工业互联网”工作组正在组织“5GURLLC”，该工作组汇集了 5G 供应商、运营商、工业公司、工业解决方案供应商和研究机构，组织了“工业应用创新先锋营”，该小组将根据 5GURLLC 的特点定义 5G/5GAdvanceduRLLC 功能的基线，定义创新场景，进行测试和验证，并开发能够突破瓶颈的技术。

四、“5G+工业互联网”标准化工作加速推进

目前，“5G+工业互联网”的应用产业正处于研究初期，最紧迫的任务是加速推进标准化工作，以巩固“5G+工业互联网”的发展基础。而“5G+工业互联网”技术的产业化和标准化需求主要包括关键技术、产品、管理和应用等方面，如网络、终端、安全等。“5G+工业互联网”的连贯性、全球性、开放性标准体系的建立，应不断完善。遵循“先来后到”的原则，工业互联网产业协会和中国通信标准化协会于 2020 年 5 月组织开展了“5G+工业互联网”标准的制定工作，在此次的首批标准中涉及航空、矿山、电网、工业园区等领域。首批获得应用领域的 5G+工业互联网应用场景、技术标准和规范已经开始制定。工业互联网产业联盟截至目前已经制定出 12 项标准。其中 6 项标准由中国通信标准化协会工业网络专项组（CCSAST8）同步创建和制定。

第四章 物联网技术与双模智能张拉系统融合

本章为物联网技术与双模智能张拉系统融合，分为张拉系统现状、传感器误差处理现状、双模自校准智能张拉系统整体设计、软件设计和物联网平台测试结果分析五节。

第一节 张拉系统现状

在交通强国的发展理念下，我国公路总里程呈逐年稳步增长态势，公路总里程已遥遥领先。在桥梁建设技术方面我国已成为世界上最先进的国家之一。当前许多公路桥梁工程都采用了预应力技术，因此，决定了桥梁整体质量的预应力技术显得尤为重要。在预应力施工中，张拉技术是最为关键的环节。以往的人工张拉方法不仅质量相对较差，而且施工进度十分缓慢。在施工过程中，有效预应力质量直接反映桥梁的施工质量。预应力不足会导致梁体严重下挠甚至开裂，过大则会导致桥梁上拱过度或钢绞线断裂。在桥梁建设中预应力应有的作用若不能实现，再加上外在因素的影响，梁体很可能发生下挠，降低行车舒适性，甚至对行车安全构成威胁。所以有必要加大智能张拉技术的引入力度，以解决传统人工张拉时存在的问题。

自 1990 年以来，国外相关工作人员已经展开了计算机控制油泵的研究。英国和德国的两家公司陆续在数显记录这一技术上取得进展，成功研制出一种由单片机控制，能够对压力值进行数字显示，并打印油压数据的记录仪；同时在油泵液压回路上加上压力传感器，采集到的压力信号传输到记录仪并处理，这样就完成了张拉力数字化显示和记录。但是该设备不能进行智能控制，也就不能判断张拉力是不是达到了预设值。

中国在20世纪90年代末研制出世界上第一次使用电脑进行智能控制的预应力张拉 BZ2.5-63D 油泵，该油泵是为预应力张拉专门研制的。单片机对BZ2.5-63D 油泵进行数据收集和油泵控制，两个压力传感器分别安装在进油和顶压回路上，这样系统就能将油液的压力信号变为单片机可接收的电压信号，电压信号通过 AD 转换器再将模拟信号变为数字信号，供控制芯片读取，读取之后的数据再传输到电脑换算成油液压力值，进行数字显示；在同一时间对比转换数据与预定油液压力值，并利用键盘给出的命令和相关参数运行相关程序，最后利用继电器开闭实现电磁阀在液压回路上的动作，完成对张拉过程的控制。

和国外两家公司的张拉设备相比，我国研发的产品能够对张拉力进行自动控制，但仍然存在以下不足：电脑收集和控制的是油液的压力值，而不是张拉力，无法实现对张拉伸长值的调整，也就实现不了应力和伸长值的双重控制。国内的相关研究人员为了改变传统的张拉工艺，开始利用现代科学技术，对预应力张拉进行探索和研究。

2000 年，赵美玲、李珠等人采用微机控制技术，在钢绞线锚固端安装了力传感器，利用数据采集模块对张拉数据进行采集并发送给 PC 机进行相应处理，出现较大误差时，提醒用户进行补张拉作业，从而获得较准确的张拉效果。该研究提高了张拉精度和工作效率，施工简单、安全，能够有效避免因钢绞线拉断而造成的工程事故。

2004 年，高建全应用数字化传感技术对预应力筋的张拉力和张拉伸长量实施监控，形成双重闭环控制，同时该套张拉系统采用 PLC 作为控制器，在系统的稳定性、可靠性方面有了很大提高。

2007 年，郝志红对预应力张拉的整个过程进行了需求分析，研发出一种PLC 控制的全自动预应力张拉系统，该系统能够实现张拉全程自动控制。该系统设计出包含单神经元自适应 PID 算法的控制器，使系统拥有较高的鲁棒性。

2011 年，谷文军采用 S3C44BOX 芯片作为张拉系统的主控器，在保证张拉过程自动化和对张拉力、张拉伸长量双重控制的前提下，该系统引入了触摸屏和网络接口，技术人员只需要在控制器上选择控制命令和参数设置，便可完成张拉应力和位移的双重控制，同时该系统引入的网络接口，可以对张拉力和张拉位移进行远程传输。

2012 年，何慧峰针对超高压多点同步张拉系统进行了研究，运用电液比例技术设计张拉液压系统，并利用 AMESim 软件建立张拉系统模型，通过仿真方法验证不一样的控制方略对预应力张拉的影响，从而得出超张拉可以获得有效预应力的结论。

随着预应力技术的发展，更多预应力张拉设备开始投入实际工程中。20 世纪 80 年代末，国外率先开展了对计算机控制油泵即数控油泵的研究。其中，德国保赫曼 PAUL 公司联合其他公司，研制出了一种测试仪器，用以记录并屏幕显示数字信号，但是此设备不能直接控制预应力实施。20 世纪 90 年代末，国内使用的 ZB2/4-50 型油泵被 BZ2.5-63D 张拉专用油泵所替代，该设备以单片机为控制核心进行数据采集和张拉控制，基本上达到了对预应力钢绞线进行自动化控制的目的，这为我国后期发展各类自动化张拉设备奠定了基础。

北京市建筑工程研究所周正等人成功开发了计算机自动控制的专用油泵即 BZ2.5-63D 油泵，但是没有解决张拉力和预应力钢绞线伸长值无法双重同步控制的难题。太原理工大学李珠等人利用 PLC 控制步进电机驱动油泵控制阀实现整个张拉过程自动控制，实现了数字化技术在桥梁预应力张拉控制中的首次成功应用。虽然以上国内各单位开发的预应力张拉自动化控制设备一定程度上克服了人工控制的弊端，但在控制过程中普遍没有考虑预应力不同步率、伸长值不同步率和偏差等参数。

随着计算机技术日益蓬勃发展，张拉控制系统逐渐向着高精度、高自动化水平发展。2004 年，高建全利用数字化采集处理张拉数据，同时结合 PID 算法控制，成功实现了对预应力筋张拉力和张拉伸长值的双重闭环控制和实时动态监测，并使用 3DMAX 软件对张拉施工的过程进行模拟仿真，但实验只局限于预应力结构为单跨、预应力筋线形为直线的情况。

2017 年，Mir Behrad Khamesee 等学者将传统的应变片式传感器与形状记忆合金相结合，通过两种材料组成的双电阻测量装置可以确定模型位置，该方法在可穿戴设备和机械负载领域有着很大的发展前景。2018 年，熊巧巧等人通过 PLC 和触摸屏组合控制方式对传统的张拉设备加以改造，设计出预应力智能张拉系统，该系统可实现对闭环反馈液压系统的精确压力控制和多点同步张拉，张拉的控制力值精度可以达到±1.5%，并能实现双控。

2020 年，顾轩以预应力技术在公路桥梁工程中的表现为基础，探讨了预应力的六大损失与措施，进一步为提升预应力技术在公路桥梁施工中的应用效果提供了理论技术支持。

目前，国内外提高预应力张拉精度的主要方法有两种：一种方法是预应力施工信息化；另一种方法是通过预应力智能张拉来实现。

预应力信息化主要是在施工过程中设置各种测量元件和仪器，实时采集并分析数据，根据信息分析的结果对原设计及其施工方案进行相应的调整，并及时把结果反馈到下一步的施工过程中，这种对下一阶段的施工过程进行分析和预测的做法，在一定程度上确保了施工过程中的安全性和经济性。预应力信息化施工一定意义上克服了传统的油压表读数误差大、读数速度慢等缺点，有效地提高了对张拉控制的精度，但是无法实现更精准的双重控制，很多的力传感器都埋在梁体里面，施工后无法再次取出二次使用。所以目前的预应力信息化技术在一些特殊结构中才能起到作用，不能从根本上替代传统的张拉技术。

目前，欧洲在预应力技术方面取得了长足的进步。早在 1988 年，吕志涛院士就提出了开发预应力张拉机器人的设想，北京市建筑科学研究院在开发数控油泵方面也取得了一些初步成功，但还没有达到应用的水平。太原理工大学通过对普通张拉机具进行改造，实现了液压系统和张拉控制器之间的信息交换，以及预应力张拉的闭环控制。国内的预应力自动化张拉控制设备克服了人工控制的诸多缺点，但控制精度不高，在控制过程中没有考虑预应力的不同步率、上拱度、伸长值和挠度等参数。张拉系统施工流程如图 4-1-1、图 4-1-2 所示。

目前的智能张拉系统主要包括张拉设备和计算机控制系统。就是由主控器发送控制指令控制张拉装置的工作状态，张拉装置就可以自动完成所有操作过程。不过在实际的张拉工程操作中，实行张拉流程必须要遵循双重控制的基本原则。在张拉系统中要把张拉预应力作为主要的控制指标，对预应力筋的伸长量进行误差校对，并利用传感技术、数控技术进行数据分析，以提高张拉系统的准确性。然后把检测系统所有采集到数据都传输到主控制器上进行统一分析

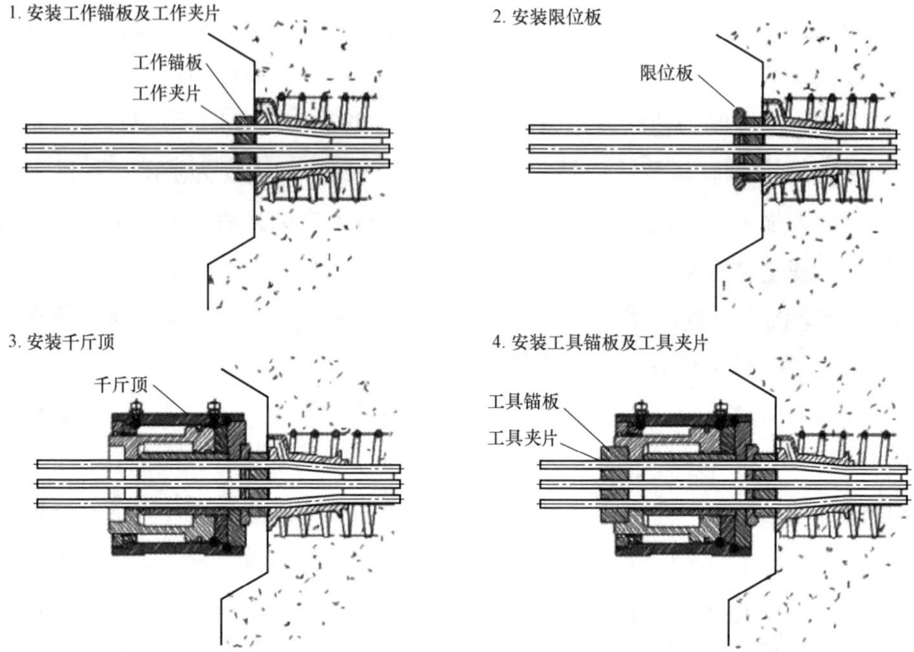

图 4-1-1　张拉系统施工流程图

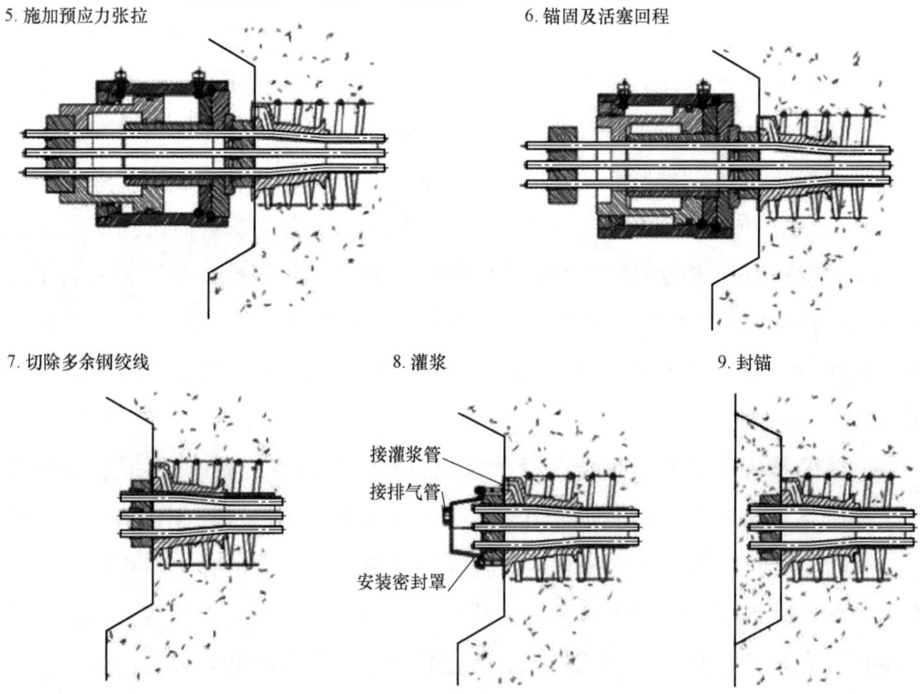

图 4-1-2　张拉系统施工流程图

处理，最后根据主控制器的计算分析，调整控制张拉设备的工作状态，使千斤顶施加的张拉力满足预设预应力的要求，确保千斤顶的张拉力值与预应力筋的伸长量数值一一对应，最终完成自动、精确控制的张拉作业。

有一款来自电子科技大学的自动张拉系统，这套自动张拉系统由数据采集系统、信号处理系统、自动控制系统三大系统组成。这套张拉系统把力传感器和位移传感器安装在施工的张拉设备上，把张拉施工过程中千斤顶的张拉力与预应力筋的伸长量都转换为相应的电信号。再经过信号传输线通过控制器的A/D（模/数）转换，最终送入计算机做进一步运算处理或存储或显示。最后经过数据研究，根据实际施工情况，主控制器输出相应的控制指令，控制张拉机进行工作。

这套自动张拉设备主要零部件有千斤顶和油泵，把传感器安装到千斤顶上来测量压力与位移数据，在液压油泵上添加控制器来控制液压千斤顶工作。整套系统的使用示意图如图 4-1-3 所示。

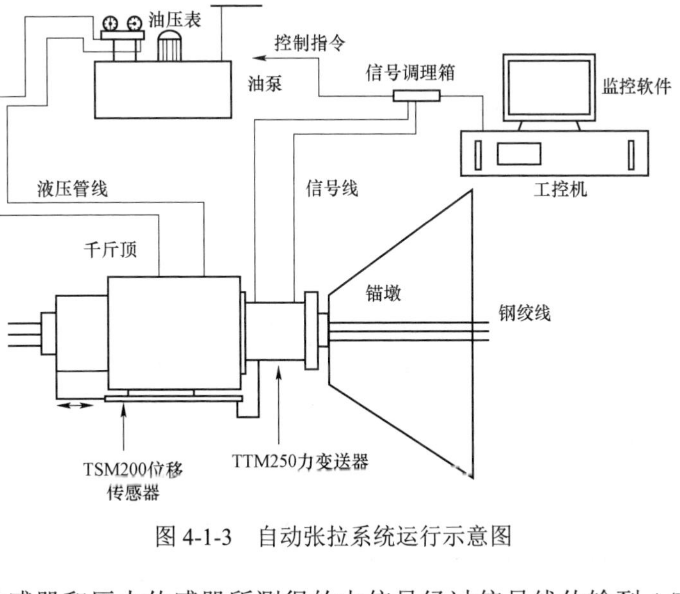

图 4-1-3　自动张拉系统运行示意图

位移传感器和压力传感器所测得的电信号经过信号线传输到 A/D 转换器，经过转换器把模拟量转化为数字量。最终输入到计算机中的数字信号可以通过软件处理对数据进行分析运算或者输出为更为直观的图像。主控制器还可以下发控制指令，控制张拉机工作从而控制张拉过程。张拉系统的原理如图 4-1-4 所示。

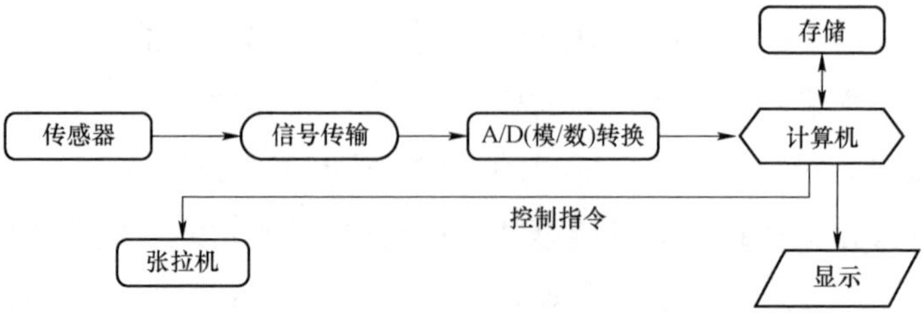

图 4-1-4　张拉系统的原理框图

第二节　传感器误差处理现状

在本次关于智能张拉系统双模控制研究中，采用的传感器为标准力传感器和液压压力传感器。其中，标准力传感器即轮辐式力传感器，液压压力传感器即压力变送器。

一、粗大误差的处理

粗大误差（Outlier）是指一组数据中与其他数据显著不同的异常值，这些异常值通常与其他数据点的趋势或分布不一致。目前有多种准则可用于判定被测数据组是否存在粗大误差。而根据实际情况的不同，例如检测精度、检验范围、严格程度等差异，需要多方比较后选择合适的准则。

2010 年，华南师范大学的熊艳艳、吴先球系统分析和比较了四种判别粗大误差准则的特点，以莱依达准则的统计临界值为线索，提出四种准则的综合判别方法，如表 4-2-1 所示。文字表述为：测量次数 n 落在 3～25 这个范围内用狄克逊准则或格拉布斯准则（$a=0.01$），次数 n 在 25～185 的范围内用格拉布斯准则（$a=0.05$）或肖维勒准则，当测量次数 $n\geqslant 185$ 时用莱依达准则。

表 4-2-1　四种准则的综合判别方法

测量次数范围	建议使用的准则
$3\leqslant n<25$	狄克逊准则，格拉布斯准则（$a=0.01$）
$25\leqslant n\leqslant 185$	格拉布斯准则（$a=0.05$），肖维勒准则
$n>185$	莱伊达准则

2017 年，赵海霞、周少娜等人针对实验测量次数落在 3～100 的情况下的

选择讨论、比较了格拉布斯准则、t 检验准则等四种粗大误差剔除准则，并利用 EXCEL 软件画出 K（临界系数）-n（测量次数）曲线图像，呈现了临界值的相对大小，给出测量次数落在区间 3～100 时判断准则的选择意见，如表 4-2-2 所示。这种方法通过比较统计临界值的方法研究检验效果，结果表明在显著水平 a 相同的情况下，临界值越大，检验效果越差。与之前研究相比，原理更易理解、图像更直观，易于比较和讨论。

表 4-2-2　测置次数落在 3～100 时数据剔除准则的选择

测量次数范围	建议使用准则
3—7	格拉布斯准则（$a=0.01$ 或 0.05）
8—20	格拉布斯准则（$a=0.01$ 或 0.05），t 检验准则（$a=0.05$）
21—50	格拉布斯准则（$a=0.05$），t 检验准则（$a=0.01$），肖维勒准则
51—100	t 检验准则（$a=0.01$），肖维勒准则

2020 年，唐伟、钟伟等人根据粗大误差判断理论，提出了一种实现粗大误差判别的智能算法，主流程框图如图 4-2-1 所示。该算法利用 C 语言编程完成识别、剔除异常值数据的功能，从而完成数据的优化处理。最后通过程序进行仿真验证，实现了粗大误差判断的快速性和精准性。

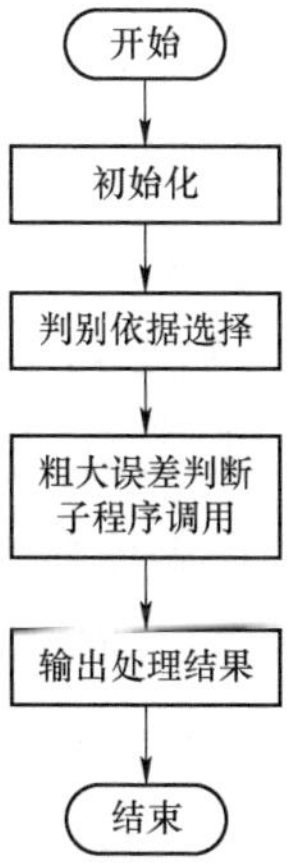

图 4-2-1　软件主流程框图

2021 年，中北大学的熊振宇、崔春生等人提出了一种归一化相似度粗大误差判别法，以解决 3σ 和 Grubbs 准则 3σ 在处理样本数组量较小时出现的误判问题。利用上述方法可以有效地识别出与冲击波相关特征不符的异常数据，并保留符合其特征的数据。

二、数字信号处理技术

随着信息化、数字化世界的到来，数字信号处理技术（DSP）日趋重要。虽然国内相较于发达国家还存在一些差距，但是随着我国政府越来越重视信号处理领域，相关信号处理技术得以在中国得到高速发展。

对于具有较低运算能力的单片机系统，采集数据时，常常会出现数据随机误差大等问题。相较于模拟滤波技术，数字滤波技术不需要额外设硬件仪器支持，可直接利用相关算法解决随机误差大、噪声干扰等问题。随着数字信号处理技术的发展，数字滤波技术在解决实际问题中的应用前景越来越广阔。

常见的数字滤波算法主要有均值滤波、限幅滤波、复合滤波等。均值滤波是对采样后存储的数据组进行求和取平均输出，是消除随机误差最常用的方法，它包括算术平均滤波、去极值平均滤波、加权平均滤波、滑动平均滤波等。在工程实际中，要依据不同的使用环境使用不同的滤波方法。例如，采用算术平均滤波法时，若采样数组较少则平滑性差；反之，则会引起灵敏度下降，信号的平滑程度完全取决于 N 值且无法消除偶然的干扰脉冲。加权平均滤波法可通过加权系数协调系统平滑度与灵敏度之间的矛盾，在不降低平滑性的前提下提高灵敏度。此种方法在实际应用中对纯滞后较大的系统非常适用。

2011 年，钟玉萍采用硬件和数字滤波相结合的方法，解决了低压电器检测试验中的干扰问题。2015 年，山东省建筑设计研究院的汪其锐等人针对称重传感器信号易受到外部噪声干扰的问题，探讨了三种数字滤波方法即一阶惯性滤波、FIR 滤波、IIR 滤波，并进行比较分析，从而选择出一种最优的滤波方式，并用实验证明这种滤波方式显著提高了信号采集精度，可在工程实际中推广使用。同年，呼和浩特科林热电厂的何皓、李磊利用实时数字滤波技术弱化生产环境中的噪音，提高了数据分析的精准度。实验表明将加权递推平均滤波算法应用到实时数字滤波技术当中，可实现对火电厂数据的实时监测与分析，为火电厂的实际生产管理保驾护航。

2021 年，张立芳、王飞等人采用小波变换和 Gabor 变换对波长调制技术测量得到的二次谐波信号进行降噪处理，结果表明两种变换都能有效地去除二次谐波信号中的背景噪声，同时保留信号的真实性。

第三节　双模自校准智能张拉系统整体设计

目前张拉工程中的张拉系统基本上都用千斤顶油压压力表进行张拉力的换算，在张拉过程中液压系统的不稳定和千斤顶在工作中存在的或大或小的摩擦力都是较大的问题，这使得在工程过程中需要频繁标定，再加上施工现场一般都远离城镇，拿着设备路途遥远不仅费时费力，还耽误工程进度。为了弥补张拉系统中存在的技术缺陷，目前有一项新的技术日趋成熟，它直接可以用测力传感器去控制张拉千斤顶的张拉力。但是在这项技术发展的过程中，还缺少统一的检验标准，再加上施工单位技术水平有限，无法进行现场检验，施工工人一般测出的张拉数据都不稳定，使得整个张拉工程中的数据都不够精确。甚至个别施工单位因盲从推广新的张拉技术导致张拉失控，造成了安全事故。因此，十分有必要设计一款自校准智能张拉设备，建立一套现场检验的体系和方法。双模自校准智能张拉系统工作流程图如图 4-3-1 所示。

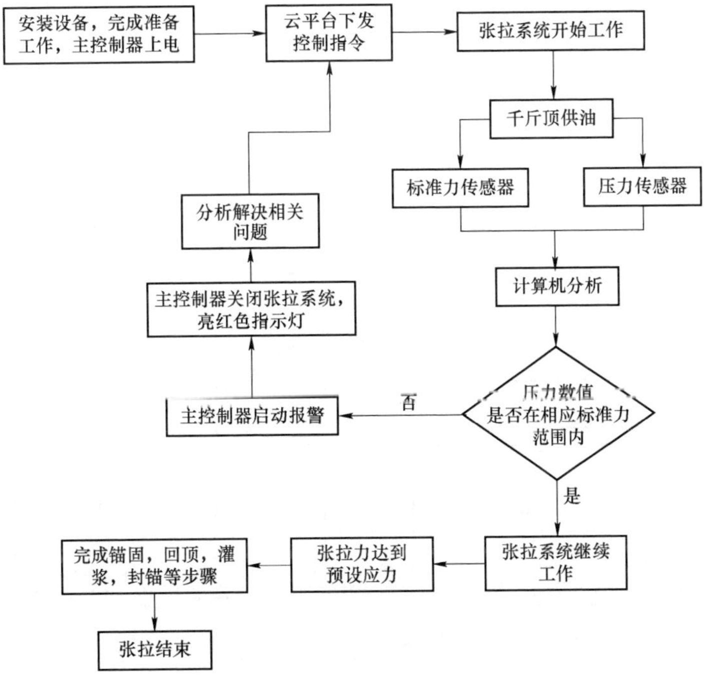

图 4-3-1　双模自校准智能张拉系统流程图

主控制器使用了 stm32f103 系列的单片机及其集成的 M3S 开发板。无线通信模块选用的是 GSM 无线模块。有线通信模块选用的是 ST-LINK 串口通信模块。

设计的系统利用到双模自校准的特点，使用压力传感器直接连接压力千斤顶内部液压油，这样更有利于准确地测量千斤顶内部液压油的实时压力，实时反映千斤顶的受力程度。并且在系统和结构中还加进检测千斤顶轴向力的标准力传感器，两个传感器共同作用并通过对比来判断千斤顶受力的准确度。

检测到的压力数据将通过无线传输模块上传到物联网云平台，并且也可以在云平台网页上或者经审核过后可以在手机上实时检测或者下发数据。设计的整体结构如图 4-3-2 所示。

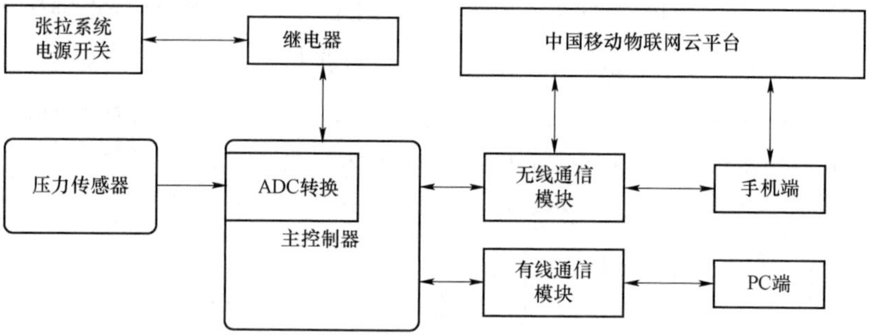

图 4-3-2　压力传感器系统整体结构图

智能张拉系统压力传感器系统工作流程示意图如图 4-3-3 所示，由四个部分组成：张拉系统、主控制器、无线通信以及有线通信部分。智能张拉系统压

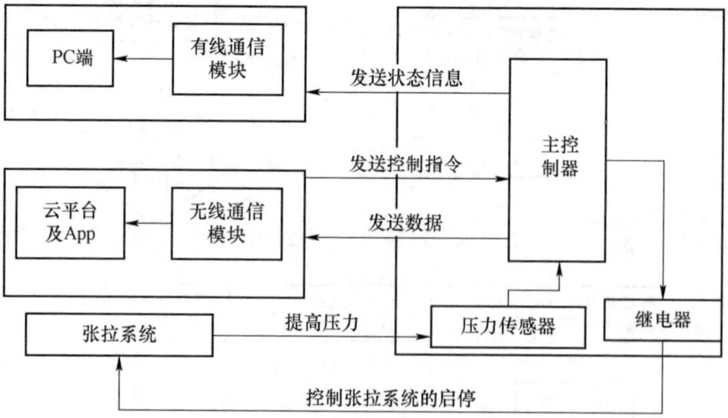

图 4-3-3　云平台系统工作示意图

力传感器系统工作流程为：张拉系统提供压力，压力传感器检测到压力后把相应信号值传输到主控制器，主控制器经过处理得到压力值再经无线通信模块传输到云平台，最后依据实际情况通过云平台下发相应指令启停张拉系统。

为了完成以上工作，设计要实现的功能如下：

（1）检测压力传感器的电压信号并通过控制器处理使它成为正确的压力值。

（2）通过无线通信模块把正确的压力值传输到云平台上，可以通过有线通信模块在 PC 端记录工作状态。

（3）设计控制界面以便能够直观地在云平台上实时监测张拉千斤顶内部液压油的压力。

（4）通过云平台可以下发指令控制继电器达到相应的状态，以此来达到控制张拉系统的目的。

一、主控制器模块

系统中主控制器主要是完成传感器数据采集、处理和发射，控制通讯模块间的数据传输，控制继电器工作状态等工作。现在市场上使用比较广泛的控制器有 51 单片机和 32 单片机。32 单片机不但性价比高而且功能强大，外设也比 51 单片机多，所以整个系统采用 32 单片机作为主控制器。

主控制器都有自己的内部结构，就和人体机构一样。主控制器的内部机构包括 CPU、存储器、内部总线、外设、I/O 等，这些内部结构和我们笔记本电脑里面的芯片不同，笔记本电脑里面的各种结构都有单独的芯片，而 32 单片机是将这些结构都安装在一个芯片上。不同厂家出产的主控制器配置或多或少也都有所差别。主控制器的内部结构如图 4-3-4 所示，详见附录 1。

整个系统的主控制器为 STM32F103RCT6，其内核 Cortex-M3CPU 的工作频率是 72 MHZ，该主控制器拥有 256 KB 的 FLASH 和 48 KB 的 SRAM。主控制器内部有可编程存储器，基本定时器和高级定时器各两个，通用定时器四个、两个 DMA 控制器（共 12 个通道），SPI、I2C、SDIO、USART、USB 和 CAN 接口，3 个 12 位的 ADC。实际的主控制器被封装成正方形的形式即 LQFP 形式，LQFP 封装形式指的是封装成厚度为 1.4 mm 的薄型四方扁平形式，主控制器原理图如图 4-3-5 所示。

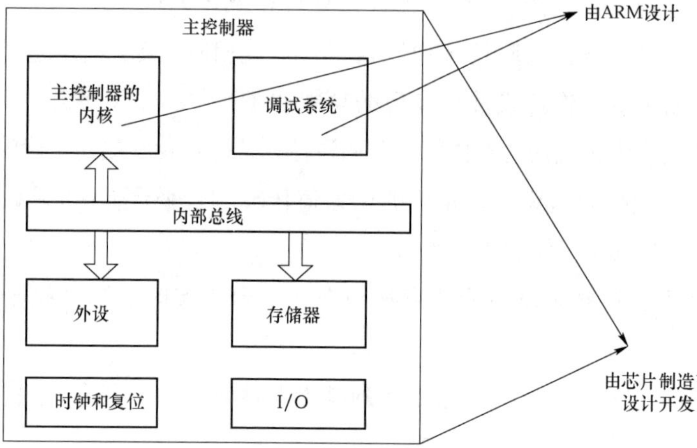

图 4-3-4　主控制器内部结构

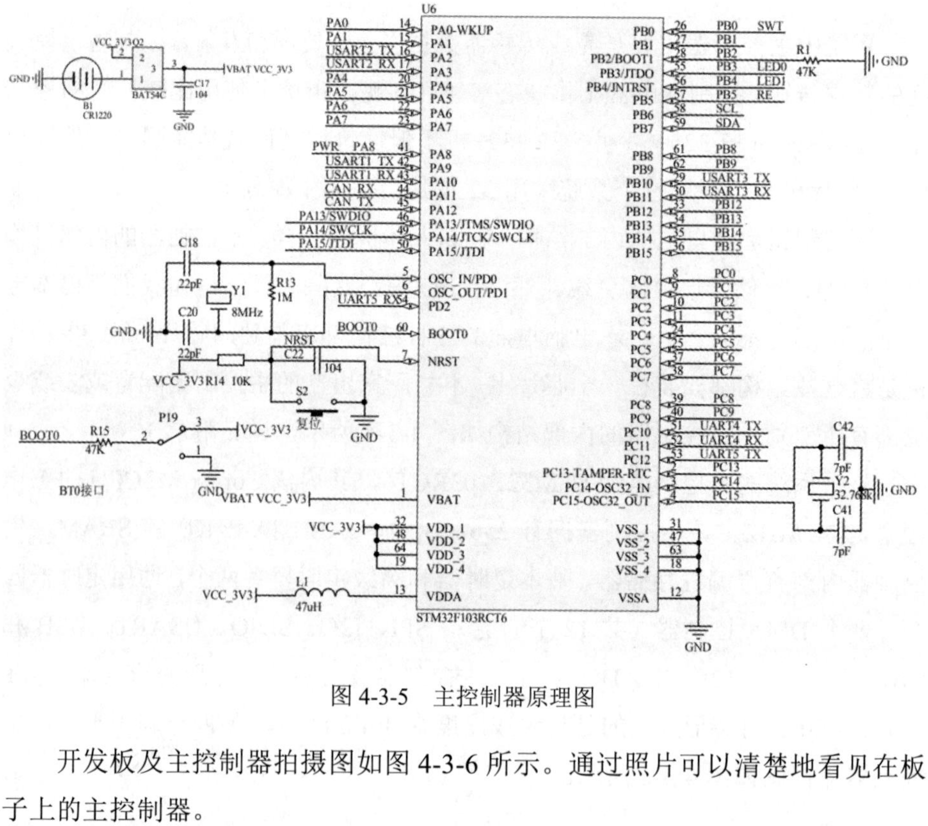

图 4-3-5　主控制器原理图

开发板及主控制器拍摄图如图 4-3-6 所示。通过照片可以清楚地看见在板子上的主控制器。

图 4-3-6　开发板及主控制器

为了使芯片成功运行，必须设计该芯片的最小系统，其设计方案包括电源电路、复位电路、下载接口电路等。

（一）电压转换电路

该系统对 AMS1117-3.3 芯片采用 LDO 降压方式，芯片输出 3.3 V 电压。电压的大小与负载电流息息相关。在器件内部添加了限流保护和热保护功能，这样可以更好地保护电路，其电路原理图如图 4-3-7 所示

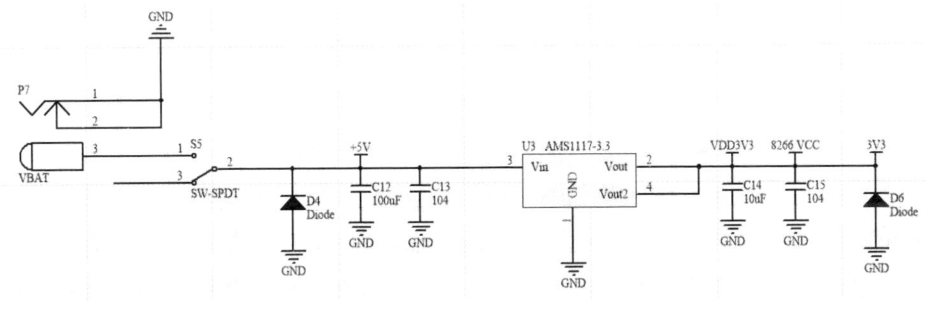

图 4-3-7　电压转换电路原理图

（二）上电复位电路

上电复位电路的作用是使系统复位到原始状态。电路上电时电容进行充电，单片机复位。当电容充满电时，单片机开始工作。按下复位键，单片机复位。松开复位键，电容再次充电，单片机也就再次开始工作，上电复位电路原理图如图 4-3-8 所示。复位电路比较简单，大多采用低电平复位原理。电路由

电阻、电容和按键开关组成，用来恢复电路的启动状态。通常 NRST 引脚是连接到一个高水平 3.3 V。当按下复位按钮，NRST 引脚连接到 GND，此时电压为 0 V，视为低电位。根据电容电压不能突变的原理，在正常工作下，电容与电阻串联，电容两端电压为零。如果突然按下按钮，提供复位脉冲，电源向电容器充电，直到电容器两端电压为电源电压，电路正常工作。

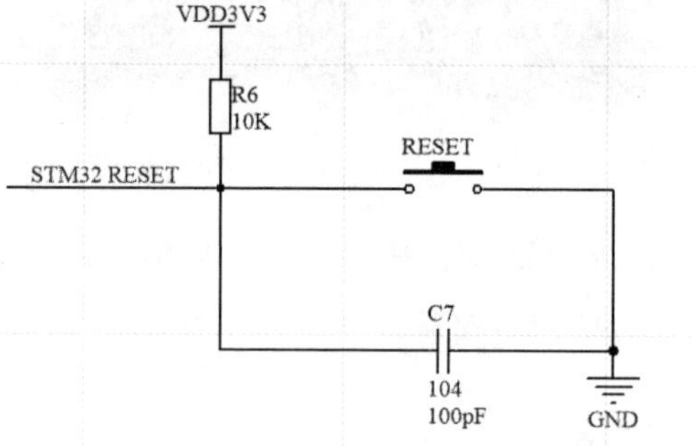

图 4-3-8　上电复位电路原理图

（三）晶振电路

一般的单片机都是晶振芯片的外部振荡器，其电路一般由电容、晶振和电阻构成。在时钟电路原理图中，电容选 100 PF，晶振选 8 MHz 晶振，也称为石英晶体振荡器，其工作精度高且稳定。通过特殊的辅助电路，可以使正弦波的输出频率和峰值都比较稳定。在单片机的工作中，输出的脉冲作为参考时钟。

STM32 芯片的引脚 OSC_IN 和 OSC_OUT 分别与晶振的两端共同构成振荡电路同时伴随着谐波产生，谐波会破坏电路减小系统的稳定性。为了削减这种影响，可以在晶振的两端分别连一个电容，每个电容再与地相连。电路的负载电容直接用两电容相加就可计算出来。晶振电路原理图如图 4-3-9 所示。

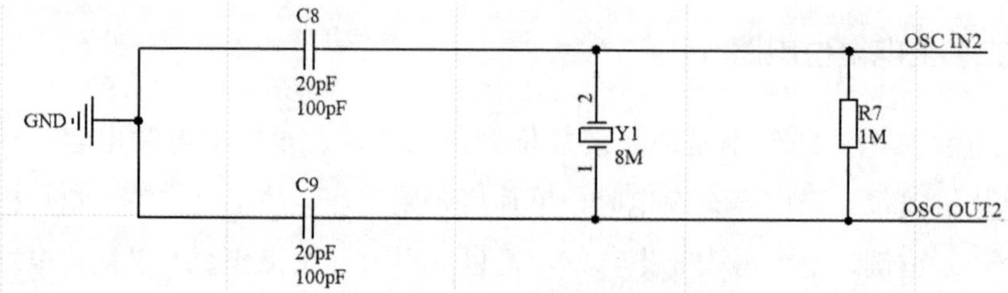

图 4-3-9　晶振电路原理图

（四）下载烧录电路

下载烧录电路原理如图 4-3-10 所示，电路中包含了 CH340G 芯片，其主要功能是将USB电压信号转换为TTL电平，支持通信波特率 50 bps～2 Mbps。其中 CH340G 芯片的 TXD 引脚与单片机的 RXD 引脚相连，而 RXD 引脚与单片机的 TXD 引脚连接。由于单片机在下载程序的时候要断电再重新上电，所以单片机复位引脚与芯片的 DTR 和 RTS 串口相连，控制单片机上电烧录过程。

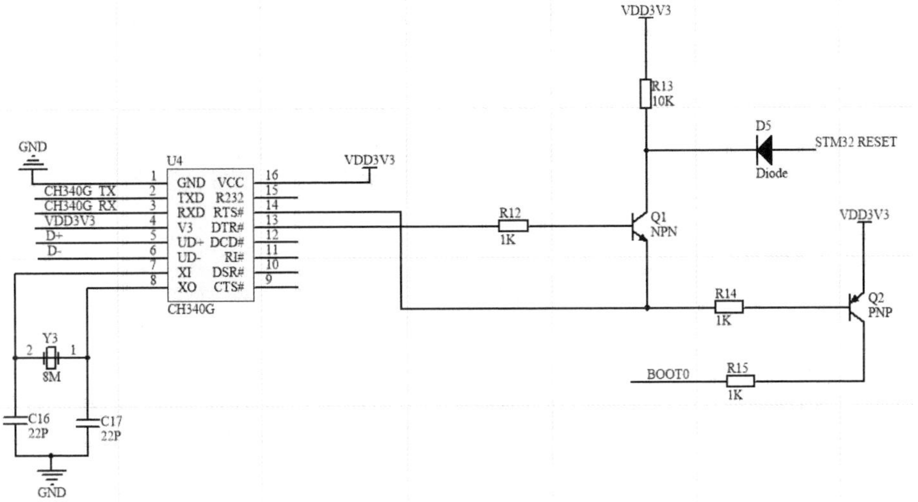

图 4-3-10　下载烧录电路原理图

二、传感器模块

张拉力传感器采用了轮辐式压力传感器，具体情况如图 4-3-11 所示，ZNLBU 的测量范围为 0～20 kN。与柱式和膜盒式的力传感器相比，它具有更高的精度和更低的偏载荷，并且由于其易于安装的特性，常用于测量工程中。

轮辐式压力传感器由轮圈、轮毂、辐条、应变片等部分构成，如图 4-3-12 所示。辐条成对平行地将轮圈和轮毂连接，安装时将千斤顶施力顶点与轮辐式力传感器的轴心相对。

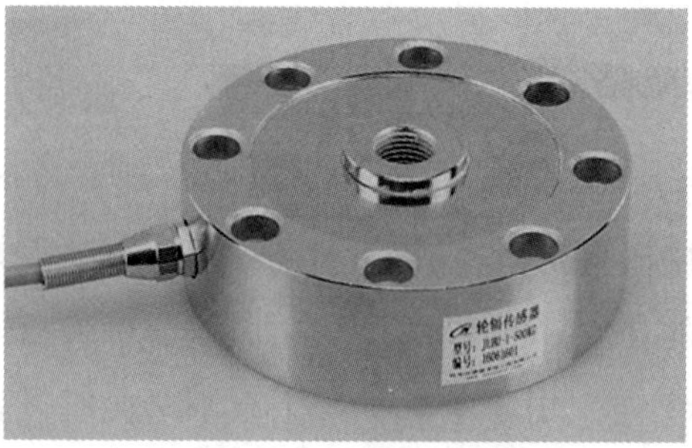

图 4-3-11　轮辐式压力传感器照片

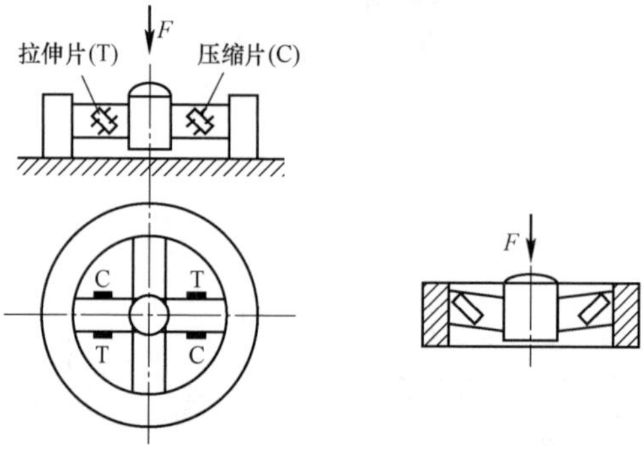

图 4-3-12　轮辐式压力传感器剖面图

在千斤顶工作时，外力作用于传感器的轴心部位，矩形辐条会受力变形，变成一个平行四边形，其本质上是受到两个不同方向的力。该切应变能在 45° 方向上产生正、负正应力，这两个正、负正应力是由切应力产生的。在传感器的内部有一个电桥，它包括四个电阻应变仪，如图 4-3-13 所示。电桥电路的特点是灵敏度高、线性度好、容易进行温度补偿。它可以很好地适应不同的应变测试需求，因而被广泛用于应变测试。

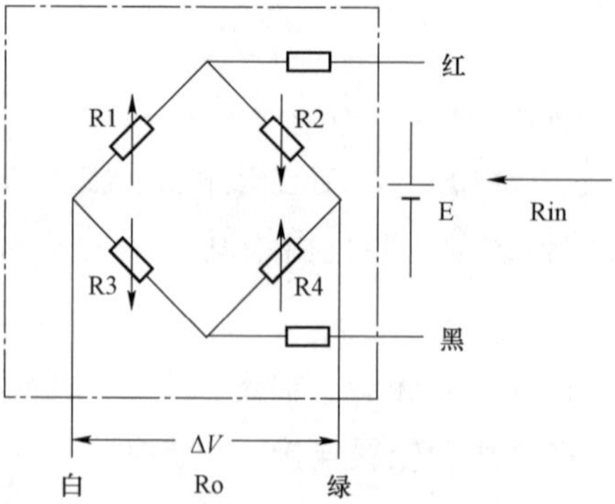

图 4-3-13　传感器内部电桥电路

电桥后接放大器，由于其输入阻抗较高且远大于电桥，因此电桥的输出端可以视为开路，其输出形式为：

$$U_0 = \frac{R_1R_4 - R_2R_3}{(R_1 + R_2)(R_3 + R_4)}U$$

当应变片工作，四个电阻都有变化ΔR，且$\Delta R_1 = \Delta R_2 = \Delta R_3 = \Delta R_4 = \Delta R$，通常$\Delta R_i \ll R_i$。此时为全桥差动电路，有电压输出为：

$$U_0 = \frac{(R_1 + \Delta R_1)(R_4 + \Delta R_4) - (R_2 - \Delta R_2)(R_3 - \Delta R_3)}{(R_1 + \Delta R_1 + R_2 - \Delta R_2)(R_3 - \Delta R_3 + R_4 + \Delta R_4)}U$$

化简整理可得输出电压和输入激励的关系：

$$U_0 = U\frac{\Delta R}{R}$$

可见，这时的输出电压U_0与$\Delta R/R$会呈现出严格的线性关系，此外采用电桥差动电路还能起到温度补偿的作用。

由于要将液压数据发送到 STM32 开发板，所以要经历一步模拟信号向数字信号转变的过程。本书选用的是液压变送器，其量程为 0～100 MPa，输出电压是 0～3.3 V，适合测量液体、气体、油等介质，液压变送器的实际拍摄图如图 4-3-14 所示。

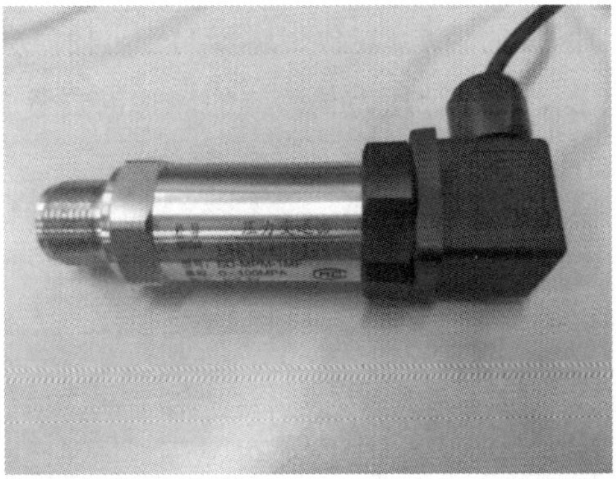

图 4-3-14　液压变送器

由于 STM32 直接采集的电压范围为 0～3.3 V，而压力传感器的输出电压为 0～4.5 V，所以在接入单片机之前要进行降压处理，这里我们增添几个电阻进行分压以便能达到 STM32 的测量范围。压力传感器与主控制器连接的外部电源供电原理图如图 4-3-15 所示。压力传感器的 VCC 引脚接主控制器的

VCC5V 引脚，GND 引脚接主控制器的 GND 引脚，Signal 引脚接主控制器的 PC1 引脚。

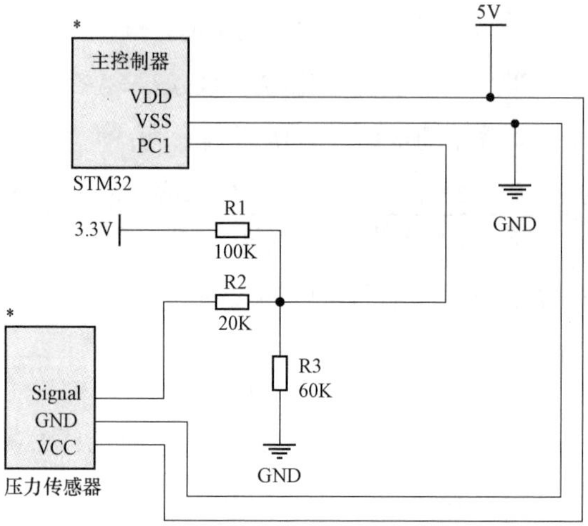

图 4-3-15　压力传感器外部供电示意图

当固体受到力后，其电阻率就会发生相应的变化，这种变化在半导体材料中尤为明显，所以压阻式传感器基本都是由半导体材料制成的。由于半导体材料对温度比较敏感，而压力传感器在使用过程中又与被测物体直接接触，所以很容易受到外在环境因素的影响，导致传感器的输出信号会有零点温度漂移和灵敏度温度漂移。因此，在设计压力传感器的同时也要考虑温度补偿。压力传感器及其线性关系如图 4-3-16 所示。

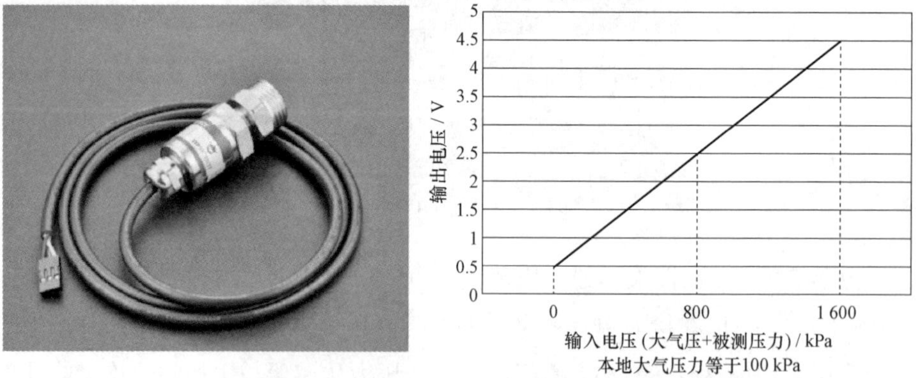

图 4-3-16　压力传感器及其线性关系图

压阻式传感器产生的零点温度漂移主要是因为扩散电阻的阻值与温度系数不同。倘若使其电阻阻值与温度系数都保持一致，那么电桥产生的零漂和灵敏度漂移会很小，但是这在制造过程中很难实现。

通常零漂补偿都是通过串、并联电阻实现的。如图 4-3-17 所示，Rs 与 Rp 两个电阻一个串联在 AB 之间一个并联在 AD 两端。其中起到调零作用的是 Rs 电阻，而 Rp 电阻主要起补偿作用。原则上在二者选用适当的阻值后，可以使得电桥失调为零，也不会产生零点漂移。

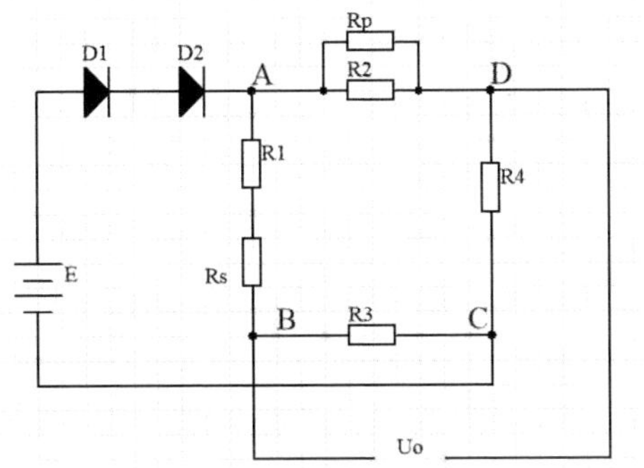

图 4-3-17　温度补偿电路

灵敏度温度漂移补偿通常采用串联二极管的方法，这种方法主要是利用了二极管 PN 结的温度特性：当温度变化时，二极管的正向压降也会有相应的变化。由于传感器的温度灵敏系数为负值，因此在温度升高时，灵敏度就会相应的减小。这时要使电桥的输出电压适当增大，才能保证整个系统的稳定，那么提高输入电源的电压就可实现；温度降低也是同样的原理，只需要减小输入电压就可实现。所以在电路中串联二极管可以很轻松地解决这一问题。

三、通信模块

使用的无线通信模块尺寸为 29.0 mm × 32.0 mm × 2.4 mm，模块电路原理如图 4-3-18 所示，详见附录 6。EC200S 无线通信模块网络协议比较丰富的，模块所设置的工业接口基本适用于目前大多数操作系统的 USB 驱动，所以 EC200S 的应用领域十分广阔。为确保信息不会被轻易擦除，EC200S 还采用了特殊的镭雕工艺，这使其散热性能大幅度提升，更能适应目前机械工业的机电一体化需求。

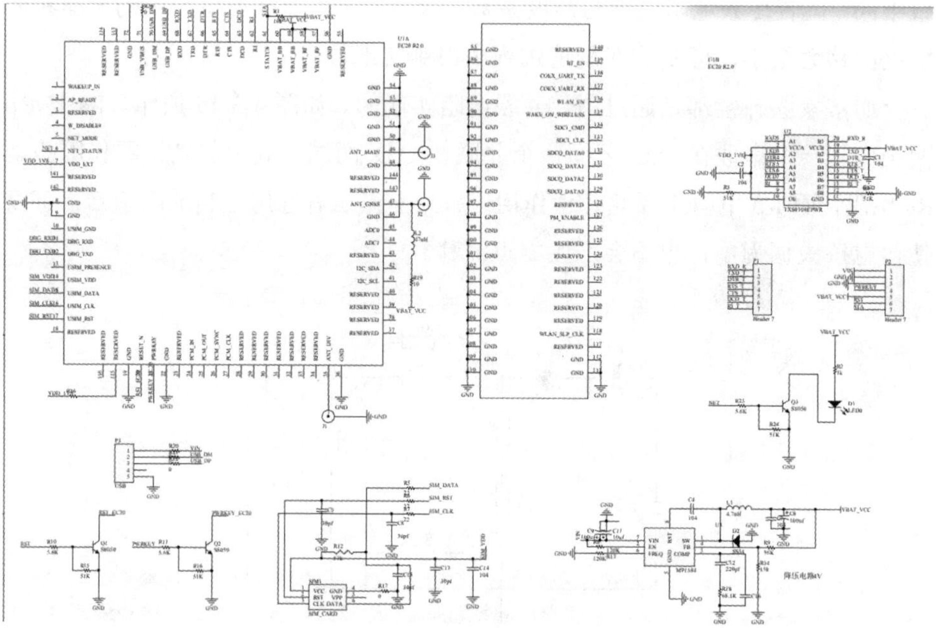

图 4-3-18　EC200S 模块电路原理图

模块的外观如图 4-3-19 所示。

图 4-3-19　无线通信模块（EC200S-CN）

模块供电采用 VBAT 供电，供电电压范围为 3.4 V 到 4.3 V。GSM 特性：支持 GPRS 多时隙等级 12、编码格式 cs1/2/3/4、最大上下行速率 85.6 kbps。支持 TCP/HTTP/HTTPS/MQTT 等常用的协议。其 SIM 接口供电电压为 1.8 V

和 3.0 V。主串口用于 AT 命令传送和数据传输、波特率最大为 1 Mbps，一般默认为 115 200 bps。3GPP TS 27.007 和 3GPP TS 27.005 定义的命令与移远通信增强型 AT 命令都适用。其 NET_MODE 和 NET_STATUS 两个引脚指示网络状态。ANT_MAIN 天线接口有 50 Ω 阻抗用来保护电路以保持其正常工作。

SP3223 是 SIPEX 公司研发设计的一款 RS-232 收器接口芯片。由于芯片内有高效电荷泵，采用四相电压变换技术来产生 5.5 V 的 RS232 电平，还支持 EIA/TIA-232 通信协议和 ITU-TV.28/V.24 通信协议，所以笔记本电脑或者其他便携式设备基本都可用。主控芯片 STM32F103RCT6 向 PC 端传输信号是通过 TTL 电平信号来完成传输的，因此采用 RS-232 进行通信时 SP3223 内部的电平转换芯片会把 TTL 电平信号转换为 PC 端可识别的 RS-232 电平信号。SP3223 芯片与主控芯片的两个外设的引脚相连接，最后通过 DB9 公头接口使主控制器与外设可以进行串口通信。通信电路 SP3223 原理如图 4-3-20 所示。

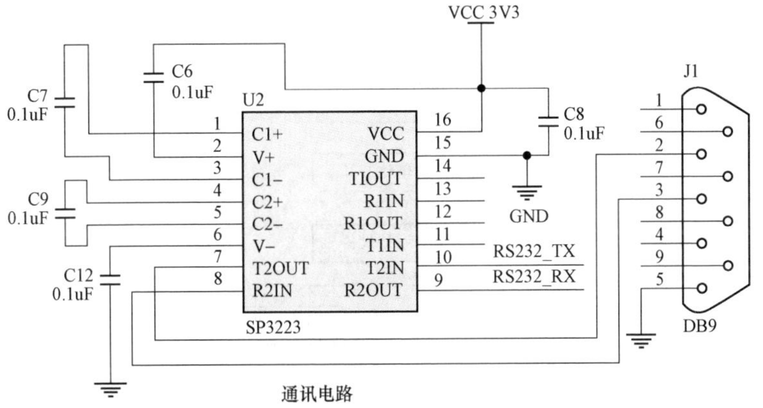

图 4-3-20　通信电路原理图

仿真下载设备 ST-LINK 电路原理图如图 4-3-21 所示。

四、物联网云平台设计

中国移动物联网云平台 OneNET 是国内最大并且开放的云平台之一，在本设计中将使用 OneNET 作为远程服务器，OneNET 不仅可以接收无线通信模块发送到云端的数据，而且还支持云端下发控制指令到相应的设备中。其接入流程和步骤如图 4-3-22 所示。

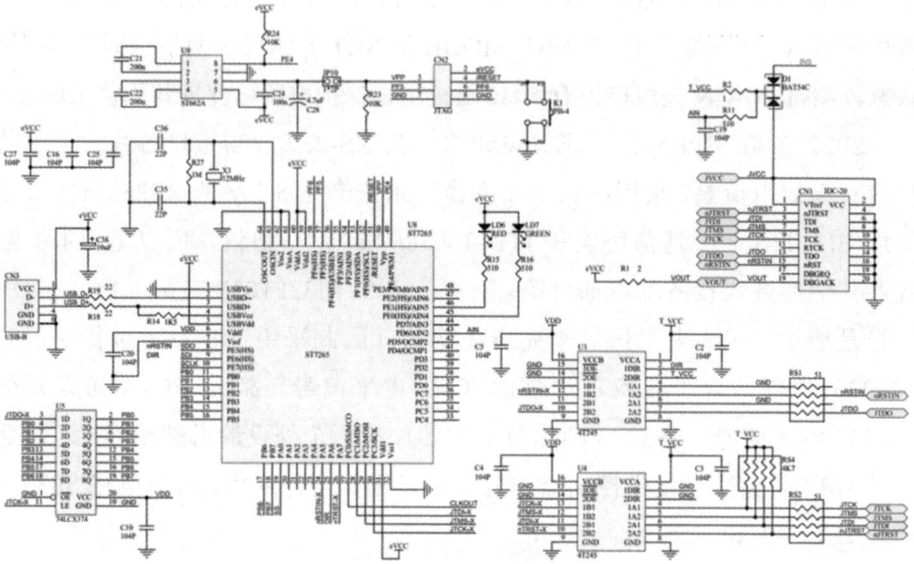

图 4-3-21　ST-LINK 原理图

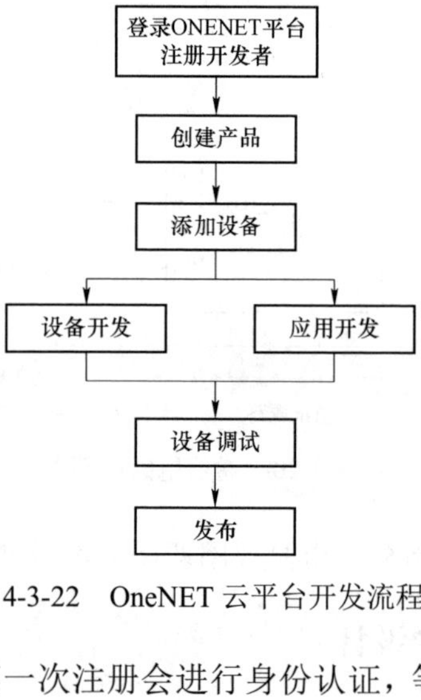

图 4-3-22　OneNET 云平台开发流程图

首先要注册账号，第一次注册会进行身份认证，等到认证通过就可以登陆云平台，然后点击控制台里面的全部产品选择接入的协议为多协议接入，最后填写相应的连接方式以及产品名字等信息。产品创建成功，系统会自动生成产品 ID 和用户 ID，结果如图 4-3-23 所示。

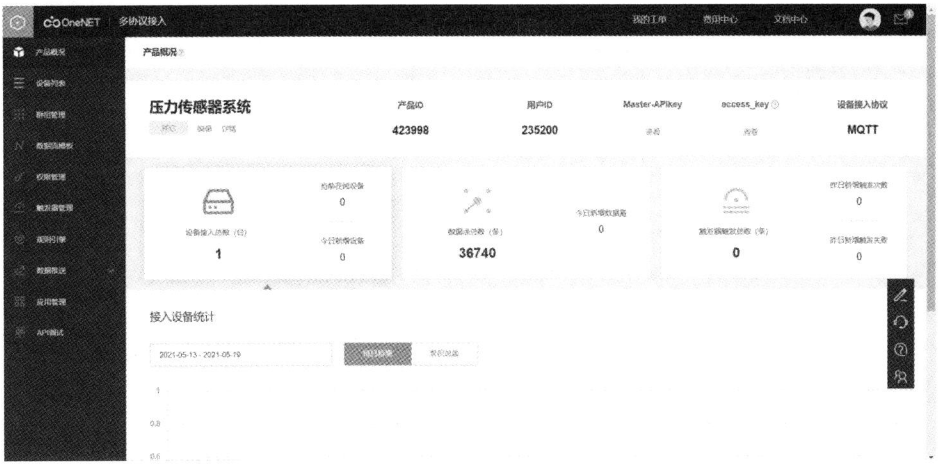

图 4-3-23　云平台创建产品

产品创建完成之后，要添加设备信息。包括设备名称、鉴权信息等。本次设计的设备 ID 名称是压传一号，设备 ID 是 715229051，鉴权信息是 1235678，结果如图 4-3-24 所示。

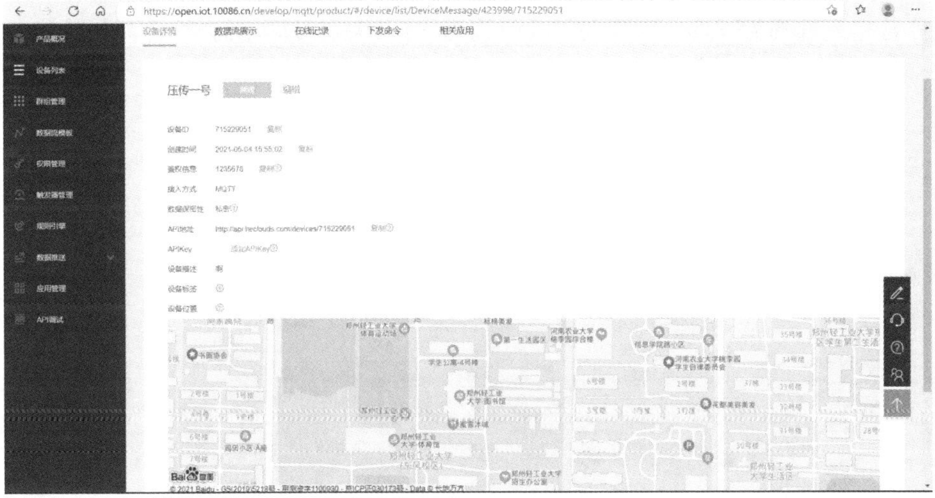

图 4-3-24　云平台创建设备

设备创建是云平台基本设置的最后一步，然后我们把云平台服务器的 IP 地址和端口号等信息写到无线模块的程序中。中国移动物联网云平台服务器地址为“183.230.40.39”，端口号为“6002”。子程序中的云平台接入信息如图 4-3-25 所示。

```c
void  MQTT_Init(void)
{
    printf("AT+QMTCFG=\"version\",0,4\r\n");//设备版本
    delay_ms(500);
    printf("AT+QMTOPEN=0,\"183.230.40.39\",6002\r\n");  //通过TCP方式去连接MQTT服务器
    delay_ms(500);
    strx=strstr((const char*)RxBuffer,(const char*)"+QMTOPEN: 0,0");  //看下返回状态
  while(strx==NULL)
    {
        strx=strstr((const char*)RxBuffer,(const char*)"+QMTOPEN: 0,0");  //确认返回值正确
    }
    Clear_Buffer();
    printf("AT+QMTCONN=0,\"715229051\",\"423998\",\"1235678\"\r\n");  //去登录MQTT服务器，设备ID，产品ID,鉴权信息。
    delay_ms(500);
    strx=strstr((const char*)RxBuffer,(const char*)"+QMTCONN: 0,0,0");   //看下返回状态
```

图 4-3-25　子程序中的云平台接入信息

为了能够更直观地了解我们上传的数据，OneNET 平台设置有应用编辑器，能够以图表的方式直观地实现数据流可视化。

如上传三个数据，则需要两个仪表盘，一个仪表显示传感器所测得的压力，另一个仪表显示传感器的输出电压。仪表在组件库中添加之后，需要设置仪表相应的数据流、表盘的额度等信息。为了更加直观地看出压力的变化，可以在应用里面添加折线图，设置相应数据流等信息。数据最终通过折线图的方式显示出来。

最后需要设置云平台下发控制指令的按钮。选择加入 1 个按钮。开关的属性数据流选择为 swtctr，开关的开值设为 S1，关值设为 S0。组件添加结束后需要把组件进行排版，结果如图 4-3-26 所示。

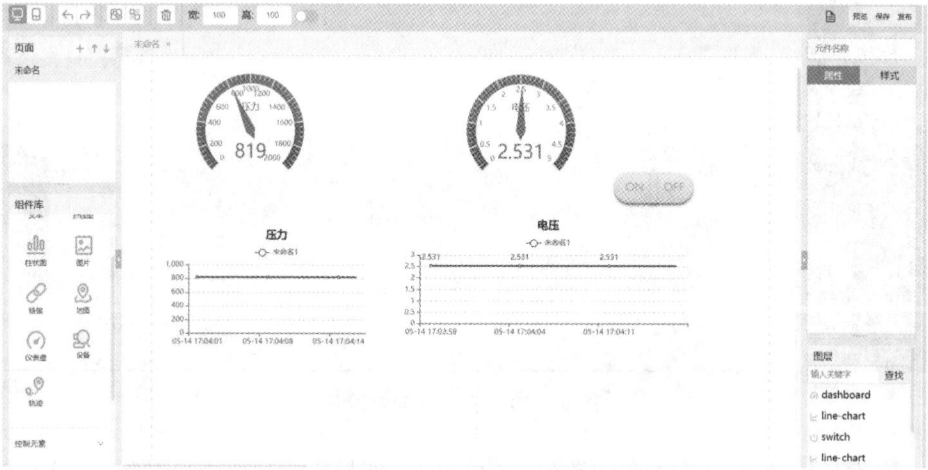

图 4-3-26　云平台应用编辑

设计完成之后保存、发布，如果以后要修改可直接点击编辑应用进行相应的修改。OneNET 云平台不但功能丰富而且也有很强的开放性，完成设计后经

过审核也可在手机上打开应用链接查看数据或者下发指令，非常方便。

用户手机端应用的设计开发借助于物联网平台的 OneNET 平台，操作界面如图 4-3-27 所示。操作界面分为组件库、界面制作区域和属性配置区，在组件库里有很多按钮，数据显示等功能块可以按需求添加；在界面制作区必须划分区块，然后才能增添功能按钮；在属性配置区域可以配置按钮、图表的基本属性，并且可以绑定设备的数据源。

图 4-3-27　手机端 OneNET 平台操作界面

五、通信协议

系统软件部分使用 C 语言来实现编程，集成开发工具为 PC 软件 Keil uVision5。这款软件可用于本系统主控制器所使用的 ARM Cortex-M 内核处理器，在整个设计中完成程序的编写与烧录工作。

无线模块传输协议采用的是 MQTT 协议。MQTT 是一种应用于客户端与服务器间的消息发送/订购协议，是构建物联网应用平台的理想选择。由于 MQTT 具有重量轻、简单、开放、易于实施等优点，因此其应用范围非常广泛，操作上也具有较高的可行性。MQTT 的基本原理如图 4-3-28 所示。

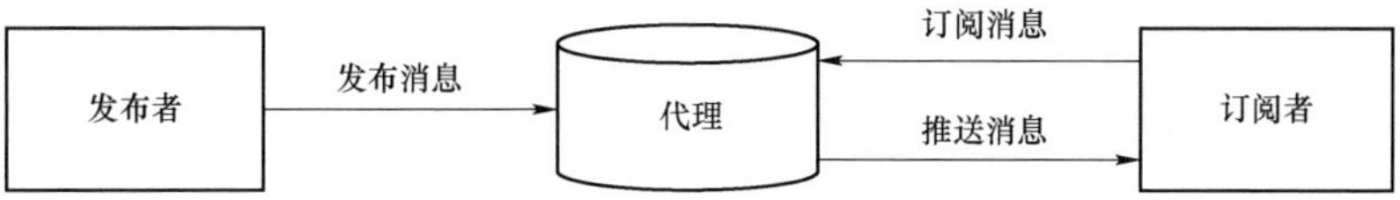

图 4-3-28　MQTT 协议原理

实现 MQTT 协议需要客户端和服务器端。在 MQTT 协议中有三种身份：发布者、代理、订阅者。其中，消息的发布者和订阅者都是客户端，代理是服务器，发布者可以同时是订阅者。整体上协议内容可分为以下几个部分：固定头部、可变头部和消息体，最小的头部只需 2 个字节。

第四节　软件设计

一、系统主程序

系统的主程序主要写在“main.c”和“EC200S.c”之中。首先对各个串口及 ADC 等进行初始化，设置通信协议以及数据需要发送的地址，然后提取 ADC 端口所测得的数值，经过信号处理及换算后把数据发送到云平台上面，最终在云平台观测数据，根据实际情况下发控制指令。主程序框图如图 4-4-1 所示，程序代码详见附件 4。

二、数据通信模块

主控制器的数据传输是由无线通信模块完成的，无线通信模块内部与主控制器连接，外部与云平台连接以进行数据传输；有线通信模块完成主控制器与 PC 间的实时工作状态的传输。模块运行之前需要进行串口初始化，之后启用有线通信模块，配置无线通信模块接入云平台。然后主控制器会判断设备是否连接到云平台。如果无法连接，则继续配置无线模块，直到连接成功为止。之后主控制器便可向云平台发送数据，也可以接收云平台下发的相关数据。无线通信模块的发送和接收几乎是同时的，所以每当发送接收数据时都会覆盖上一次的数据。智能通信模块的工作流程设计如图 4-4-2 所示。

本书中的有线通信模块主要向 PC 端发送单片机的工作状态，并不需要接收从 PC 端发送的数据，因此有线通信部分的程序框图如图 4-4-3 所示。串口 1 的 I/O 速度为 50 MHz、波特率为 115 200。

三、数据采集模块

压力传感器采集到的数值，可以通过单片机的 ADC 通道发送到单片机中进行处理，其工作流程如图 4-4-4 所示。首先配置 GPIO 口，再经过 A/D 转换把模拟量转换为主控制器可读取的数字量，最后把数字量带入相应关系式转换为压力数值。

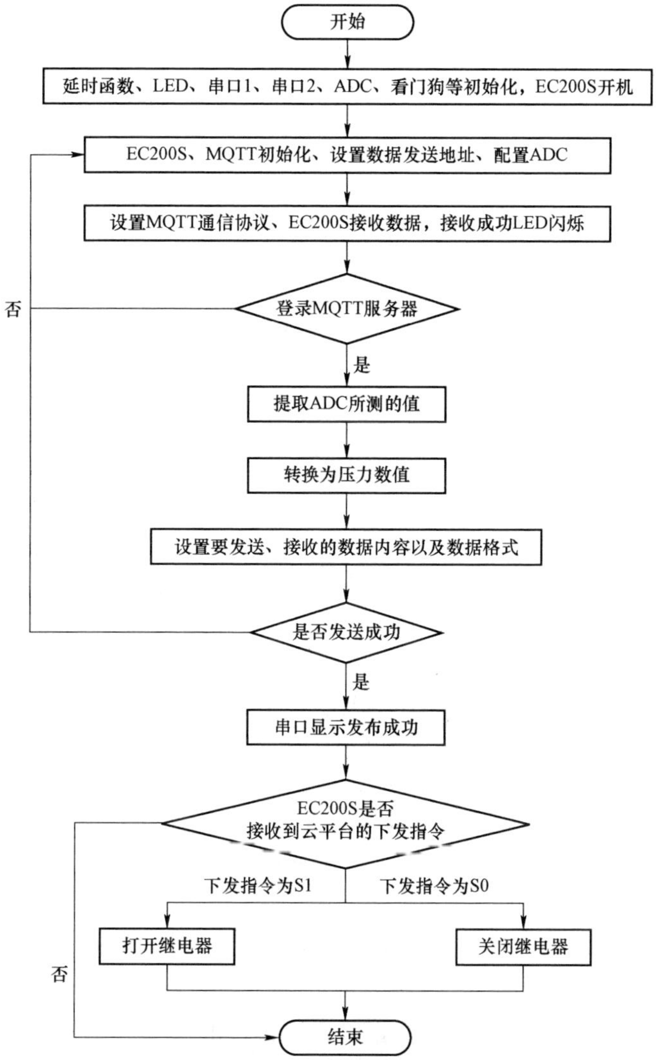

图 4-4-1　系统主程序流程图

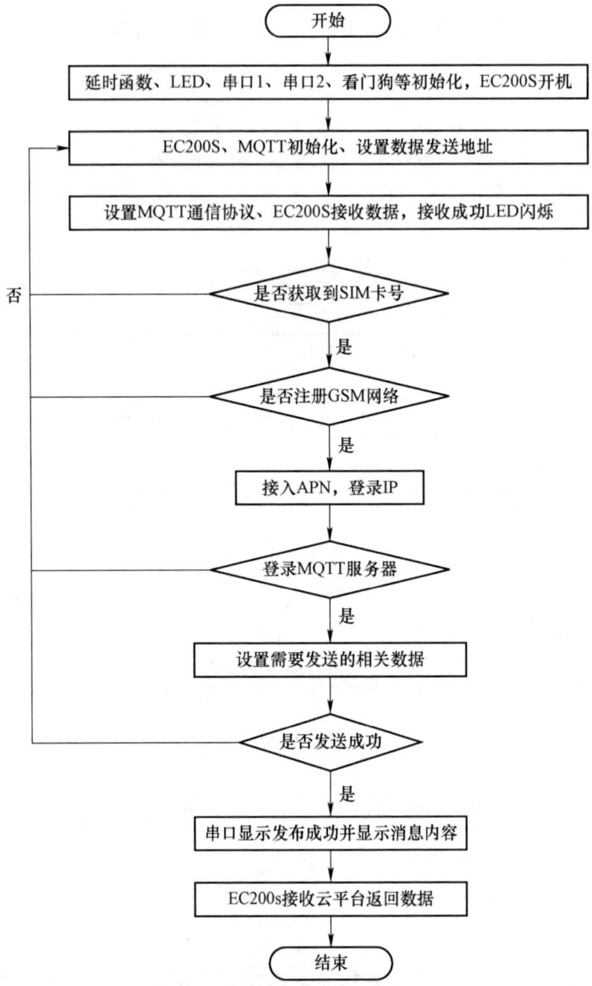

图 4-4-2　智能通信模块工作流程图

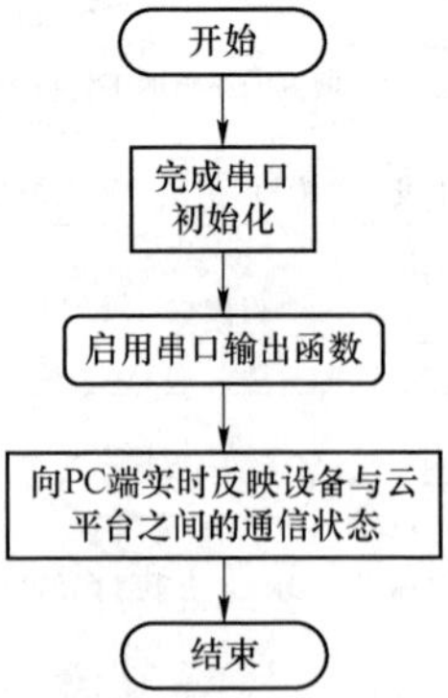

图 4-4-3　有线数据发送程序流程图

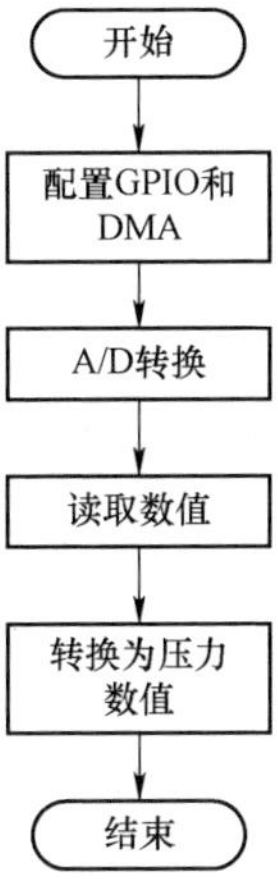

图 4-4-4　压力传感器检测的程序流程图

STM32 ADC 采样时间为 $T_{CONV}=T_C+T_{12.5}$。

STM32 的 ADC 精度为 12 位，则最低有效位为 LSB＝3.3/212。由转换值计算出来的电压值可以通过 Float 型变量保存，所以实际电压 V_T＝VADC（ADC 转化值）×LSB。

由于 STM32 直接采集的电压范围为 0～3.3 V，而压力传感器的输出电压为 0～4.5 V，所以在接入单片机之前要进行降压处理，这里采用了分压的方法来完成。因此压力传感器输出电压值 V_{out}＝（4.5/3.3）×V_T。

传感器所测得的压力与输出电压之间的关系式为 Pressure＝（V_{out}－0.483）×400。其中 Pressure 为压力传感器所测得的压力数值，V_{out} 为压力传感器输出的电压值。根据以上公式就可以逐步计算出压力传感器采集的压力数据。

（一）传感器防震的意义以及方法

标准力传感器置于张拉千斤顶内部轴向一侧，可直接测量出张拉千斤顶的缸体或活塞杆顶的推力。但是在液压泵站工作时，张拉千斤顶上的力传感器会出现数据跳动的情况。通常有硬件和软件两种途径减轻其影响，一是从硬件设备方面考虑，购买并设置一套整体减缓干扰的设备，但是这种方法实际操作下来成本高、制造困难且移植性较差；二是从软件处理方面考虑，对相应传感器的测量值进行数据处理，也就是从大量的数据中剔除异常值，得出更有意义的数据。相较于硬件补偿，软件补偿效果好、微型化、集成化，且造价低廉，工程应用更为广泛。

（二）粗大误差的剔除

粗大误差判别准则是基于数理统计确立的一些标准，从而对异常值完成取舍判别。常见的粗大误差判别准则如下：首先，对样本数量为 n 的数据组，求取样本数据的均值和标准 $\overline{x}$ 偏差 S 。

$$\overline{x}=\frac{\sum_{i=1}^{n}x_i}{n} \tag{1}$$

$$S=\sqrt{\frac{\sum_{i=1}^{n}(x_i-\overline{x})^2}{n-1}} \tag{2}$$

（1）格拉布斯（Grubbs）准则

对服从正态分布规律的样本数据，格拉布斯（Grubbs）准则可剔除数据组中偏离较远的数据，可减少异常值对总体数据的影响。例如，若计算的统计量大于或者等于格拉布斯检验临界值表中给出的相应置信区间下的临界值，则可判定该值为离群值，应当舍去。Grubbs 检验法公式如下：

$$G_j=\frac{|x_j-\overline{x}|}{S} \tag{3}$$

$$G_j \geqslant G(p,n) \tag{4}$$

说明 x_j 含有粗大误差，剔除此可疑异常值。

（2）莱依达（3σ）准则

此准则适用于服从正态或近似正态分布规律、测量次数充分大的样本数据。样本数量为 n 的数据组中，第 j 个测量值 $x_j(1< j\leqslant n)$ 的残余误差 ν_j 满足下式：

$$\sigma=\sqrt{\frac{\sum_{i=1}^{n}\nu_i^{\,2}}{n}} \tag{5}$$

$$\nu_j=|x_j-\overline{x}|>3\sigma \tag{6}$$

说明 x_j 含有粗大误差，剔除此可疑异常值。

（3）狄克松（Dixon）准则

狄克松准则无须估算数组的平均值、方差，直接从数组中抽取最大值和最小值进行分析。根据相邻狄克松准则值差异大小来判断被怀疑的数值是否为异常数据。

$$x_{(1)} \leqslant x_{(2)} \leqslant x_{(3)} \leqslant \cdots \leqslant x_{(n)} \tag{7}$$

首先，从给定的数组中按顺序排列找出最大值和最小值。计算相邻狄克松准则值的差异，即最大值与最小值之间的差值，分别构造检验高端异常值和低端异常值的统计量，并计算 r_{ij} 和 r_{ij}'。查概率学统计表设定一个阈值，即通过显著性水平 a 查出临界值 $r_{ij}(n,a)$，判断差异是否超过设定的阈值。

$$r_{ij} > r_{ij}(n,a) \tag{8}$$

数组中检验出低端异常值，应剔除此可疑异常值。

$$r_{ij}' > r_{ij}(n,a) \tag{9}$$

数组中检验出异常值，应剔除此可疑异常值。

狄克松准则可用于连续检验和剔除异常值。在连续检验中，对每个新的数值进行狄克松准则判断，以及时识别和处理异常数据。然而，此准则也存在一些局限性，例如对于数据分布不均匀或存在噪声的情况，可能会产生误判或漏判。

（4）罗曼诺夫斯基准则（t 检验准则）

罗曼诺夫斯基准则的特点是在 n 个数据样本先剔除一个可疑的测量值 x_m，随后计算剩下样本的均值 $\bar{x}'$ 和标准差 S'：

$$\bar{x}' = \frac{1}{n-1}\sum_{i=1}^{n-1} x_i (i \neq m) \tag{10}$$

$$S' = \sqrt{\frac{\sum_{i=2}^{n} v_i^2}{n-2}} (i \neq m) \tag{11}$$

$$|x_m - \bar{x}'| > K(n,a)S' \tag{12}$$

检验出异常值，应剔除。$K(n,a)$ 为 t 校验准则校验系数，可根据样本数量 n 和显著度查表得。

（三）滤波算法研究

在单片机进行数据采集时，由于 MCU 自身 ADC 外设的一些限制和环境中可能存在的噪声等干扰因素，采集的数据的精度和稳定性可能会受到影响。因此，在工程实际中为提高数据的质量和可靠性，需要仔细分析和研究信号的特性以及具体的应用场景，并选择适当的滤波算法和参数来实现最佳的滤波效果。

针对处理高频振荡信号的滤波算法，常用数字低通滤波器滤除高频噪声和振荡。常见的数字低通滤波器包括移动平均滤波器、巴特沃斯滤波器、切比雪夫滤波器等。

移动平均滤波器是一种简单有效的低通滤波器，其原理是将一段时间内的采样数据进行平均处理，以平滑信号并去除高频噪声。在移动平均滤波中，每个采样点的输出值都是一段时间内该点及其前几个采样点的平均值。移动平均滤波器的特点是简单易实现，适用于对信号进行平滑处理的场景。

巴特沃斯滤波是一类常用的无失真滤波器，在频率响应特性中通常呈现相对平滑的幅频响应曲线，因此可以在截止频率附近实现较为陡峭的衰减特性。设计巴特沃斯滤波器需要确定滤波器的阶数和截止频率。阶数决定滤波器的陡峭程度，阶数越高，衰减越陡。截止频率决定滤波器的通带和阻带范围。

（四）液压压力传感器温度补偿

硅压阻式传感器是一种常见的压力传感器，利用硅材料的压阻效应实现对外部压力的测量。其内部电桥电路可适应不同的应变测试需求，因而被广泛应用于应变测试。其中，压力传感内部全桥电路原理如图 4-4-5 所示。电桥输出计算公式如下：

$$\Delta V=\frac{\Delta R}{R}U \tag{13}$$

但是由于实际制造工艺无法保证各桥臂上的电阻值相同，并且环境温度变化将使得电阻压阻特性呈现非线性关系，甚至会发生器件功能特性变化的现象。因此，需要采取有效措施进行温度补偿，以保证测量的准确性。

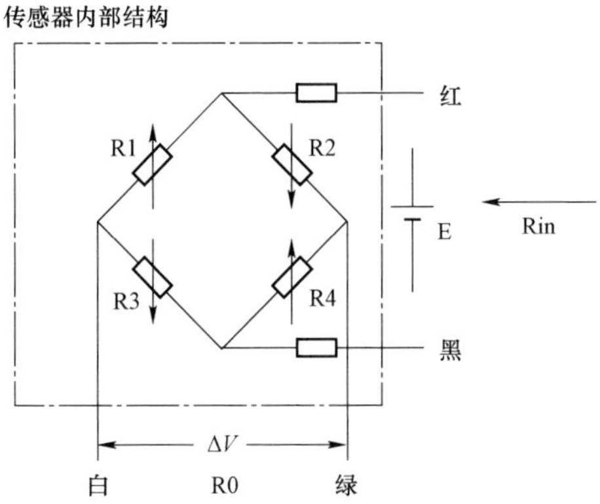

图 4-4-5　压力传感器转换电路原理图

液压压力传感器温度补偿的原因主要有以下两方面。第一，由于硅为半导体材料，其对温度比较敏感，温度的变化会引起相关输出信号出现零漂、温漂的问题。第二，压阻式压力传感器在实际封装加工过程中容易受到应力影响，且本身就存在非线性问题。由于上述因素的综合影响，使得压力传感器实际测量精度较低，难以满足精密测量的要求。

压力传感器的误差主要是由以下三个因素综合影响的。

（1）零点温度漂移

从器件内部上来讲，零点温度漂移的产生是由于晶体管掺杂、扩散等工艺水平有差异，因而导致热敏性、稳定性、温度漂移的大小会随着制造工艺水平的高低而出现较大差异。从外界因素来讲，环境温度的变化会间接影响电源电压，导致上下波动。

当放大电路输入电压为零时，由于上述因素影响，会使器件静态工作点和电路动态参数开始不稳定，此误差会被电路中的各级放大电路进一步扩大，最后导致电路输出电压开始上下漂动，进而使其测量精度严重恶化。

（2）灵敏度温度漂移

灵敏度温度漂移产生的原因相对比较复杂，例如半导体材料受温度影响较大、出厂时半导体电阻掺杂比例不合适、电路元器件的老化等，补偿起来相对比较困难。灵敏度温度漂移系数计算公式如下：

$$\beta=\frac{\overline{y_H}(t_H)-\overline{y_H}(t_L)}{(t_H-t_L)\times y_{FS}}\times 100\% \tag{14}$$

其中，$\overline{y_H}(t_H)$ 为上限使用温度时最大量程内输出示值的平均值；$\overline{y_H}(t_L)$ 为下限使用温度时最大量程内输出示值的平均值，y_{FS} 为满量程时的输出。

（3）非线性误差

由于半导体材料制成的压力传感器的伏安特性曲线多为非线性，因此在传感器中存在非线性误差。对于内部包含放大器的传感器器件而言，在实际的补偿校准过程中，不仅需要考虑单个传感器部分的误差，还需要考虑经过多级放大器放大后产生的非线性误差。放大器的放大过程可能引入额外的非线性因素，如放大器的非线性响应、温度漂移等。因此，在校准过程中需要对传感器和放大器的非线性误差进行综合考虑和补偿，以提高整个系统的测量精度和可靠性。

（五）补偿方法

大体上来看，液压压力传感器的温度补偿可分为硬件和软件两大方法。

硬件方法是在压力传感器内部额外加入补偿电路，对传感器的互感线圈和电源电路进行补偿。对压力传感器来说，硬件可通过串、并联电阻和增加、设计测量电路结构进行补偿，例如可采取桥臂热敏电阻补偿法、桥臂二极管补偿法、桥臂串并联电阻法等。

从实际应用来看，硬件补偿虽然技术成熟，但普遍存在器件体积过于单一、灵活性差、精度低等问题，难以满足精密测量的需要。所以在工程实际中多采用软件的方法进行补偿，软件补偿方法大致分为基于物理模型的算法和基于经验模型的算法。

基于物理模型的算法是指利用传感器内部实际物理参数，例如灵敏度、温度系数等参数，然后通过数学公式计算得出温度补偿量。这种算法准确性高，但需要提前标定并明确传感器的内部参数，复杂程度高。基于经验模型的算法则是利用多组已知的温度-压力数据得出两者拟合曲线，并利用此曲线进行温度补偿。

综上所述，选择使用何种补偿方法取决于具体的应用需求和传感器的特性。

四、千斤顶标定校准

（一）校验原因

千斤顶是用于施加预应力的重要设备，它提供的张拉力必须准确且稳定。

但是在加工安装过程中，由于配合面尺寸、表面粗糙程度、密封圈和防尘圈松紧程度不相同，会使得油压大小和作用于预应力筋的力不相等，且与油压高低及使用时间、油温关系密切。因此，为使千斤顶性能符合要求，从而能进一步保障施工质量，需要按相关规定要求进行定期检定或校准千斤顶。

需要对千斤顶进行校验的情况如下：

（1）千斤顶初次使用前；

（2）油压表指针不能退回零点时；

（3）相关设备进行更换或维修后，例如拆换用油规格型号，使用时需验证是否超出许可误差或出现异常故障；

（4）千斤顶在工程实际中出现其他不正常现象。

（二）校验方法

千斤顶常用的校验方法有：（1）对顶法。（2）试验机校验法，例如长柱压力试验机校验法。校验前，需要确认压力试验机的精度不低于±2%。（3）传感器或标准测力计检验法。

本书所使用的千斤顶在出厂时，经由DS60精密数字测量仪进行标定检验。而采用标准测力计检验千斤顶时，千斤顶活塞伸出量与正常工作状态下的相差较大，需要根据实际情况调节接触空间，框架式检定示意图如图4-4-6所示。

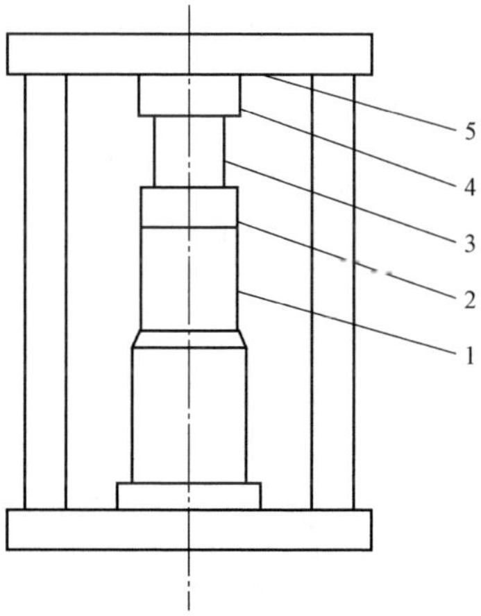

图4-4-6　框架式检定示意图

1—千斤顶；2—垫块；3—标准测力仪；4—垫块；5—框架

在检定液压千斤顶是否存在异常情况时，需要先启动油泵将千斤顶的力值加荷到最大，并进行两次预压处理，此时注意关注指示器是否存在读数波动或者系统是否存在漏油等问题。做好准备工作以后，正式开始标定示值。先开启油泵，使液压泵站进油，活塞杆推出顶住测力计。在此期间，施加试验力应平稳，加荷速率应始终保持小于 3 kN/s，且注意力值即将加到检定点前应缓慢加荷，以增强读数的准确性。当千斤顶液压表达到既定读数时，立即记录下标准测力计相对应的读数。上述检定点需从液压千斤顶力值量程范围内均匀选取。每次校准结束后使其卸荷回归零点，并重复测量 3 次以消除随机误差。最后将测得的数据记录并进行数据分析和绘制图像曲线。在实际使用时，即可由此曲线找出要求的 P 值和相应的 T 值。

（三）传统校验方法的缺陷及改善

传统千斤顶校验方法的缺陷主要有以下两方面。其一，千斤顶加力校准过程与它在运动状态时的差别较大。由于液压千斤顶提供的力有一部分用于克服滑动摩擦阻力，所以相比于千斤顶正常工作状态，校准状态时的千斤顶柱塞和液压缸的位移较小，标准测力仪测出的力值数据与千斤顶实际工作时的数据误差较大。其二，在千斤顶校准过程中，很难保证压力指表和测力表的指针都处于缓慢变化状态。若两者都处于快速变化状态，仅靠人工目测读数记录，会导致误差很大。针对上述传统方法的缺陷，考虑可以从两方面改进。一是更换弹性垫块，二是改进读数系统。

从垫块方面，可以增设较小弹性模量的弹性垫块。

从读数系统方面，可以利用更多智能化手段来实现相关参数的检测。例如，可采用视频监控的方式，分别对标准测力计、液压千斤顶的指示仪表进行监控显示。

五、阈值报警

设备上电后系统开始运行，数据发送到云平台之后，云平台下发指令控制继电器打开，张拉系统开始工作，之后判断压力数值是否在标定范围内，如果在标定范围内，继电器状态不变，并使 LED 灯亮绿色。如果不在标定范围内，关闭继电器，使张拉系统停止工作，并使 LED 灯亮红色。报警系统流程图如

图 4-4-7 所示。

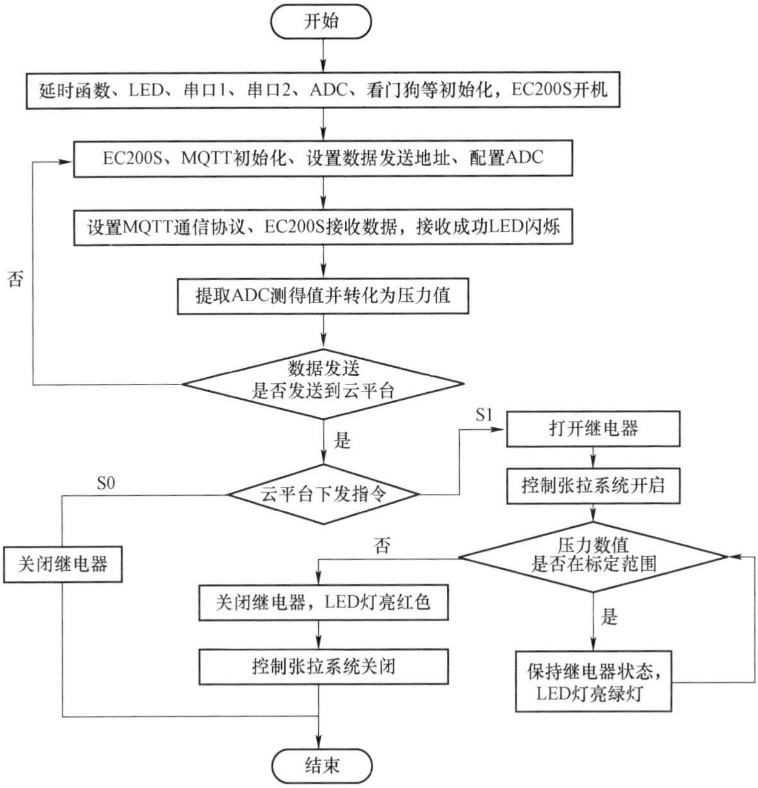

图 4-4-7　报警系统流程图

第五节　物联网平台测试结果分析

一、传感器误差处理

（一）防震程序分析

在本次程序设计中使用两种滤波方式：滑动平均滤波和巴特沃斯滤波。经过比较后，最终选择了巴特沃斯滤波作为最终的滤波方式。

滑动平均滤波基于滑动窗口的原理，通过在窗口内计算数据点的平均值来获得滤波后的输出，算法流程如图 4-5-1 所示。

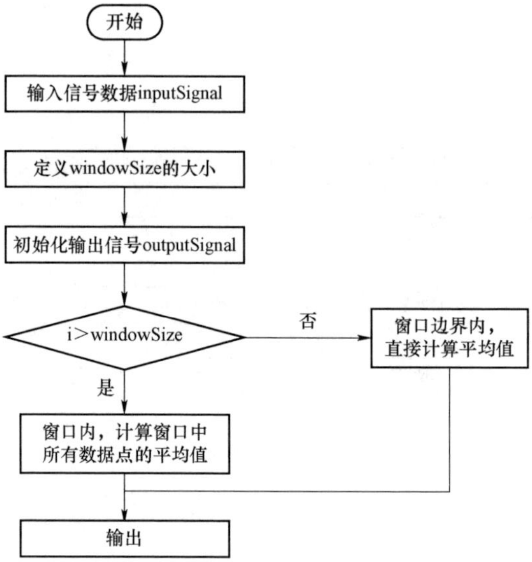

图 4-5-1　滑动平均滤波法流程

这种滤波方法优点在于简单易实现，且能够有效平滑数据并去除高频噪声，部分程序如图 4-5-2 所示。具体而言，滑动平均滤波算法的流程如下：

```
编辑器 - D:\aMATLAB\one001.m
one001.m

ylabel('幅值');
for i = 1:50
    outputSignal = slidingAverageFilter(outputSignal, windowSize);
end
% 绘制滤波后的输出信号
subplot(2, 1, 2);
plot(outputSignal);
title('滤波后的输出信号');
xlabel('时间');
ylabel('幅值');
filename = '123321.xlsx'; % 从Excel表格中读取数据
sheet = 1; % 要读取的工作表的索引
range = 'B2:B7848';
inputSignal = readmatrix(filename, 'Sheet', sheet, 'Range', range);
% 滑动平均滤波
windowSize = 5; % 滑动窗口大小
outputSignal = slidingAverageFilter(inputSignal, windowSize);
function outputSignal = slidingAverageFilter(inputSignal, windowSize)
outputSignal = zeros(size(inputSignal)); % 初始化输出信号向量
 for i = 1:length(inputSignal)
    if i <= windowSize % 对于窗口边界内的数据点，直接计算平均值
        outputSignal(i) = mean(inputSignal(1:i));
    else % 对于窗口内的数据点，计算平均值并更新滤波后的输出
outputSignal(i) = mean(inputSignal(i-windowSize+1:i));
    end
 end
end
```

图 4-5-2　滑动平均滤波法部分程序

（1）设置窗口大小，确定滑动窗口的长度。

（2）从输入数据的起始位置开始，依次将窗口内的数据点进行平均计算，得到滤波后输出。

（3）将窗口向后滑动一个数据点，继续进行平均计算，得到下一个滤波输出。

（4）重复步骤 3，直到窗口滑动到数据的末尾，完成整个滤波过程。

巴特沃斯滤波法也是一种常用的滤波方法，可用于信号处理和数据分析中的频率域滤波，具有平坦的幅频响应和无相位失真的特点，算法流程如图 4-5-3 所示。

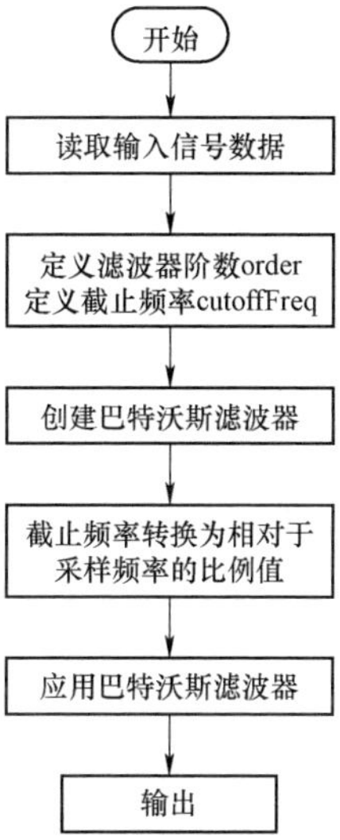

图 4-5-3　巴特沃斯滤波法流程

在实际应用中，巴特沃斯滤波器常用于需要保留信号频率成分并需要消除噪声的场景。通过调整截止频率和滤波器阶数，可以根据需要实现不同的滤波效果，部分程序如图 4-5-4 所示。

（二）数据库搭建

本书使用 STM32 的 FLASH 存储器来模拟 EEPROM 存储器。尽管 STM32 的 FLASH 存储器写入速度相对较慢，不适合频繁的读写操作，但由于具有非易失性，因此可以作为一种持久性存储介质。

编辑器 - D:\aMATLAB\ba.m

ba.m

```
clc;clear;
filename = '123321.xlsx';
sheet = 'Sheet1';
data = xlsread(filename, sheet);
data = data(:, 1);
% 设置滤波器参数
order = 4;              % 滤波器阶数
cutoffFreq = 30;        % 截止频率
% 创建巴特沃斯滤波器
[b, a] = butter(order, cutoffFreq/(0.5*size(data,1)), 'low');
filteredData = filter(b, a, data);
% 绘制原始数据和滤波后数据的图像
figure;
plot(data, 'b');
hold on;
plot(filteredData, 'r','LineWidth', 2);
% 设置图例和标题
legend('原始数据', '滤波后数据');
title('第一列数据');
hold off;
```

图 4-5-4　巴特沃斯滤波法部分程序

在使用 STM32 的 FLASH 存储器模拟 EEPROM 时，可以按照以下步骤：

（1）初始化 FLASH 存储器：使用适当的库函数或寄存器配置，对 STM32 的 FLASH 存储器进行初始化。设置相应的扇区大小、擦除和编程操作的限制等参数。

（2）读取数据：使用库函数或相关指令，从 FLASH 存储器中读取数据。读取的数据可以用于相应的应用需求。

（3）写入数据：定义两个浮点型变量 a 和 b，并对它们分别进行赋值操作，将温度 T 和回归方程系数 a、b 一一对应然后写入 FLASH 存储器中。为了将这些数据保存到 FLASH 存储器中，需要调用 STMFLASH_Write（）函数进行写入操作，其函数参数包括写入地址、写入数据的指针和写入数据的长度等，代码如图 4-5-5 所示。

使用 LabVIEW 数据采集卡（DAQ 卡）对轮辐式压力传感器的电压信号进行采集。这里需要在软件中提前完成相关设置，例如设置采集模拟输入信号通道 ai0，设置采样率为 1 000；在“Timing”中设置采样模式为连续采样；由于轮辐式力传感器的输入电压为 0～3.3 V，所以设置输入电压范围为 −10～10 V 等。完成设置以后，连接力传感器到数据采集卡的相应通道，如图 4-5-6 所示。

```
void STMFLASH_Write(u32 WriteAddr,u16 *pBuffer,u16 NumToWrite)
{
    u32 secpos;    //扇区地址
    u16 secoff;    //扇区内偏移地址(16位字计算)
    u16 secremain; //扇区内剩余地址(16位字计算)
    u16 i;
    u32 offaddr;   //去掉0X08000000后的地址
    if(WriteAddr<STM32_FLASH_BASE||(WriteAddr>=(STM32_FLASH_BASE+1024*STM32_FLA
    FLASH_Unlock();                          //解锁
    offaddr=WriteAddr-STM32_FLASH_BASE;      //实际偏移地址.
    secpos=offaddr/STM_SECTOR_SIZE;          //扇区地址
    secoff=(offaddr%STM_SECTOR_SIZE)/2;      //在扇区内的偏移
    secremain=STM_SECTOR_SIZE/2-secoff;      //扇区剩余空间大小
    if(NumToWrite<=secremain)secremain=NumToWrite;//不大于该扇区范围
    while(1)
    {
        STMFLASH_Read(secpos*STM_SECTOR_SIZE+STM32_FLASH_BASE,STMFLASH_BUF,STM_
        for(i=0;i<secremain;i++)//校验数据
        {
            if(STMFLASH_BUF[secoff+i]!=0XFFFF)break;//需要擦除
        }
        if(i<secremain)//需要擦除
        {
            FLASH_ErasePage(secpos*STM_SECTOR_SIZE+STM32_FLASH_BASE);//擦除此扇
            for(i=0;i<secremain;i++)//复制
```

图 4-5-5　FLASH 写入函数部分代码

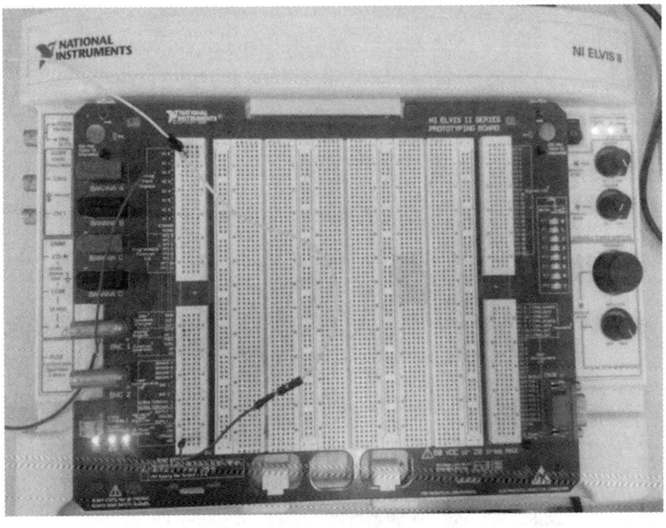

图 4-5-6　压力采集线路图

在 Block Diagram 中，将数据助手的输出连接到相应的数据显示模块，然后运行 VI 并观察采集的电压信号。同时，使用 LabVIEW 提供的 Excel 函数，将相关实验数据保存到表格中，如图 4-5-7 所示。

随后，使用软件 MATLAB 分批读取 Excel 文件，运用巴特沃斯滤波法和滑动平均滤波法对数据进行处理，两种滤波方式处理后波形如图 4-5-8、图 4-5-9 所示。

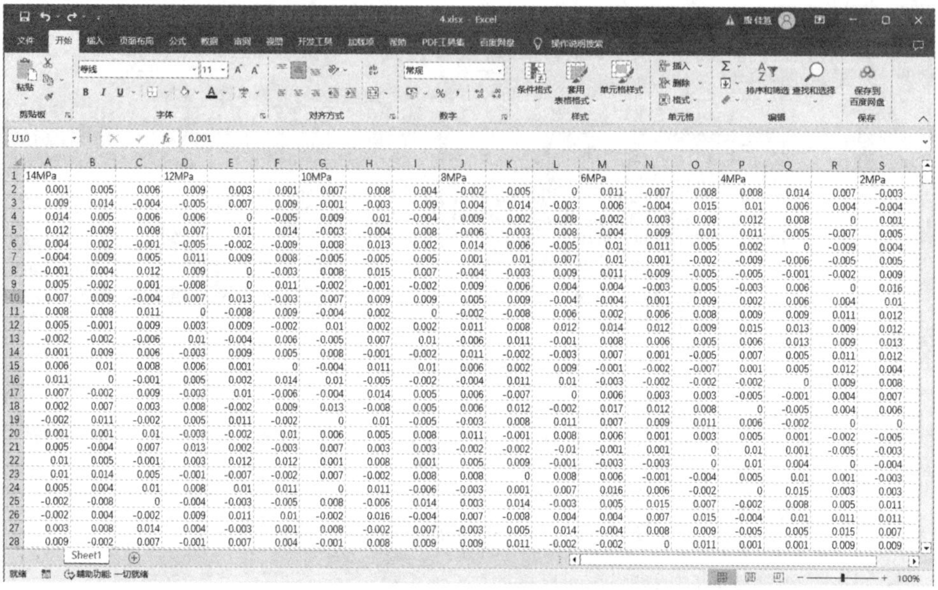

	A	B	C	D	E	F	G	H	I	J	K	L	M	N	O	P	Q	R	S
1	14MPa			12MPa			10MPa			8MPa			6MPa			4MPa			2MPa
2	0.001	0.005	0.006	0.009	0.003	0.001	0.007	0.008	0.004	-0.002	-0.005	0	0.011	-0.007	0.008	0.008	0.014	0.007	-0.003
3	0.009	0.014	-0.004	-0.005	0.007	0.009	-0.001	-0.003	0.009	0.004	0.014	-0.003	0.006	-0.004	0.015	0.01	0.006	0.004	-0.004
4	0.014	0.005	0.006	0.006	0	-0.005	0.009	0.01	-0.004	0.009	0.002	0.008	-0.002	0.003	0.008	0.012	0.008	0	0.001
5	0.012	-0.009	0.008	0.007	0.01	0.014	-0.003	-0.004	0.008	-0.006	-0.003	0.008	-0.004	0.009	0.01	0.011	0.005	-0.007	0.005
6	0.004	0.002	-0.001	-0.005	-0.002	-0.009	0.008	0.013	0.002	0.014	0.006	-0.005	0.01	0.011	0.005	0.002	0	-0.009	0.004
7	-0.004	0.009	0.005	0.011	0.009	0.008	-0.005	-0.005	0.005	0.001	0.01	0.007	0.01	0.001	-0.002	-0.009	-0.006	-0.005	0.005
8	-0.001	0.004	0.012	0.009	0	-0.003	0.008	0.015	0.007	-0.004	-0.003	0.009	0.011	-0.009	-0.005	-0.005	-0.001	-0.002	0.009
9	0.005	-0.002	0.001	-0.008	0	0.011	-0.002	-0.001	-0.002	0.009	0.006	0.004	0.004	-0.003	0.005	-0.003	0.006	0	0.016
10	0.007	0.009	-0.004	0.007	0.013	-0.003	0.007	0.009	0.009	0.005	0.009	-0.004	-0.004	0.001	0.009	0.002	0.006	0.004	0.01
11	0.008	0.008	0.011	0	-0.008	0.009	-0.004	0.002	0	-0.002	-0.008	0.006	0.002	0.006	0.008	0.009	0.009	0.011	0.012
12	0.005	-0.001	0.009	0.003	0.009	-0.002	0.01	0.002	0.002	0.011	0.008	0.012	0.014	0.012	0.009	0.015	0.013	0.009	0.012
13	-0.002	-0.002	-0.006	0.01	-0.004	0.006	-0.005	0.007	0.01	-0.006	0.011	-0.001	0.008	0.006	0.005	0.006	0.013	0.009	0.013
14	0.001	0.009	0.006	-0.003	0.009	0.005	0.008	-0.001	-0.002	0.011	-0.002	-0.003	0.007	0.001	-0.005	0.007	0.005	0.011	0.012
15	0.006	0.01	0.008	0.006	0.001	0	-0.004	0.011	0.01	0.006	0.002	0.009	-0.001	-0.002	-0.007	0.001	0.005	0.012	0.004
16	0.011	0	-0.001	0.005	0.002	0.014	0.01	-0.005	-0.002	-0.004	0.011	0.01	-0.003	-0.002	-0.002	-0.002	0	0.009	0.008
17	0.007	-0.002	0.009	-0.003	0.01	-0.006	-0.004	0.014	0.005	0.006	-0.007	0	0.006	0.003	0.003	-0.005	-0.001	0.004	0.007
18	0.002	0.007	0.003	0.008	-0.002	0.009	0.013	-0.008	0.005	0.006	0.012	-0.002	0.017	0.012	0.008	0	-0.005	0.004	0.006
19	-0.002	0.011	-0.002	0.005	0.011	-0.002	0	0.01	-0.005	-0.003	0.008	0.011	0.007	0.009	0.011	0.006	-0.002	0	0
20	0.001	0.001	0.01	-0.003	-0.002	0.01	0.006	0.005	0.008	0.011	-0.001	0.008	0.006	0.001	0.003	0.005	0.001	-0.002	-0.005
21	0.005	-0.004	0.007	0.013	0.002	-0.003	0.007	0.003	0.003	-0.002	-0.002	-0.01	-0.001	0.001	0	0.01	0.001	-0.005	-0.003
22	0.01	0.005	-0.001	0.003	0.012	0.012	0.001	0.008	0.001	0.005	0.009	-0.001	-0.003	-0.003	0	0.01	0.004	0	-0.004
23	0.01	0.014	0.005	-0.001	-0.007	-0.002	0.007	-0.002	0.008	0.008	0	0.008	0.006	-0.001	-0.004	0.005	0.01	0.001	-0.003
24	0.005	0.004	0.01	0.008	0.01	0.011	0	0.011	-0.006	-0.003	0.001	0.007	0.016	0.006	-0.002	0	0.015	0.003	0.003
25	-0.002	-0.008	0	-0.004	-0.003	-0.005	0.008	-0.006	0.014	0.003	0.014	-0.003	0.005	0.015	0.007	-0.002	0.008	0.005	0.011
26	-0.002	0.004	-0.002	0.009	0.011	0.01	-0.002	0.016	-0.004	0.007	-0.008	0.004	0.004	0.007	0.015	-0.004	0.01	0.011	0.011
27	0.003	0.008	0.014	0.004	-0.003	0.001	0.008	-0.002	0.007	-0.003	0.005	0.014	-0.004	0.008	0.009	-0.005	0.005	0.015	0.007
28	0.009	-0.002	0.007	-0.001	0.007	0.004	-0.001	0.008	0.009	0.009	0.011	-0.002	-0.002	0	0.011	0.001	0.001	0.009	0.009

图 4-5-7　实验数据表格

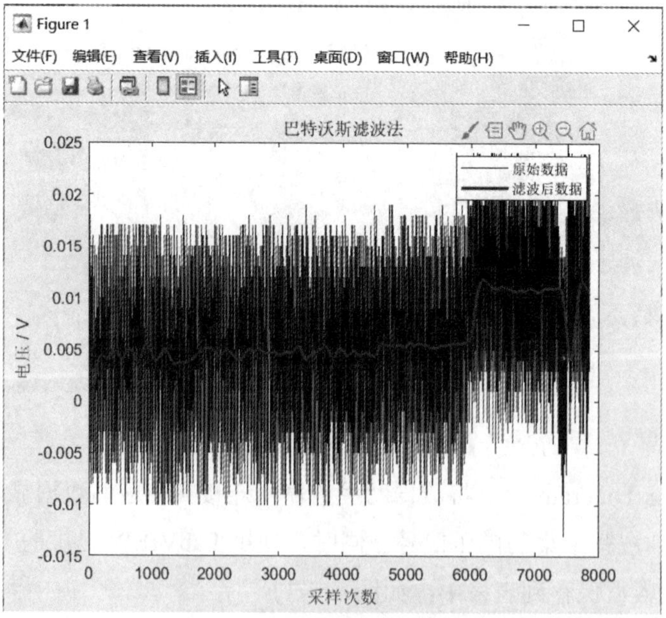

图 4-5-8　巴特沃斯滤波法

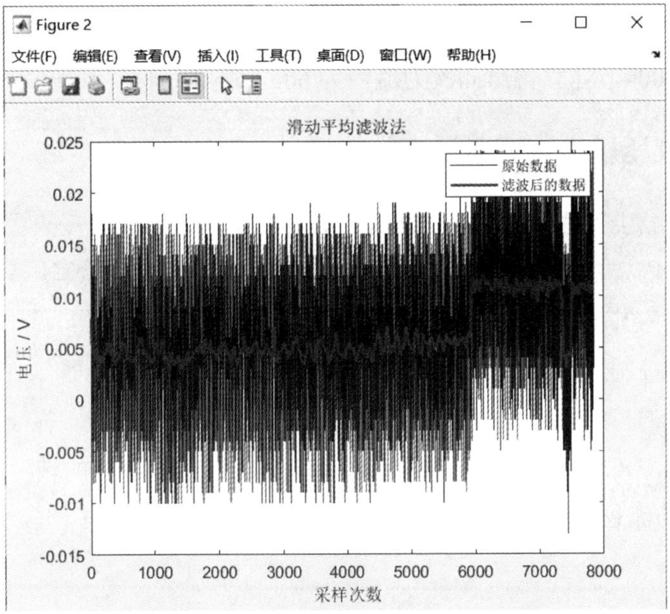

图 4-5-9　滑动平均滤波法

从上图可以看出，经过滤波处理后的信号高频噪声皆被抑制，波动幅度减小，输出结果更加稳定。通过对滤波处理后的图像进行分析，可以发现传感器在开始采集时所得到的电压值较小，这说明在此时段内传感器尚未受到压力；然而，当传感器受到力的作用后，电压值明显发生变化，这段时间采集的数据才是千斤顶实际工作时的电压输出值。

图 4-5-8 展示了采用 4 阶巴特沃斯滤波器进行滤波处理后的结果，而图 4-5-9 展示了采用 50 次滑动平均滤波法处理后的结果。综合比较这两种滤波方式后，发现使用滑动平均滤波法处理后的数据波动仍然较大。因此，在本书中选择用巴特沃斯滤波器来处理数据。

通过调整巴特沃斯滤波器的截止频率，可以控制滤波器对信号的平滑程度。较低的截止频率会导致更多的信号成分被滤除，从而使图形变得更加平滑。另外，滤波器阶数也决定了对信号的衰减能力。较高的阶数会使滤波器的衰减更加陡峭，对超过截止频率的信号成分的衰减能力也更强。

通过应用巴特沃斯滤波器对电压数据进行平滑降噪，可以获取轮辐式力传感器在张拉过程中的输出电压值，随后通过相应的换算关系将电压值转换为张拉力值。例如，已知轮辐式力传感器测量范围为 0～20 T，输出电压范围为 0～3.3 V，而某次滤波得到电压值为 10 mV，则此次实际张拉力值 $F = 10 \div 3\,300 \times 200\,000$，计算得出此次力值约为 606.06 N。

二、液压压力传感器温度补偿测试

液压泵站上原先安装了两个液压表，将其中输入口的液压表去除，然后把压力变送器固定安装上去。压力变送器能够将测得的液压参数转换成标准的电压信号，并将其传送回主控制器进行处理。

使用主控制器读取压力传感器时，通常会采取模数转换器（ADC）来读取压力传感器的模拟信号，随后进行公式换算得到真实液压值。在 stmf103 系列控制器中，ADC 模数转换器使用 12 位逐次逼近型（SAR）的转换方法，配置 ADC 转换的流程如图 4-5-10 所示。

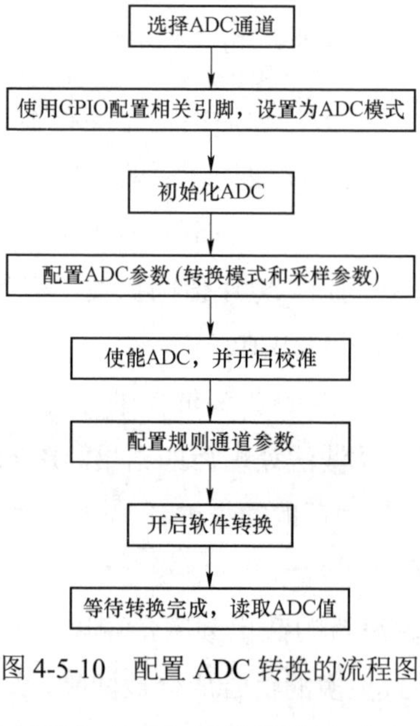

图 4-5-10　配置 ADC 转换的流程图

读取 ADC 值后，可以通过以下步骤转换为传感器的模拟电压值和压力值：

根据 ADC 模数转换器的位数，计算出转换器的最大值。例如本实验所使用的 ADC 为 12 位，则转换器的最大值为 2^12 = 4 096。

将读取的 ADC 值除以转换器的最大值，得到占空比。将占空比乘以压力变送器的输出电压范围即 3.3 V，得到模拟电压值。例如读取的 ADC 值为 234

时，则电压值 $U=234\div4\,096\times3.3$，计算得出电压值约为 0.189 V。

将归一化的电压值乘以压力变送器的量程即 100 MPa，得到实际压力值。例如，电压值为 0.189 V 时，压力值 $P=0.189\div3.3\times100$，计算得出液压值约为 5.727 MPa。

使用适当的库函数或驱动程序，将液压值转换为字符串或格式化数据，并将其显示在液晶显示屏上，如图 4-5-11 所示。

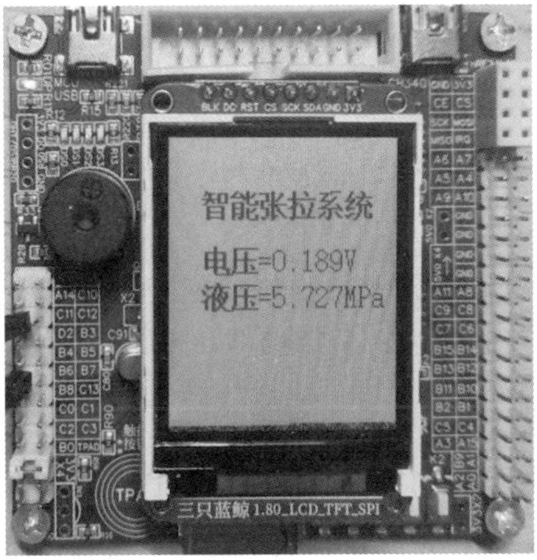

图 4-5-11　液压显示

三、物联网平台监测

连接 PC 端烧录程序，之后按下复位键，设备上电开始运行。当设备刚开始上电运作时，可能由于不稳定，提示未能连接网络或者未能接入云平台，则需要点击设备的复位按键，直到正常为止。正常联网和接入云平台之后，会在串口调试助手中显示“OK”等信息。

由于本书选取的无线通信模块是 EC200T，该模块是典型的 4G 通信模块，借助 SIM 卡服务，向通信基站发送信息，在由基站转发至互联网，实现客户端与物联网平台的连接，所以该模块在使用之前都必须经过初始化程序，演示结果如图 4-5-12 所示，须向串口发送多个 AT 指令，对设备的信号质量与数据传输方式等配置进行初始化处理。

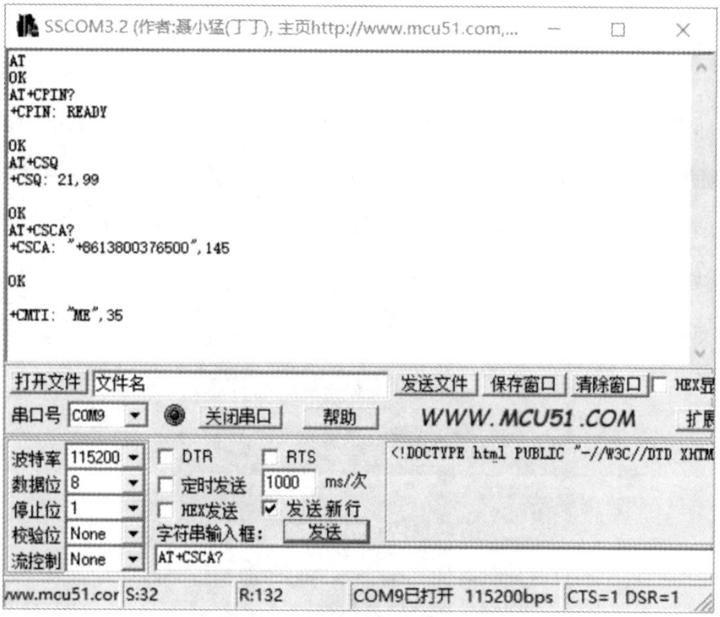

图 4-5-12　EC200T 模块初始化处理

EC200T 模块连接失败时，串口通信收发信息的状态如图 4-5-13 所示。当按下开发板复位键，开始启动并初始化 EC200T 模块，并发布“正在连接到 4G 模块”时，如果连接过程出现异常，系统自动重新初始化，并会发布“正在尝试连接”的串口信息。

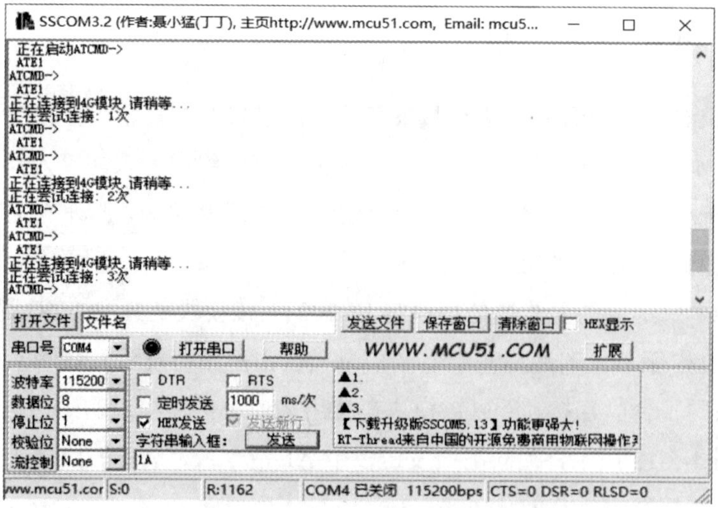

图 4-5-13　EC200T 模块连接异常状态

数据成功通过 EC200T 模块发送到阿里云物联网平台时的串口信息如图 4-5-14 所示，本系统采用发送 JSON 数据格式的方式。阿里云物联网平台后台接收到的数据记录如图 4-5-15 所示，当 EC200T 模块向物联网平台发送信息后，首先会保存到物联网后台，然后后台进行 JSON 数据解码，最后分配给已设定的物理量模型。

图 4-5-14　EC200T 模块成功发送数据到阿里云物联网平台

图 4-5-15　阿里云物联网平台实时接收数据记录

当在云平台按下继电器控制开关时，设备开始工作，继电器打开，LED灯亮蓝色，表示接通张拉千斤顶油泵电源，张拉系统开始工作。系统设置了阈值报警，当压力传感器所测得的压力值不在所设置的标定值的一定范围内，就会触发报警装置。报警装置设置为：LED 灯亮红色并关闭继电器，表示设备运行异常，主控制器自动断开张拉系统电源，张拉系统停止工作。云平台数据显示如图 4-5-16 所示。

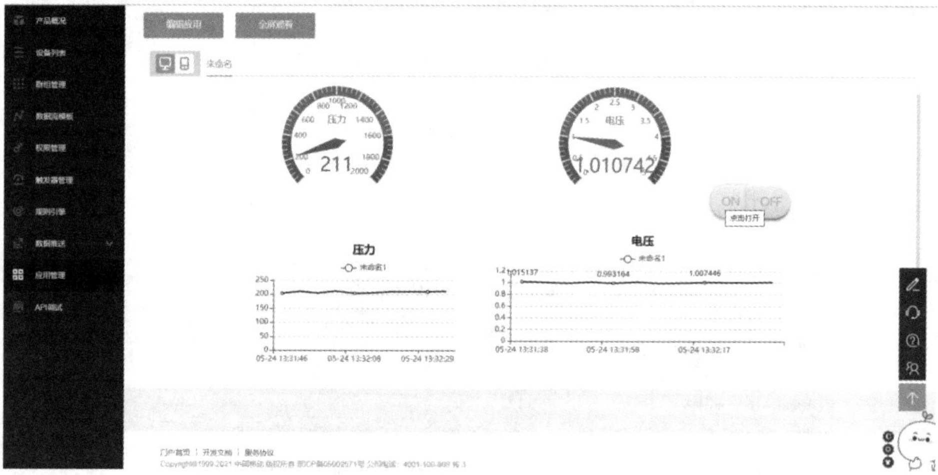

图 4-5-16　云平台数据显示

如图 4-5-17 所示，把外接设备都连接完成后，在这里进行压力测试，初始状态压力传感器所测得的压力为 0 kPa（压力传感器的内部设计已经排除了大气压强的影响因素），压力传感器输出的电压大小为 0.49 V。当在外部施加压力时，压力传感器的输出电压开始增大，压力也随之增大，最终当外部施加压力使传感器的输出电压在 0.97 V 后，测得的压力数值达到了 196 kPa。

由于本系统采用的无线模块 EC200T 内部有 SIM 卡，所以只要模块附近有移动的基站，那么 EC200T 就能通过移动基站连接网络并以 GPRS 方式进行通信。通信费用是根据无线模块与云平台之间传输的数据流量进行计算的，没有产生数据流量就不会计费。如图 4-5-18 所示，窗口界面在 PC 端完成设计之后（应用管理功能只可在 PC 端进行），在手机端登录云平台账号也可查看电压、压力信息以及下发控制指令。

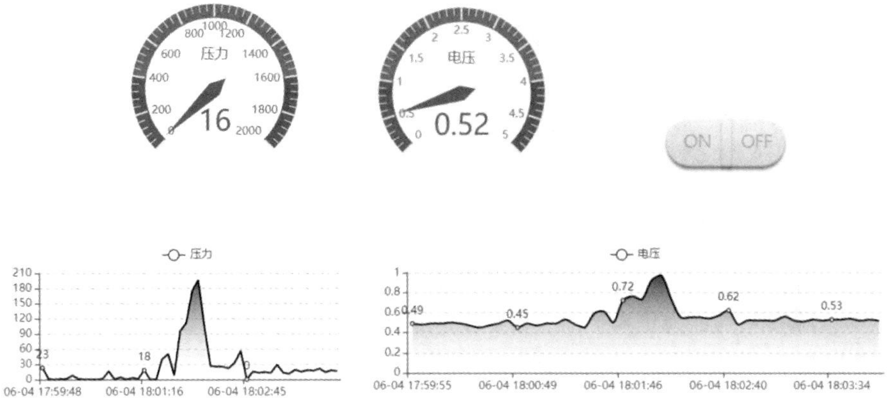

图 4-5-17　测试图

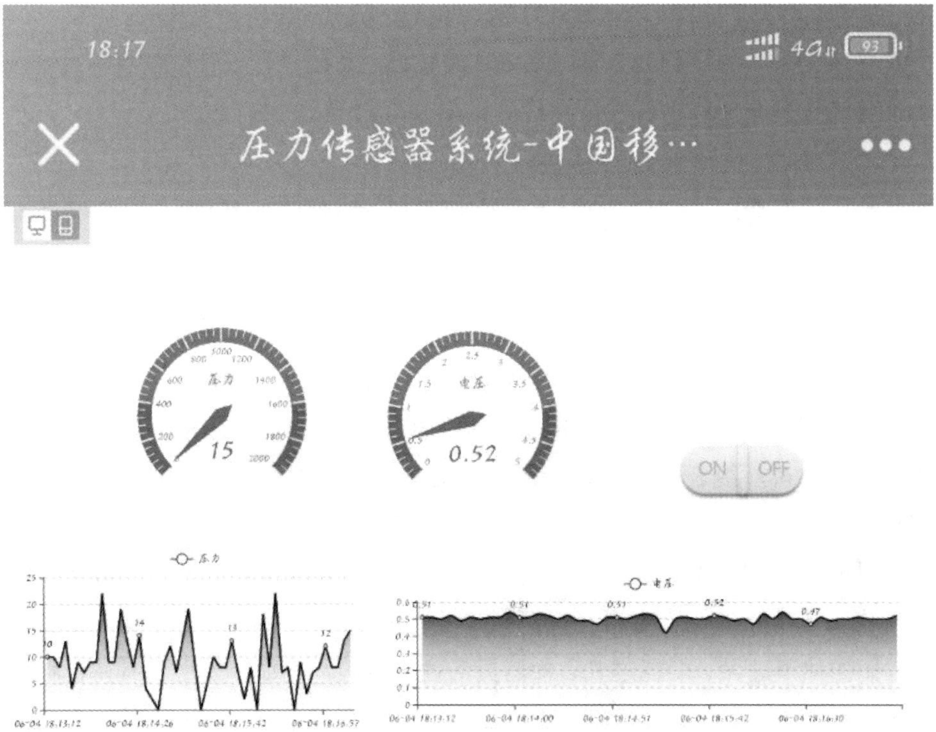

图 4-5-18　手机端测试图

第五章
物联网技术与桥梁索力检测融合

本章为物联网技术与桥梁索力检测融合，分为斜拉桥桥梁索力检测现状、斜拉桥桥梁索力直接测力装置、系统软件设计、系统硬件设计、直接测力系统力的传递仿真分析和物联网平台检测结果分析六节。

第一节　斜拉桥桥梁索力检测现状

随着道路交通的发展，中国桥梁的荷载也在不断增加，桥梁超载的风险显著提高，确保桥梁安全的工作越来越繁重。对桥梁结构进行监测，实现异常预警、超载识别和损伤评估等功能变得尤为重要。对于拉索结构桥梁，如缆索桥和已建拱桥，缆索的索力状态在决定交通承载能力和结构稳定性方面上起着至关重要的作用。然而，当拉索暴露在外时，相对容易损伤，并且日常检查非常麻烦。因此，拉索监控变得更加重要。全世界许多知名斜拉索结构的大桥均实施了此类桥梁监测，但是其监控设备都或多或少地存在自身方面的不足，比如体积过大、功耗过大、检测灵活性不足等，其推广使用仍有待优化和完善。

斜拉桥的雏形在古代早已出现，所有桥的原始形式在古代都存在，包括斜拉桥。斯特勒姆桑德桥是 1956 年在瑞典北部的斯特勒姆桑德镇通车的一座现代斜拉桥。它是由两座钢桥塔和八根斜拉索支撑着一个由钢板梁和钢筋混凝土板组成的组合梁。它的跨径分别为 75 m、183 m 和 75 m，是当时世界上最大跨径的斜拉桥。它具有结构简洁、跨越能力强、用材节省、外观优美等特点。从此，斜拉桥开始在全世界范围得到了迅速有力的发展。随着科学技术的飞速发展，斜拉桥的结构理论及施工技术得到极大提升。在此期间，工程师们建造了许多卓越的超大跨斜拉桥。多多罗大桥是一座斜拉桥，全长 890 m，其主塔为宝瓶型结构，斜拉索采用密索体系建造。该桥曾获得“20 世纪最长斜拉桥”殊荣。目前，世界最宏伟的斜拉桥位于俄罗斯符拉迪沃斯托克市。主跨长达 1 104 米，主塔高 320.9 m。主梁以正交异性钢箱梁结构为特点，抗扭刚度相当大。整座桥梁共计耗资 11 亿美元。目前我国正在修建常泰长江大桥，其主跨为 1 176 m，与俄罗斯大桥相比，该桥的结构更加复杂，南接江宜高速，北接宁通高速、普通公路和城际铁路，被称为“超级斜拉桥”。预计该桥将于 2025 年竣工，并成为世界上最大的跨斜拉桥。基于振动频率法的理论框架，提出了非接触式索力测试方法，采用图像识别技术。首先，使用标靶创造斜拉索特征，然后应用改良的标靶识别跟踪算法实现标靶跟踪。最终，开发出了一款能够实现非接触索力测试的系统。经实桥验证，该系统操作流程简单、用户界面友好、测试精度较高，适用于桥梁建设工程，具有较高推广价值。相较于传统的振动频率法，基于图像识别的索力测试方法具有使用方便、测试精度高、成本低等优点。特别是避免了现场布线、传感器布设等问题，大大提高了检测速度，节省了人力物力。该方法能够在可视振动环境下实现索力的实时监测，且不需要固定相机、不受人员经验和时间限制。然而，现有系统还需要进一步改进和优化以实现实时索力测试的分析。

斜拉桥已被广泛建造，以跨越交通网络和大都市中的大型障碍物。作为一种高度冗余的结构，斜拉桥的结构性能会受到索预应力的显著影响。因此，在设计阶段必须确定最佳索力。随着计算力学的成熟，高保真有限元分析等数值计算方法有助于对桥态的准确评估，并且可以应用进化算法来增强全局搜索能力。然而，进化算法和基于有限元模型的评估的结合会大大增加计算负担，使得优化效率对于实际工程项目来说非常耗时。

目前，有多位学者研究了如何优化斜拉桥的索力，其中 KIM 等基于拉索坐标和无应力长度，利用牛顿-辛普森迭代法确定了最佳构型；LONETTI 等则将有限元法与迭代优化程序相结合，提出了一种优化斜拉桥桥索力和索系尺寸的方法；陈德伟等考虑了索力对主梁弯矩影响的影响矩阵，建立了平衡方程以迭代求解方式对刚性支承连续梁法进行了改进；王家林等通过对拉索单元引入非弹性收缩量，提出了一种基于指定应力的索力调整方法，实现了在指定索力的前提下使全部原始索力精确到达目标索力；姜增国等针对非对称斜拉桥成桥索力优化，引入速度惯性动态适应对粒子群算法进行改进，以某桥为例验证了算法适用性。

拉索索力值是斜拉索结构桥梁的重要健康指标。无论是桥梁施工建设，还是桥梁超载或其他交通事故、恶劣天气影响都会使该指标发生变化。因此，对于运营中的桥梁或正在建设的桥梁，拉索索力这一物理量的实时监测都是非常重要的。

当前，用于测量拉索索力的方法有振动频率法、压力传感器法和磁通量法等，它们都可以提供相对准确的数据。

（1）振动频率法：以弦振动为理论基础，借助桥梁拉索本身固定的振动频率与拉索强度的关系，依靠传感器获取拉索的振动频率，使用频谱分析法计算得到拉索的基础频率，再通过公式计算得到该拉索的索力，该方法是目前最常用的测量方法。弦振动理论的动力平衡方程为：

$$EI\frac{\partial_y^4}{\partial^4 x}+m\frac{\partial^2 y}{\partial^2 t}-T\frac{\partial^2 y}{\partial^2 x}=0 \tag{1}$$

式中：EI 为拉索刚度，其中 E 为拉索截面的弹性模量，I 为斜拉索截面的惯性矩；y 为拉索振动位移；x 为拉索长度；t 为时间；T 为索力；m 为拉索每米的质量。

若斜拉索两端铰接，上式可简化为：

$$T=4ml^2\left(\frac{f_n}{n}\right)^2-\frac{n^2\pi^2EI}{l^2} \tag{2}$$

式中：l 为预压拉索尺寸；f_n 为拉索第 n 的振荡频率；n 为拉索振荡次数。如果不计上式第二项对拉索的耐折弯强度的影响，则（2）式可简化为：

$$T=4ml^2\left(\frac{f_n}{n}\right)^2 \tag{3}$$

（2）压力传感器法：工作时，张拉力借助千斤顶杆传递给锚索，在杆上安装压力传感器获取千斤顶拉力。这种方法的优点是精度高，稳定性高，操作简单，但存在使用场合有限、安装困难且压力传感器成本较高的不足。压力传感器工作电路如图 5-1-1 所示。

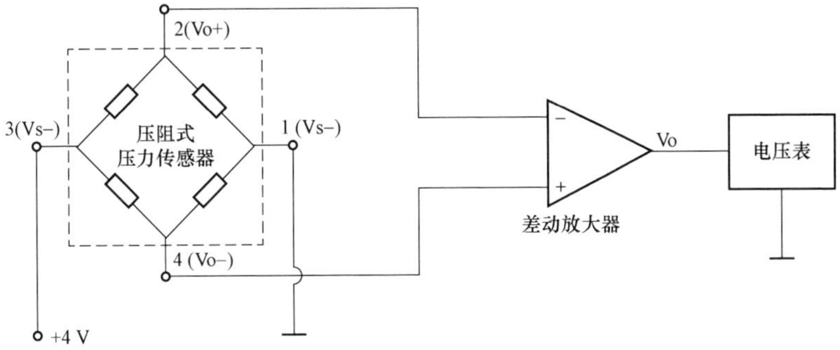

图 5-1-1　压力传感器工作电路

（3）磁通量法：该方法是近期兴起的一种测量索力的方法，其原理是将拉索本身看作传感器的铁芯，在其外部安装激励线圈和感应线圈，形成一种具有特殊磁场的传感器，通过拉索的磁性与其受到的张拉力之间存在的关系，测量出感应线圈输出的相关数据，从而达到测量索力的目的。其中磁通量索力传感器结构如图 5-1-2 所示。

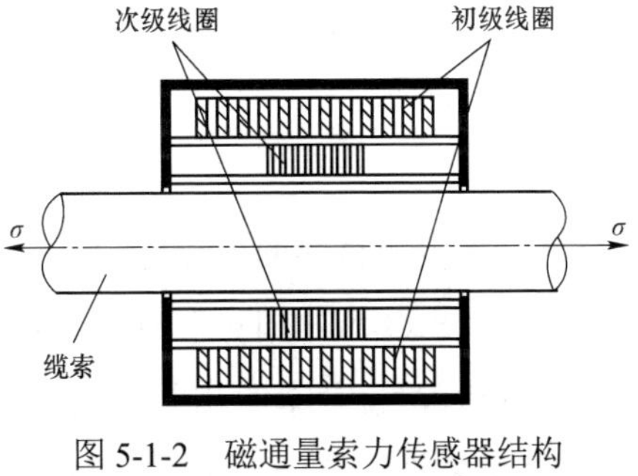

图 5-1-2　磁通量索力传感器结构

检测原理：在工作时，将拉索置于磁场中，对它赋予磁性。从铁磁材料的磁滞曲线可以看出，导磁率是拉索被磁化后的磁通密度 B 与磁场强度 H 的比值，导磁率的影响因素有三个，即：拉索的受力强度、材料的温度和激励磁场。当拉索受到外界作用，其张拉力发生改变时，拉索材料内部的磁参数也发生相应变化，通过测定拉索在外力作用下产生的磁导率变化值，可以推算出索力。

假设被置于外部场强为 $H(t)$ 的磁场中横截面积为 A_f 的磁感材料，其中穿过 A_0 区域和一个 N 圈的磁感线圈。由法拉第定律可知，线圈内的感应电压由穿过线圈的全部磁场变化决定，且感应电压会随时间而发生变化。

由法拉第定律可知，感应线圈中的感应电压为：

$$v_{\text{int}}(t)=-N\frac{\mathrm{d}^{\varnothing}(t)}{\mathrm{d}t}=\left[NA_f\frac{\mathrm{d}B(t)}{\mathrm{d}+}tN(A_0-A_f)u_0\frac{\mathrm{d}H(t)}{\mathrm{d}(t)}\right] \tag{4}$$

式中：N 为感应线圈匝数

将 v_{int} 加到一个 RC 积分器输入端，设磁场是均匀分布的，则积分器的输出为：

$$V_{\text{out}}(t)=\frac{1}{RC}NA_f\left[\Delta B+\left(\frac{A_0}{A_f}-1\right)\mu_0\Delta H\right] \tag{5}$$

式中：N 为感应线圈匝数，

$$\Delta B=\int_{t_1}^{t_2}\frac{\mathrm{d}B}{\mathrm{d}t}\mathrm{d}t;\ \Delta H=\int_{t_1}^{t_2}\frac{\mathrm{d}H}{\mathrm{d}t}\mathrm{d}t \tag{6}$$

不加铁芯时的输出为：

$$V_0=\frac{1}{RC}NA_0\mu_0\Delta H \tag{7}$$

V_{out}/v_0 可得

$$\frac{V_{\text{out}}}{v_0}=\frac{1}{\mu_0}\frac{A_f}{A_0}\frac{\Delta B}{\Delta H}+\left(1-\frac{A_f}{A_0}\right) \tag{8}$$

在这一步，将被测材料磁导率的相关系数定义为：

$$u_{\text{rel}}=1+\frac{A_0}{A_f}\left(\frac{v_{\text{out}}}{v_0}-1\right) \tag{9}$$

式中：v_{out} 是被测材料的电压输出。

在上述公式中 v_{out} 和 v_0 分别与 ΔB 及 ΔH 成正比关系，所以可以证明，在积分时间很短时，磁导率的相关系数与微分磁导率成正比。

计算结果显示，同一种磁性材料的磁导率相关系数在不同工作场所和温度下的取值与该材料所承受的应力呈线性关系，此相关性稳定显著。据此，可通过对该值进行测量来算出材料中应力的大小。

第二节　斜拉桥桥梁索力直接测力装置

斜拉桥的关键承重构件是拉索，其索力直接影响桥梁内部受力和桥面线形。实时测量拉索的大小、变化和分布是评定桥梁健康状态的重要指标，故拉索索力的准确测量具有重要意义，斜拉桥的索力优化分析是桥梁结构安全分析的重要环节之一。在施工阶段，由于桥梁结构不完整、荷载不均等因素，斜拉桥的索力会发生变化。通过索力优化分析，可以评估斜拉桥施工过程中索力的合理性，发现和解决可能存在的问题，确保斜拉桥施工的安全性和质量。索力动态监测是指在施工过程中，对斜拉桥的索力进行动态监测和记录，及时发现变化情况的过程。

桥梁安全健康监测就是借助张拉力传感器将系统采集的数据还原并传输到计算机操作系统中。借助对数据库数据的分析，判断公路桥梁是否运行正常，是一种持续监测的具体过程。主要包括三个方面：评估预警、设计验证和创新研究。其中评估预警功能最为重要。目前，针对大型桥梁的监测成本较高。由于大型桥梁复杂的力学结构，加上在复杂的外部环境中运行，人们在桥梁设计阶段难以完全控制和预测拉索的受力特性。因此，开发了桥梁结构健康监测系统，采集实际运行数据进行评估分析，这对于桥梁的发展具有重要意义。

拉索锚固区是斜拉桥极其重要的受力区域，锚固结构区如图 5-2-1 所示。一般情况下，斜拉索锚固点主要集中在拉索锚固区域，并且该区域的索力值都很大，因此，桥梁拉索锚固区域是斜拉桥设计和修建过程中的重点和难点。目前，在建筑工程的计算和控制中，较常见的混凝土强度斜拉索锚固形式有：环形预应力混凝土锚固、钢锚箱受力加固和钢锚梁锚固。圆形预应力混凝土锚具是为了平衡状态索力对塔石墙的拉应力作用而施加于塔壁的半圆形预应力混凝土。较常见的重排形式有 U 形和井形。U 形选用较多，技术成熟，制作简

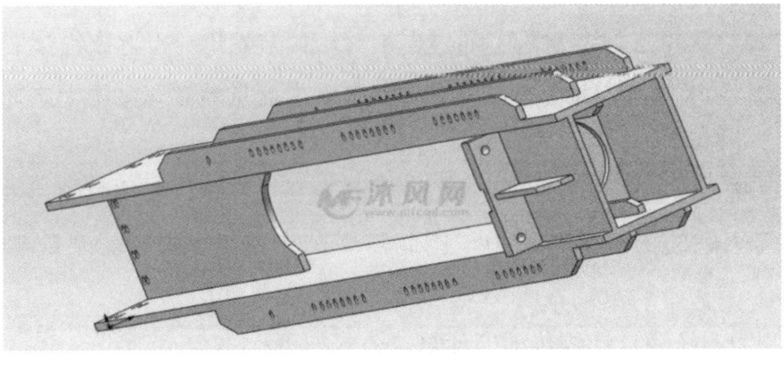

图 5-2-1　拉索锚固区

单。虽然环形预应力混凝土锚固结构比较简单、产品成本低、日常维护工作量小，但存在安全隐患大、预应力混凝土损失大等问题。钢锚箱与钢锚梁锚固大致相同，但钢锚箱需在塔壁上施加最小预应力混凝土，以防止塔壁开裂。钢锚梁的锚固是将钢锚梁支撑在塔墙的柱脚上。钢桁架的大部分水平力由钢锚梁平衡，小部分不平衡水平力借助于钢锚梁与柱脚之间的间隙相互摩擦等形式传递给塔壁，但塔壁受力方向较小，无须配置预应力混凝土防止塔壁开裂。

该实验所针对的是桥梁锚固区域的仿真与模拟，因此构建的是桥梁锚固区域的模型，并对该模型进行直接索力测量。桥梁锚固区域设计图如图 5-2-2 所示。1 为桥梁拉索；2 为桥梁锚垫片；3 为初始调节螺母（未在图中标记），被传动套筒 8 所覆盖；4 为传力筒；5 为调节螺母；6 为转动轴承；7 为穿孔式测力传感器；8 为传动套筒。

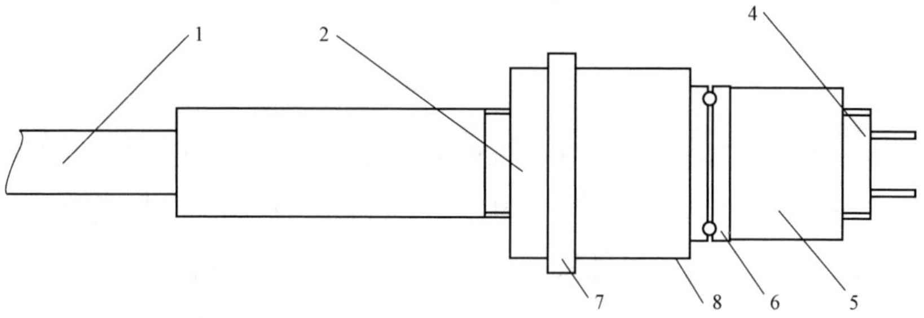

图 5-2-2　锚固区域设计图

测力传感器 7 并未直接顶推于调节螺母上，测力传感器 7 套于初始调节螺母 3 外围而顶推于锚垫片 2 上，锚垫板形成整个索力测量装置的反力架，此时因为轴向传动行程的增加，需要在转动轴承 6 与测量传感器之间设置传动套筒 8。旋拧调节螺母 5 时，机构座通过支承筒给调节螺母一个远离锚垫板 2 方向的作用力，调节螺母与锚垫板 2 脱离，整个索力测量装置完全串于索绳的张力路径上，此时测力传感器的示值即为索绳的张力值。

支撑筒是锚固区域的基础支撑结构，该系统工作时，系统中的力主要来源于支撑筒上螺纹的反向作用力，因此需要在支撑筒上进行一个数学模型的搭建。

该测力系统通过螺纹传动副计算，公式如下：

螺纹传动运动计算：

（1）螺母轴向位移：

$$l=\frac{\varphi}{2\pi}S \tag{1}$$

φ——转角（rad）；S——导程（mm），$S=20$ mm。

（2）螺母轴向移动速度：

$$v=\frac{n}{60}S \tag{2}$$

n——角速度，r/min。

（3）螺纹摩擦力

$$M_{t_1}=\frac{1}{2}d_2F\tan(\lambda+\rho') \tag{3}$$

$$\lambda=\arctan\frac{s}{\pi d_2} \tag{4}$$

$$\rho'=\arctan\frac{s}{\cos\frac{\alpha}{2}} \tag{5}$$

d_2——螺纹中径，取 $d_2=2$ cm，α——牙形角（度），f——摩擦系数，$f=0.37$（静），0.34。

（4）轴向支承面摩擦力：

$$M_{t_2}=\frac{1}{3}f_SF_S\frac{D_0^3-d_0^3}{D_0^2-d_0^2} \tag{6}$$

M_{t_2}——轴向支承面摩擦力（N），f_S——轴承摩擦系数，F_S——轴承所受轴向力，即丝杆轴向力，此力一般小于 0.005 Nm，d——轴承公称内径（cm）。

该公式所计算得到的值是处于理想状态下的值，在实验过程中存在多种影响，因此上述公式所计算结果仅用于参考，并不能当作最终结果。该公式的意义便是确定一个力变化趋势。

第三节　系统硬件设计

目前，液压千斤顶检测斜拉索索力的方法是传统索力监测系统的常用方法。液压千斤顶使用油缸中的液压推算千斤顶的张拉力，索力常被认为等于千斤顶的张拉力，这是一种用于控制施工中索力的实用方法，但由于压力表的特性，存在指针容易偏位、高压时抖动激烈、读数误差较大、负荷示值需要手动转换、人工对液压油泵进行控制等缺点，不能应用于成桥后桥上拉索的动态索力检测。该系统工作流程图如图 5-3-1 所示。

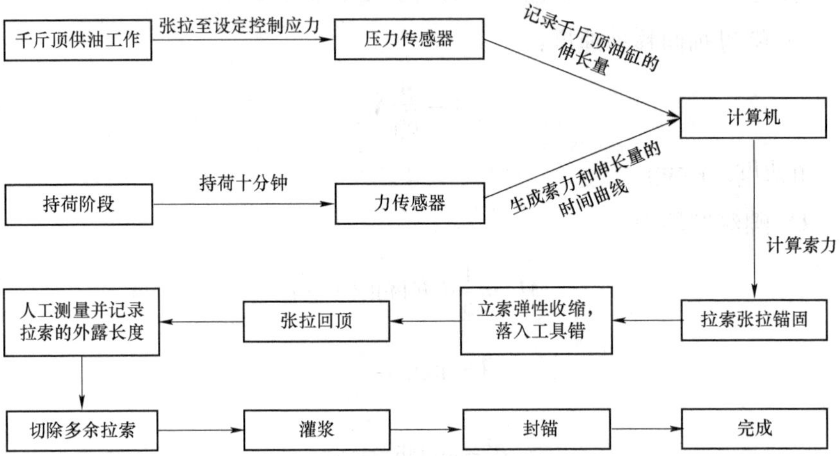

图 5-3-1　传统索力检测系统示意图

本书提出了桥梁施工过程的远程化、可视化方案，基于 stm32f103 开发板设计了桥梁拉索的无线通信模块，数据通过无线通信上传至物联网云平台，对桥梁拉索的索力进行监测，实现实时监测和远程传输，为桥梁施工提供了便利，索力检测无线通信模块的工作流程如图 5-3-2 所示。

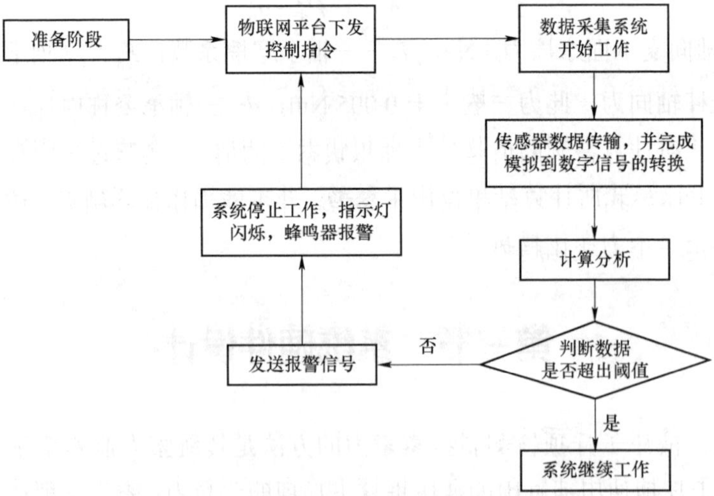

图 5-3-2　索力检测无线通信模块工作流程

针对传统拉索力检测系统的误差和不足，本书提出了采用物联网技术的改进方案。通过 GSM 网络模块，STM32 开发板能够实时将测量数据发送到云端服务器进行保存，有效解决了数据时效性的问题。同时，使用 LCD 模块可实现测量数据的双力显示，满足操作现场的需要，详见附录 3。

本设计使用 STM32 开发板、无线通信模块和各种传感器相结合的工作方式。压力传感器测量拉索的电压信号，并通过电压变送器将其控制在 0～3.3 V 的范围内。由于单片机只能处理数字信号，所以必须通过 ADC 通道将模拟信号测量成数字信号。然后，经过控制运行处理后，数据被转换为实际测量值，并直接发送到液晶模块进行显示。若数据发生严重偏差或超出设定阈值，则立即反馈给用户端。用户端可通过手机端操作，发出报警信号至现场操作端，同时实现对整个系统的远程控制和停止操作。索力检测系统各模块的联系如图 5-3-3 所示。

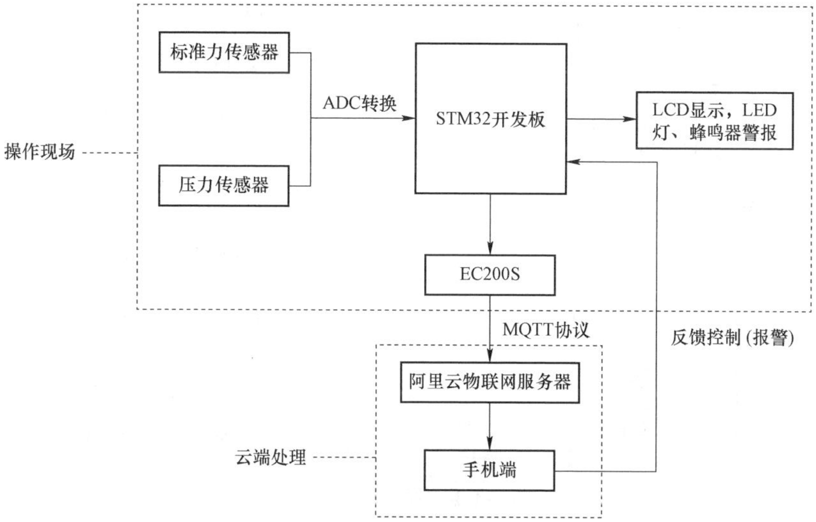

图 5-3-3　索力检测系统各模块工作联系

一、主控制器模块

主控模块的主要功能为接收处理传感器信号、完成数据的输入、控制系统工作状态、实时显示数据、报警等，是输入与输出控制的集合。本书中采用了意法半导体公司的 STM32F103RCT6 嵌入式开发板作为核心处理器。该处理器高性能、低成本、低功耗，方便进行二次开发等优势突出。该芯片基于 Cortex 内核，可进行复杂数据处理，且时钟主频较高，同时还具有 12 位精度的 ADC 功能、USRAT 串口等复杂电路，其芯片封装图如图 5-3-4 所示。实际拍摄图如图 5-3-5 所示。为了使单片机能够运行，还必须增加其他一些电路组成最小系统，其中包括复位电路、电压转换电路、下载烧录电路等，原理图详见附录 5。

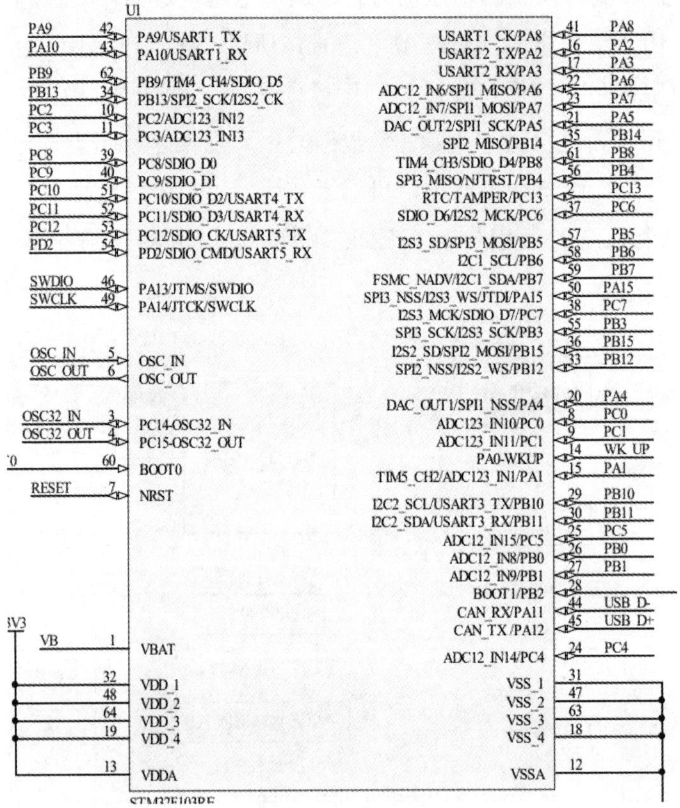

图 5-3-4　STM32 封装图

（一）复位电路

复位电路用来恢复电路的启动状态，复位电路原理如图 5-3-6 所示，采用低电平复位原理。电路由电阻、电容和按键开关组成。通常 NRST 引脚连接到一个高水平 3.3 V。当按下复位按钮，NRST 引脚连接到 GND，此时电压为 0 V，视为低电位。根据电容器的电压不能突然变化的原理，在正常工作中，电容器与电阻器串联，电容器两端的电压为零。当突然按下按钮时，会发出复位脉冲，电源会对电容器充电，直到电容器端子的电压为电源电压，电路正常工作。

图 5-3-5　STM32 实际拍摄图

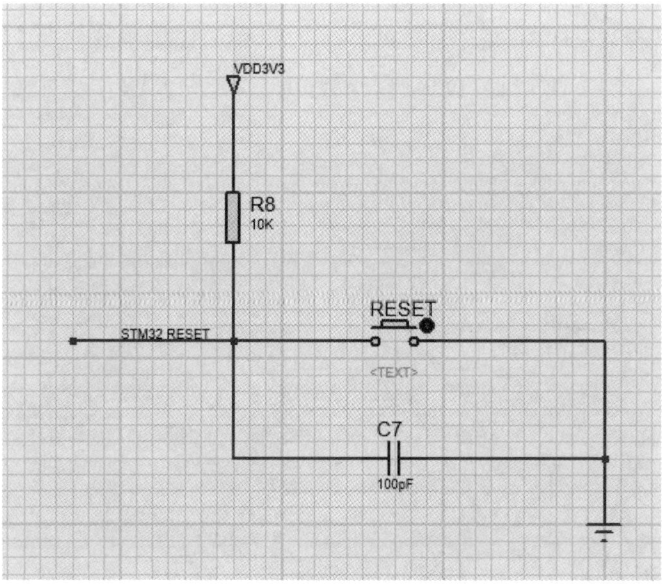

图 5-3-6　复位电路原理图

（二）电压转换电路

转换电路有两个电容器 C4 和 C5，其功能是将单向脉冲电压转换为输入电压为 5 V 的直流电压。同时还具有防止停电后电压反转的功能，因此输入电容器的容量必须大于输出电容器的容量，电路中还包括一个正向压降稳压器，其输出电压为 3.3 V，刚好适用各类传感器。电压转换电路原理如图 5-3-7 所示。

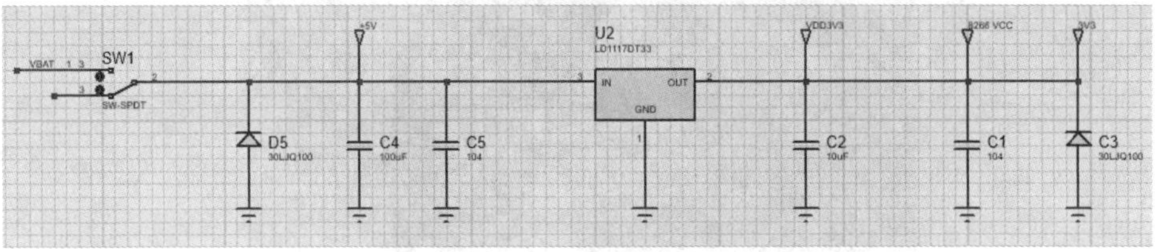

图 5-3-7　电压转换电路原理图

（三）下载烧录电路

下载烧录电路原理如图 5-3-8 所示，电路中包含了 CH340C 芯片，CH340C 是 CH340G 的升级版，内置晶振，所以不需要外接晶振电路。石英晶振具有稳定性高、高精度、低噪声、高频化的优点，其主要功能是将 USB 电压信号转换为 TTL 电平，通信波特率为 50 bps～2 Mbps。由于单片机在下载程序的时候需要断电，所以单片机复位引脚与芯片的 DTR 和 RTS 串口相连，方便在烧录程序时断电。

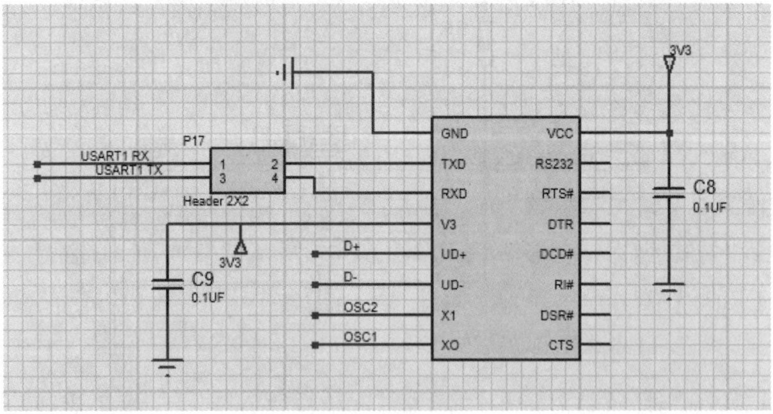

图 5-3-8　下载烧录电路

二、传感器模块

本书所用测量力的传感器采用轮辐式压力传感器，如图 5-3-9 所示，该传感器的测量范围为 0～20 kN。与其他传统的力传感器相比，轮辐式压力传感器采用十字剪切梁结构，具有线性好、精度高、稳定性高、过载能力大、抗偏载能力强、测量范围广、结构偏平等优势，因而在工业领域得到了广泛的运用。

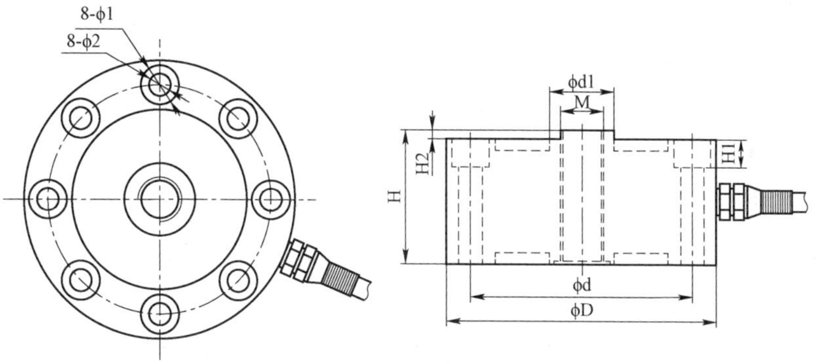

图 5-3-9　轮辐式传感器结构刨面

在工程领域中，压力传感器被广泛使用。该传感器由弹性敏感元件和位移敏感元件组成，可将压力信号转换为电信号。压力传感器具有小巧、轻便、灵敏可靠、价格低廉和稳定性高等优点。结构压力传感器利用结构实现输入和输出信号转换，具有巨大的发展潜力和广阔的应用前景。结构压力传感器利用敏感元件在受到压力时会发生变形这一特性实现了信号转化。现主要有应变式电阻压力传感器、电容式压力传感器和谐振式压力传感器三类。本书采用电阻应变式压力传感器，工作原理为敏感元件受外力作用形变，导致应变电阻改变，然后采用惠斯通电桥来检测压力。传感器通常包含敏感元件、补偿电阻和电阻应变计。目前，该类型传感器的研究主要集中于应变元件的不同材料和结构上。杜志等使用 PDMS 作为弹性材料，结合液态金属制成应变式传感器，稳定性高。常航等在应电片中应用弹性材料开发了柔性应变式压力传感器，用于微力测量。谭苗苗则采用蓝宝石弹性膜片和溅射合金薄膜作为应变电阻，研发出高温环境下可用的耐压力传感器。

考虑到桥梁中锚固区域拉索索力的特点，研究中选用平面结构的轮辐电阻应变片式力传感器，该传感器在工业领域因为具有精度高、抗干扰、过载能力大、测量范围广等优点而被广泛应用。传感器的轮辐是弹性体的脆弱部分，用于感知微小应变，以将力转换为单元体应变。一般使用螺栓将轮圈固定，也可选择实体元件。轮辐通常对称布置多组，并且悬臂一端与轮毂固定。这增加了轮毂的变形难度和刚性。相对而言，与轮辐相比，轮毂和轮圈更为厚实、坚固和安全，并拥有更强的刚度。因此，在分析轮辐的受力变形时，可以将轮毂和轮圈视为刚性体，以实现强度和刚度的校核，以及弹性体应变灵敏度分析，从而获得更精确的传感器弹性体。

当传感器工作时，为减小测量误差，就必须尽可能地将弹性体的受力状态维持在恒定状态，并使之具有高的自振频率。应具有简洁、合理的整体构造。为了防止因结构内部的移动而引起的误差，必须使弹性体尽可能成为一个整体，降低诸如拧紧松动等所造成的影响。在弹性体形变敏感区内的应力分布，会随着受力的大小而改变，轮辐式传感器的结构构成在第四章中已详细介绍，在此不再具体阐述。

轮辐式压力传感器线圈由软弹簧支撑在外壳上。这两种与磁场的相对运动所形成的电磁阻尼均为金属框架，在外壳随着被测振动体一同振动的时候，因为弹簧比较柔软，移动元件的质量也比较大，所以其振动频率要比传感器的固有频率高得多，移动元件的惯性很大，无法随着振动体一同振动，所以它几乎处于静止状态。在传感器的内部，有一个电桥，它包括四个电阻应变仪，如图 5-3-10 所示。电桥电路的特点是灵敏度高、线性度好、容易进行温度补偿。它可以很好地适应不同的应变测试需求，因而被广泛用于应变测试。

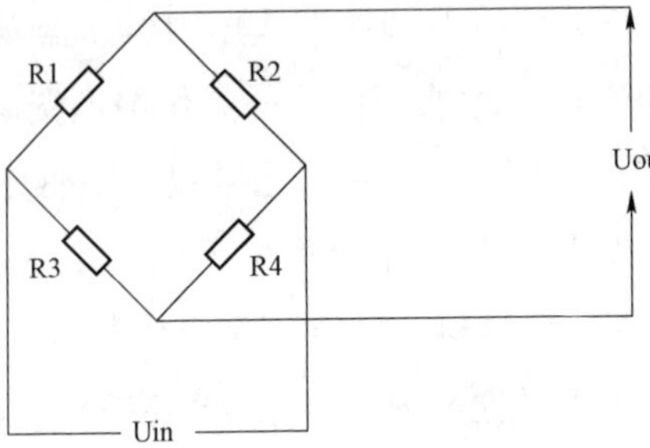

图 5-3-10　传感器内部电路

本书采用型号为 ZNLBU 的轮辐式压力传感器，其量程是 0～20 000 kN，输出电压范围是 0～3.3 V，且电压与张拉力呈线性关系，如图 5-3-11 所示。

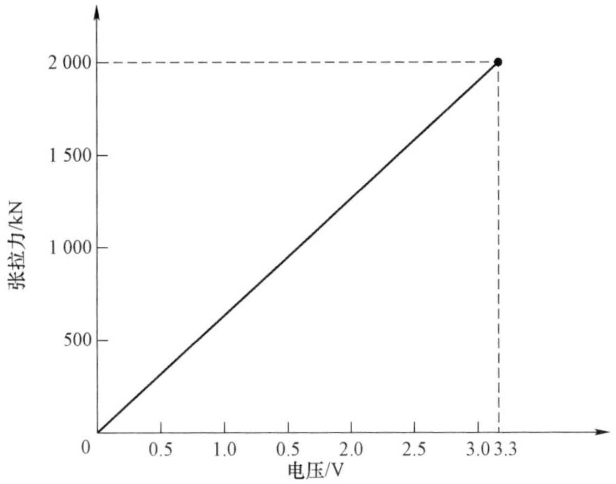

图 5-3-11　轮辐式压力传感器输出电压和所受力的线性关系图

传感器数据发送到 STM32 开发板，需要经历模拟信号向数字信号转变的过程。本书选用液压变送器，其量程为 0～100 MPa，输出电压是 0～3.3 V，适合测量气体、液体等介质，液压变送器的实际拍摄图如图 5-3-12 所示。

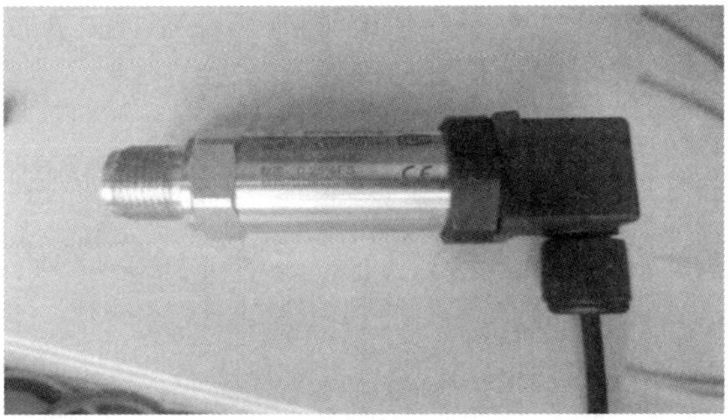

图 5-3-12　液压变送器

三、通信模块

计算机在进行通信操作时，数据传输的方式是分层进行传递的，每一个层面都需要进行数据的处理，添加不一样的控制信息，接着向下个层进行转交。在从最底层传递到目的地的时候，再进行一层层的传递，在这个过程中每层都要把自己的控制信息去掉，并向上一层转交；同样的道理，也能把 TCP 或者 UDP 层接收的数据以同样的方式传送给下层环境。注意在数据传送过程中，数据的传输顺序有可能会有一定的改变，这是因为 IP 层在传输过程中没有受到过度限制。因此，数据在传递过程中相当于被不断封装。而当数据传递到目的地时，它会被一层层地解开封装，以实现对各层协议信息的有效获取。网络协议分析技术正是通过逐层解封数据来实现的。

MQTT 是一种应用于客户端与服务器间的消息发送/订购的协议，是构建物联网应用平台的理想选择。在 MQTT 协议中有三个部分：应用层、传输层、感知层。其中，应用层、感知层都是客户端，传输层是服务器平台。应用层可以同时是感知层。感知层主要对系统数据源进行数据采集、接入及处理。传输层是感知层与应用层之间沟通的桥梁，从感知层里采集到的数据通过 MQTT 通信协议传输到应用层。应用层实现了系统的各项监控功能需求，并设计了移动端 App，用于对数据实时监控。

无线通信 4G 模块采用的是创思通信公司的 QUECTEL EC200 4G 产品，如图 5-3-13 所示，EC200 Mini PCIe 使用常见的 Mini PCIe 封装，同时支持 LTE、UMTS 和 GSM/GPRS 网络，最大上行速率可达 50 Mbps，最大下行速率为 100 Mbps。EC200 Mini PCIe 有两个版本，即 EC200 Mini PCIe-A 和 EC20 Mini PCIe-E 版本，为了保证在没有 3G 和 4G 网络的偏远地区也能正常工作，它们都具有向后兼容现有的 EDGE 和 GSM/GPRS 网络的功能。

图 5-3-13　EC200S-CN 通信模块实物图

在 STM32F103 开发板上，可以方便地进行验证调试，通过 AT 指令集实现 EC200S 全网通的各种功能。板子对外引出了 USB_TTL 串口接口，方便串口对模块进行调试。可以直接通过该串口对模块进行调试。透过默认代码进行测试，也可以对模块进行固件升级。可以单独将 EC200S 拿下来，通过串口的跳线帽设置的地方，使用板载的 USB_TTL 对模块进行调试，非常方便。EC200S-CN 通信原理图详见附录 6。

四、物联网云平台设计

物联网平台作为物联网架构中承上启下的部分，平台的下层是众多的物联网设备以及物联网网关等，平台负责收集汇总设备上报的数据，平台的上层是应用程序，平台将收集的数据呈递到应用程序端进行下一步的处理、存储和显示。一般来说，物联网平台由硬件、软件、连接和用户界面组成。硬件就是我们所说的物联网设备，主要包括各种传感器或设备，在环境中收集数据或执行一些动作。软件负责在云端收集、分析和存储由硬件上报上来的数据，并根据数据反过来指挥某些硬件的动作。而连接负责硬件与软件之间的数据传递，包括通信协议以及网关路由器等。用户界面是与操作人员有最直接联系的一层，承担了向用户展示数据和提供交互的职责。

阿里云推出了适用于物联网企业的设备管理平台。阿里云物联网平台具有多种优点，例如性能出色、注册简单、使用方便等。此外，它在全球范围内部署了多个节点，使全球设备均能以低延迟与云端通信。此外，该平台拥有多重防护的特点，可确保设备及数据在云端的安全；同时，其功能强大的设备管理能力也为用户提供了方便的远程设备维修手段。阿里云物联网平台还具有稳定可靠的数据存储能力，方便海量设备数据的存储和实时访问。因此，对于使用 MQTT 协议的传输层来说，阿里云物联网平台绝对是个不错的选择。阿里云物联网平台使用流程图如图 5-3-14 所示。

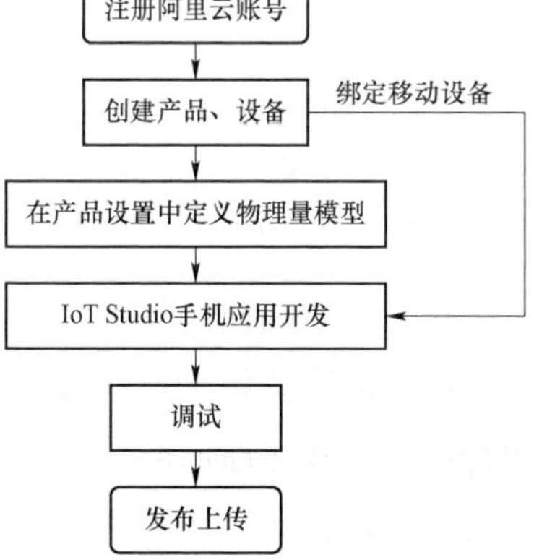

图 5-3-14　阿里云物联网平台使用流程图

搭建步骤为：注册阿里云账号、创建产品及设备、定义物理量模型，然后通过 IoT Studio 平台创建开发设计移动端 App，最后将设备与手机应用绑定。

在平台搭建过程中，连网与数据的选择如图 5-3-15 所示，由于 EC200S 模块基于 4G 网络进行通信，所以连网方式须改为 4G 方式，才能确保数据正常发送接收。在配置完设备后，点击确认会自动生成产品序列和设备密钥。

阿里云使用产品密钥、设备名和设备密钥三元组来确认设备信息，确保设备信息安全性并提供设备开发所需资料和技术支持，从而实现 IoT Studio 快速构建手机 App 的功能。

图 5-3-15　配置设备图

物联网应用开发平台提供了一系列便捷的物联网开发工具和解决方案，以解决物联网开发领域中存在的一系列难题，其中移动可视化开发工具可以帮助开发者快速构建移动应用程序，支持各种平台，例如 Android 和 iOS 等。移动应用程序可以作为物联网设备的遥控器，实现对设备的实时监控和控制。设计开发移动端应用的 Iot Studio 操作界面如图 5-3-16 所示。

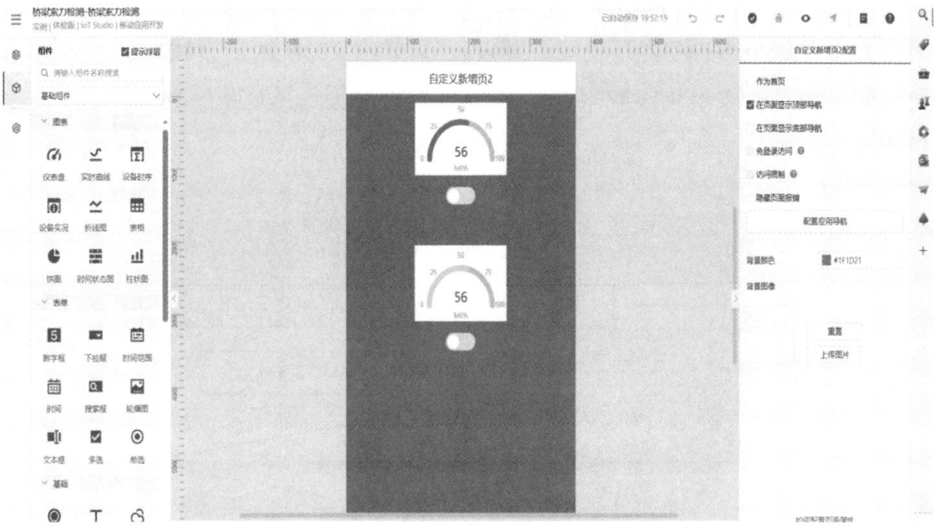

图 5-3-16　Iot Studio 操作界面

操作接口分为组件库、界面制作区域和属性配置区域。有许多选项、信息和其他模块，可以添加到信息中，以便进行后续设计。在添加不同的键之前，必须将表达式的乘积区域划分为多个块。可以配置属性配置区域中的按钮和图表的属性，并且可以将设备信息连接到数据源。

第四节　系统软件设计

一、系统主程序

该程序旨在使用液压千斤顶连接压力传感器的方式采集数据。千斤顶油缸内的液压值和拉索索力成正比。可以用精密压力表或液压传感器测量油缸内液压，根据液压值推算斜拉索的拉力。如因活塞行程不足需多次拉伸时，需要分级拉伸。中间层临时锚固后，应再次安装千斤顶，并在继续拉伸前再次读取量规和测得的伸长值，避免测量伸长率时产生的累积误差。系统主程序的流程框图如图 5-4-1 所示，第一步对串口、ADC 等硬件模块进行初始化，并使能 ADC 通道。下一步对 EC200S 模块进 Y 行开机测试，正常工作情况下，发送完 AT 指令后，会回复“ok”字符串。如果没有回复“ok”字符串，说明模块异常并返回重新初始化；如果检测到回复正常，开始接收 ADC 通道信号，传感器将采集数据发送至 STM32 开发板，开发板通过 EC200S 通信模块发送至阿里云物联网平台，然后由物联网平台中转传送至手机端。无线通信 EC200S 模块连接程序代码详见附件 8，系统主程序代码详见附件 9。

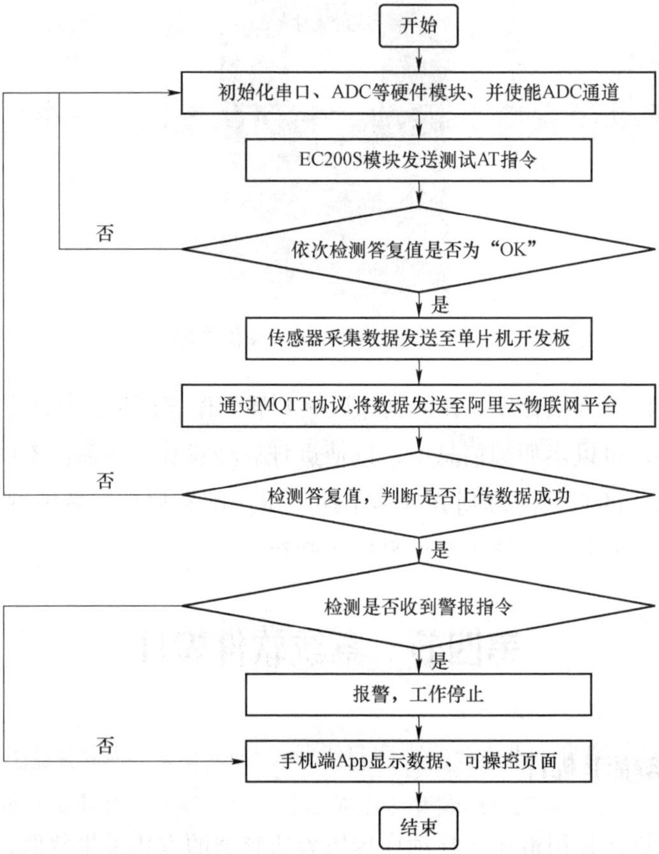

图 5-4-1　系统主程序流程框图

二、数据采集模块

传感器收集的信息通常显示为电压变化，属于模拟信号。事实上，需要一个转换过程来直观地查看这些信息，以便芯片进行处理。这是模拟信号到数字信号的 ADC 转换，其转换流程如图 5-4-2 所示。

报警系统流程如图 5-4-3 所示，在服务器接收到单片机输出的数据后，首先将数据以折线图的方式显示出来，根据数据结果判断，若数据超出阈值范围，则按下报警键。此时服务器将给单片机下发指令，控制继电器断开，使整个系统停止工作，同时蜂鸣器开始报警。

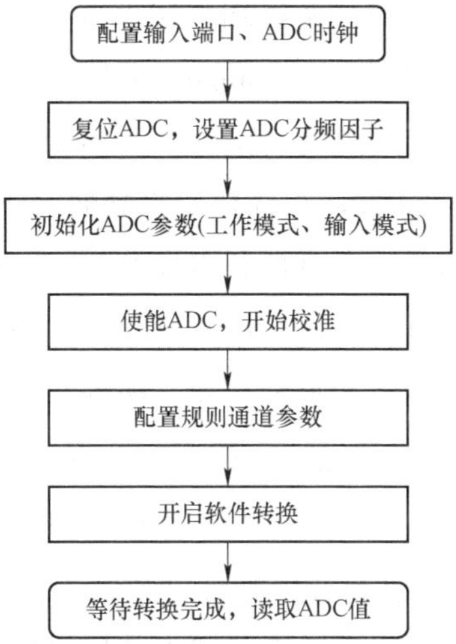

图 5-4-2　信号转换流程图

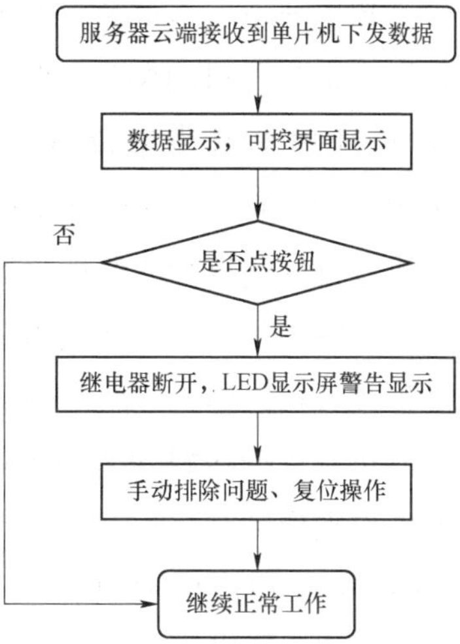

图 5-4-3　报警系统流程图

第五节　直接测力系统力的传递仿真分析

一、ANSYS 有限元力的传递模块介绍

有限元分析（FEM）是利用微积分理论和计算机技术来解决问题的一种方法，也称为有限单元法（FEM）。该方法融合了力学、数学和计算机科学的知识，是现代工程设计中不可或缺的一环。随着计算机技术的不断进步与发展，如今有限元法被广泛应用于解决复杂的结构与多自由度等问题，在工程分析领域被普遍认为是最为有力的计算方法之一。有限元的基本思想是将复杂的结构离散化为多个小单元，其中每个单元都包含节点，将结构看作由节点组成的新体。相邻单元在节点处相连接，节点位移即为结构未知量。据此，根据力学定理，我们进行结构性能分析，就能得到在某些约束和载荷条件下的结果。在工程领域，有限元分析与计算机技术紧密结合，提高计算机性能对于有限元分析的发展至关重要。然而，在复杂结构和条件下，有限元分析结果可能存在误差，

需要进一步改进。相对而言，桥梁的锚固区结构和环境相对简单，因此有限元分析是高效、快速地分析其性能的优选方法。在这一过程中，ANSYS 软件分别具备前处理、分析计算和后处理模块，功能齐全。前处理的模块有模型输入、材料定义和运动副关系定义。计算分析模块包括驱动条件和求解设置。后处理阶段处理输出和控制。除此之外，ANSYS 提供强大的 Geometry 工具来帮助用户针对各种需求对模型进行操作及仿真。ANSYS 公司推出的 ANSYS WORKBENCH，整合了全经典 APDL 功能、CAD 设计和优化等全新研发平台。计算模块可进行线性和非线性分析，流体动力学、电磁场和声场分析，以模拟不同介质之间的相互作用并优化结果。使用后处理模块，用户可以以图表、曲线等多种方式输出结果。图形类型繁多，例如多色等值线显示、梯度显示、粒子流迹显示等。ANSYS WORKBENCH 集成了产品设计、仿真、分析和优化，在操作上更加便利。

ANSYS WORKBENCH 是一个强大的工程仿真分析软件，包含三个主要模块：前处理、分析计算和后处理。其中，前处理模块主要用于几何建模，有三种建模方法，分别是自底向顶的建模方法、自顶向底的建模方法以及两种混合的建模方法。使用前处理模块可以方便地进行模型的修改和优化，但实际应用中一般会使用 3D 软件如 SolidWorks 进行模型的前期建设，因为这样可以更好地还原模型的本身。

分析计算模块则是进行有限元分析的核心模块，它包含多种模块供用户选择，每个模块都有图标名称进行指导，使用者可以按照指导顺利使用模块进行分析。在进行有限元分析时，用户可以根据实际应用需求，进行完全参数化的条件设置，以便进行参数设计和优化设计。

最后，后处理模块主要用于优化设计，其中提供了零阶优化与一阶优化两种优化方法，可以通过改变参数以得出不同的设计方案，并生成不同的输出形式。综上所述，ANSYS WORKBENCH 是一个功能强大的工程仿真分析软件，是工程师进行仿真分析和优化设计的重要工具之一。

与零阶优化相比，一阶优化的方法是在改变目标函数灵敏度的基础上进行精确优化，采用一阶优化方法可以将有约束的多变量问题转化为无约束的非线性规划问题，从而快速地确定优化方向，并进行界面优化，图 5-5-1、图 5-5-2、图 5-5-3 分别为 WORKBENCH 左侧导航栏、左侧导航栏、程序连接图。

图 5-5-1　workbench 左侧导航栏

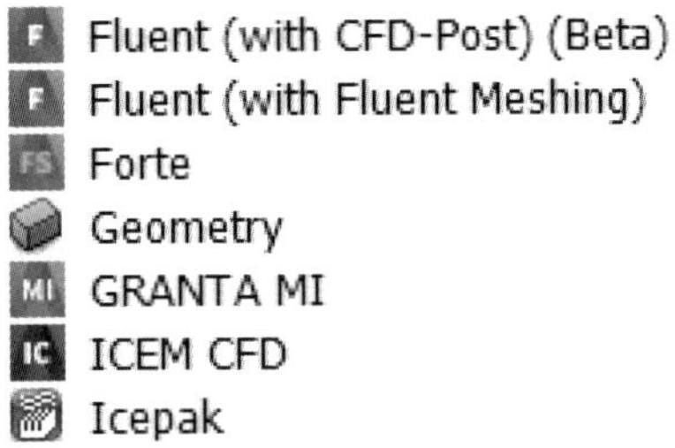

图 5-5-2　左侧导航栏

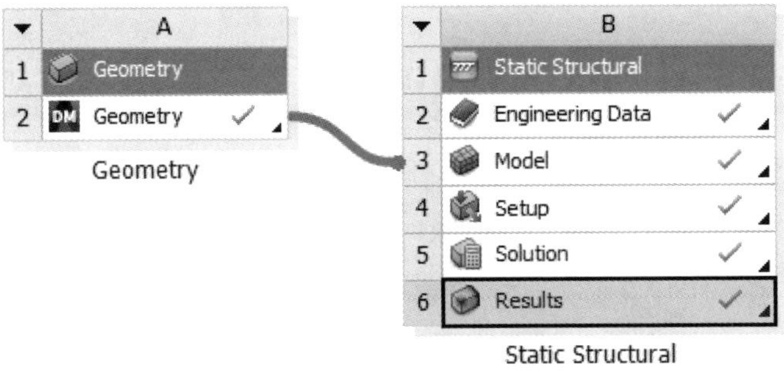

图 5-5-3　程序连接图

在仿真过程中，我们可以使用 Geometry 部分进行桥梁锚固区域模型的构建，搭建好独立的 Geometry 系统之后便可以开始搭建静态分析系统，即 Static Structure。在受力分析系统搭建完成后将两者关联，可以直接在 Geometry 系统中构建模型，也可以通过第三方软件构建模型之后导入，之后便可在受力分析系统中进行网格划分，网格划分之后便可开始进行受力分析。

二、直接测力系统物理模型与网格划分

本次仿真通过第三方软件 SolidWorks 进行模型搭建，再利用 Geometry 系统运行。

在此模型中，共需要构建 8 个零部件，分别是：1. 桥梁拉索、2. 桥梁锚垫片、3. 初始调节螺母、4. 传力筒、5. 调节螺母、6. 转动轴承（由图中 ab 相成）、7. 穿孔式测力传感器、8. 传动套筒，如图 5-5-4、图 5-5-5、图 5-5-6 所示。在该图中珠子与轴承外壳共同组成转动轴承。

桥梁锚固结构完整体如图 5-5-7 所示。第一张桥梁锚固结构则是经过装配之后的完全体形态。

图 5-5-4　模型所需 1、2、3 号零部件

图 5-5-5　模型所需 4、5、a 号零部件

图 5-5-6　模型所需 b、7、8 零部件

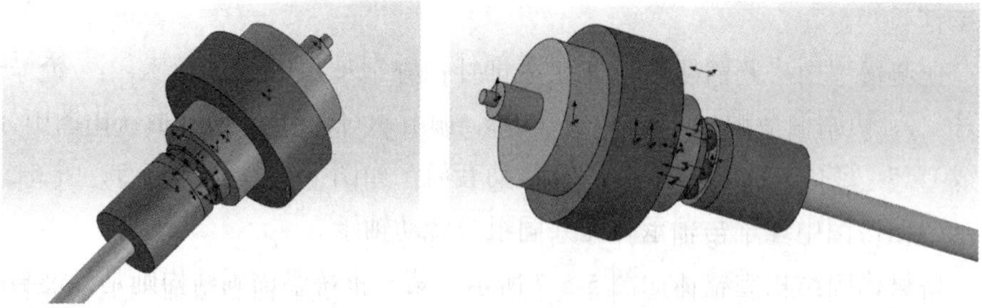

图 5-5-7　桥梁锚固结构视图

建模完成后将模型导入 ANSYS WORKBENCH 中进行材料设定，本次材料所用到的是结构钢，结构钢是建筑材料中最常用的一种，具有产量大、成本低的优点，如图 5-5-8 所示。

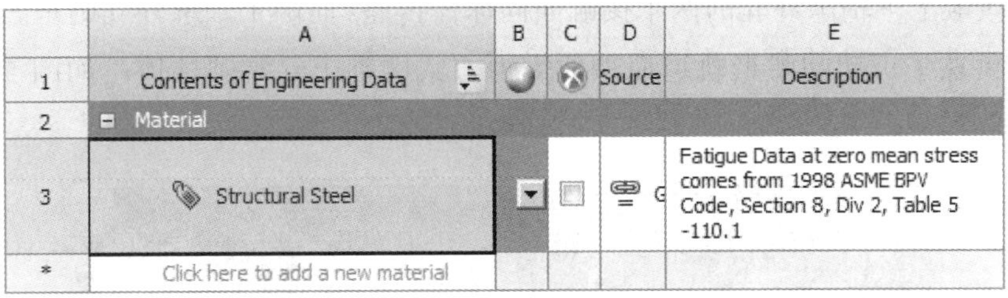

	A	B	C	D	E
1	Contents of Engineering Data			Source	Description
2	Material				
3	Structural Steel				Fatigue Data at zero mean stress comes from 1998 ASME BPV Code, Section 8, Div 2, Table 5-110.1
*	Click here to add a new material				

图 5-5-8　材料设定

在经过材料设定之后需要对构建出的锚固区域模型进行网格划分，通过网格划分之后可以清晰地看出在力的作用下锚固结构各个区域、零件的受力情况，所得到的受力云图是本次实验的重点。网格划分整体如图 5-5-9 所示。

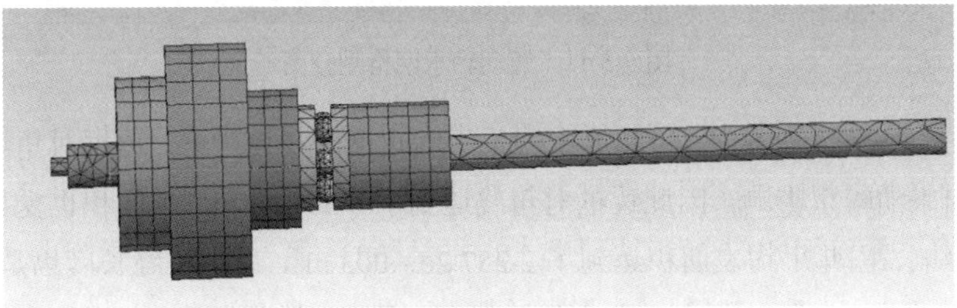

图 5-5-9　网格划分后的桥梁锚固区域

由于该系统属于装配体，因此在网格划分中，我们将采用多种划分方式，支撑筒所划分的网格如图 5-5-10 所示。相比于其他的圆柱形元件，支撑筒的长度更加长，因此划分的网格不同于其他的网格为矩形。

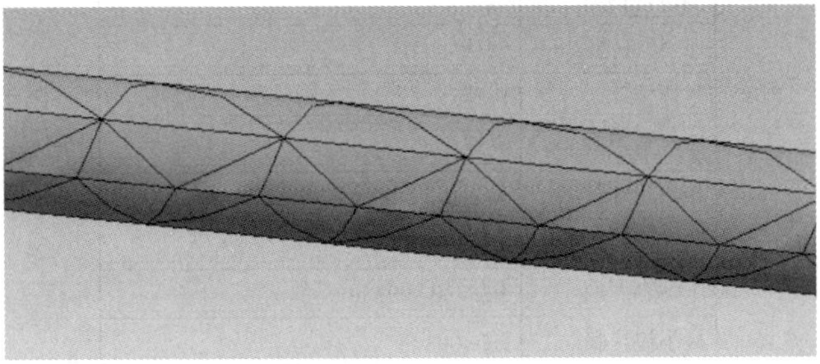

图 5-5-10　支撑筒网格

除了支撑筒，还有个特殊零件便是转动轴承，转动轴承由珠子及轴承外壳两个零件体装配而成，所采用的划分方式也相较于其他零件更特殊。转动轴承由六颗珠子即两个轴承外壳组成，珠子是由结构钢组成的球体，因此受力时力是由接触上下轴承外壳的两个接触面向球体传递。而两个轴承外壳则是因为存在提供珠子运动的弧形轨道而造成受力方式区别于寻常圆柱体，如图 5-5-11 所示。

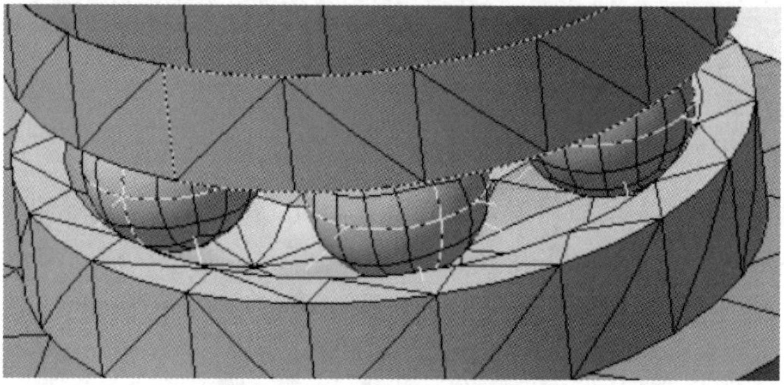

图 5-5-11　转动轴承网格划分图

在本次网格划分中，跨角度中心采用大尺度跨尺度中心，边框对角线受到构建出来的模型影响，因此边框对角线达到了 0.567 96 m。表面积也受到的模型的影响，因此平均表面积达到了 2.257 2e－003 m^2，最小边缘长度也是如此，为 5.e－003 m（图 5-5-12）。在膨胀层数中，最大膨胀层数为 5，增长率为 1.2，取用的膨胀算法为 Pre（图 5-5-13），在网格质量上，误差限值取强力机械，目

尺寸调整	
使用自适应...	是
分辨率	默认（2）
网格特征清...	是
□ 特征清...	默认
过渡	快速
跨度角中心	大尺度
初始尺寸种...	装配体
边界框对角....	0.56796 m
平均表面积	2.2572e－003 m^2
最小边缘长...	5.e－003 m

图 5-5-12　尺寸调整

膨胀	
使用自动膨...	无
膨胀选项	平滑过渡
□ 过渡比	0.272
□ 最大层数	5
□ 增长率	1.2
膨胀算法	Pre
查看高级选....	否

图 5-5-13　膨胀系数

标质量为默认值（0.050 000），再取中等平滑（图 5-5-14）。膨胀设定中膨胀选项选择平滑过渡，过渡比为 0.272。

质量	
检查网格质...	是，错误
误差限值	强力机械
□ 目标质量	默认（0.050 000）
平滑	中等
网格度量标...	无

图 5-5-14　网格质量

三、直接测力系统动态特性仿真分析

在完成了所有的条件设置之后便可以开始进入直接测力系统动态特性仿真分析阶段。本次仿真结果选取为三部分：总变形、等效弹性应变及等效应力。

在本次仿真中，锚固结构中的锚垫片是处于固定状态，因此在设定边缘条件时，将锚垫片设置成固定状态不让它发生位移。如图 5-5-15 所示。

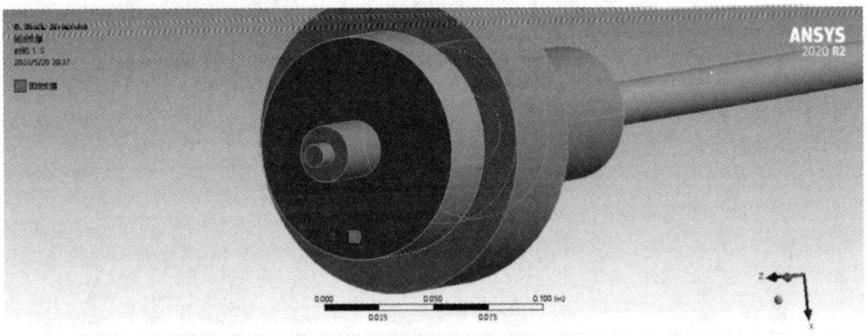

图 5-5-15　固定锚垫片

在桥梁建成后，锚固区域处于静止状态，此时，支撑筒会通过螺纹给旋拧于支撑筒上的调节螺母一个平行于支撑筒的力，而在这个力的作用下，调节螺母又会将力传递到转动轴承上，然后依次向后传递，因此在仿真过程中还应该给调节螺母一个力，为了符合实验室环境，因此将该力设置为 200 N，如图 5-5-16 所示。

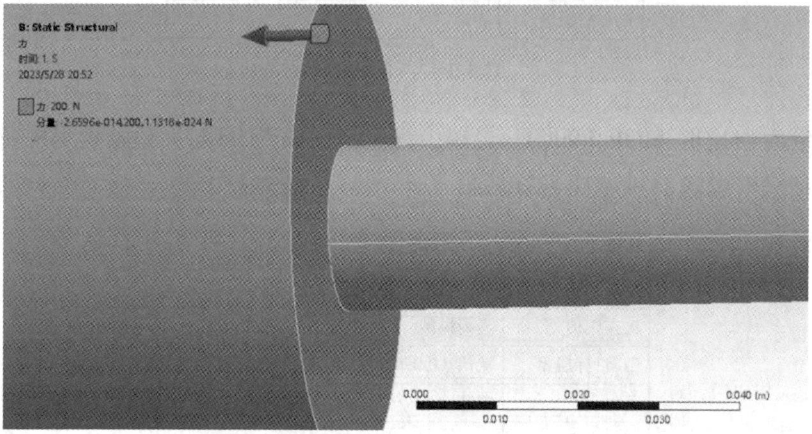

图 5-5-16　载荷赋予

在边界条件设定之后便可以开始进行仿真求解，本次求解方案有三个，分别是：总变形（图 5-5-17）、等效弹性应变（图 5-5-18）及等效应力（图 5-5-19）。

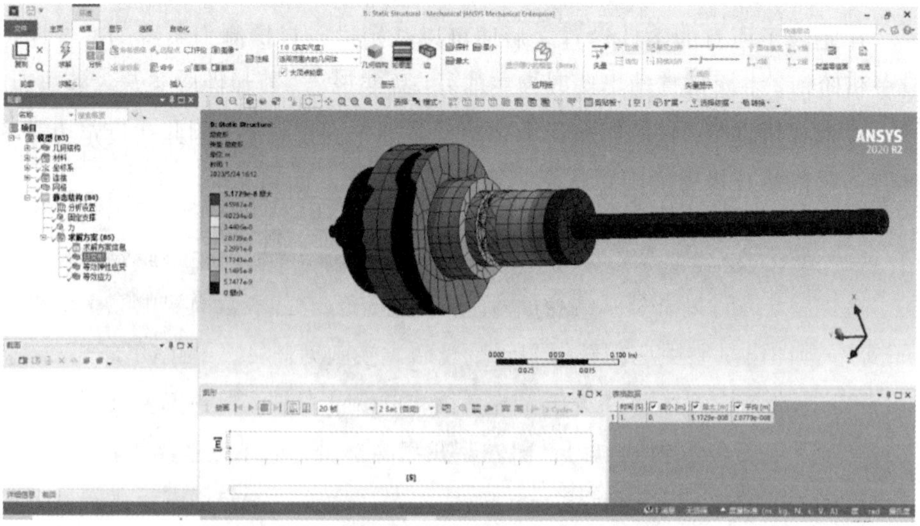

图 5-5-17　仿真总变形

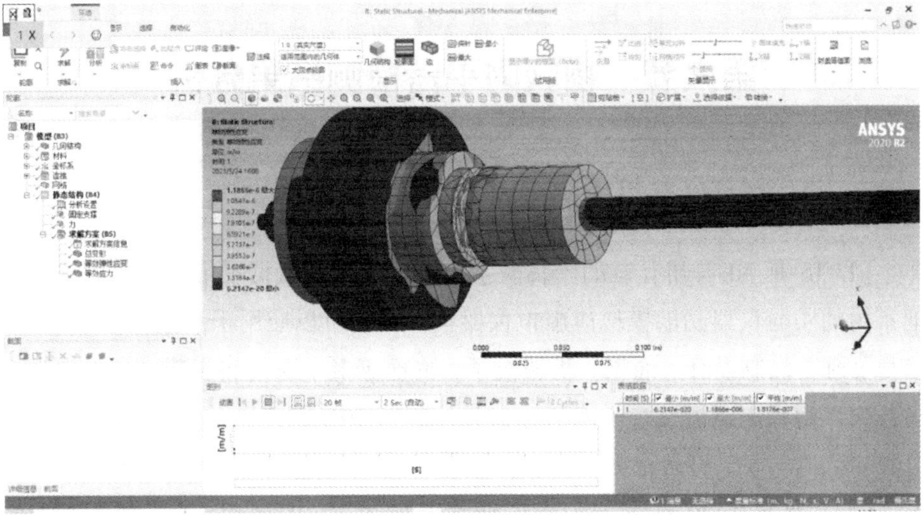

图 5-5-18　等效弹性应变

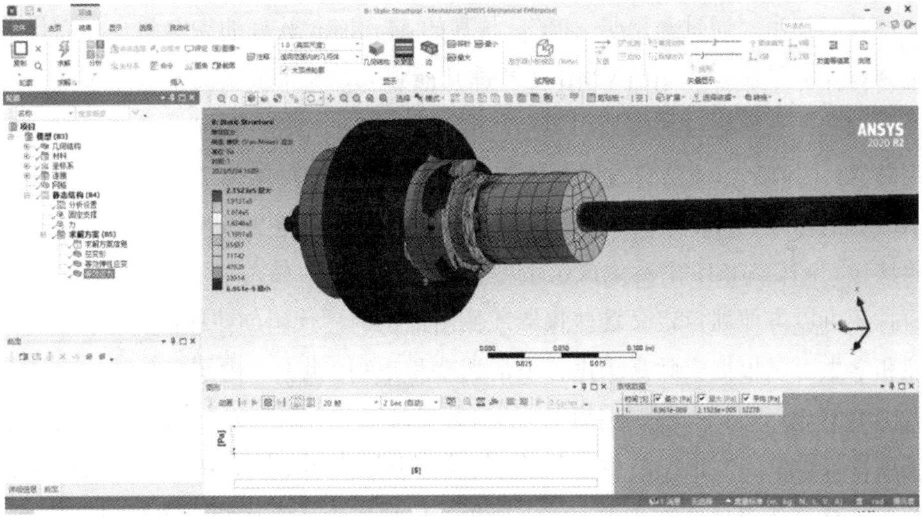

图 5-5-19　等效应力

在仿真试验中出现了红色预警部分，但在图中均未观察到，原因也许是在仿真过程中，存在高压受力点，该受力点位于转动轴承中，由于转动轴承是球体，因此在转动轴承受力时传递到球体上，球体以点或者线的受力方式对轴承的另一半进行挤压。我们将物体横截后进行观察，发现在转动轴承和初始传力筒相接触的地方也出现了高载荷的情况，此现象也许是建模过程中操作不规范造成的。

第六节　物联网平台检测结果分析

一、NIELVIS 教学实验平台介绍

ELVIS 是 NI 公司开发的一种教学系统，它利用数据采集卡和编程技术，把常用的实验仪器功能模拟成虚拟仪器套件。它可以应用于测量仪器、电路、信号处理、控制设计、通讯、机械电子、物理等多个课程和实验，让学生学习设计、原型和电路测试等方面的知识和技能。NIELVIS 是一款自 2004 年问世以来，受到全球工科教育界认可和喜爱的产品，随着技术的发展也不断更新升级。NI 公司在 2008 年 6 月发布了第二代 NIELVISII 硬件平台，结合强大的 LabVIEW 图形化系统设计软件，该平台提供了 12 种新型 USB 即插即用仪器，方便教师使用。通过与用于 SPICE 仿真的 Multisim 软件的完全整合，简化了电路设计教学流程。NIELVISII 是一款功能强大、易于使用的实验室平台，可以帮助教师在教学过程中使用更多的专业课程，如电路、控制设计、通信和微控制器。同时，它还具有对旧版本的向下兼容性、即插即用连接的便捷性和较小的外形尺寸，能够简化安装和实验室维护，为教师和学生提供更加便捷的实验环境。NIELVISII 平台集成了工程和科学实验室中最为常用的 12 种仪器，而且还可以方便地自定义这些仪器或使用提供的源代码创建新的仪器，这样教师和学生可以根据实际需求进行灵活调整和定制。此外，由于 NIELVISII 基于 LabVIEW 软件，它不仅支持已有的课程资源套件，还可以应用于众多高级课题项目，提供高性价比的教学和原型平台。因此，NIELVISII 的出现不仅降低了实验室设备的重复率，还为学生提供了更加安全、舒适和高效的实验环境，为未来科学技术的发展培养了更多的人才。

NIELVISII 具备最新版 Multisim 软件，为师生提供无缝切换实验数据和仿真数据的便利。同时，同一平台支持电路设计全过程的查看，从设计与原型开发到实现阶段。Multisim 还拥有针对教学特性的自定义电路测试以及虚拟 NIELVISII 三维特性等功能，使学生能在无风险的虚拟系统中完成连线，提高实验效果。使用 NIMultisim、LabVIEW 软件和 NIELVIS 原型化平台，将实际应用和理论知识有机结合，教师能够在电路和电子学课堂中使用真实数据来生

动地阐释理论知识。此外，NIELVISII 的原型板卡在多种学科领域都有应用，例如电路设计、仪器测量、通信以及嵌入式/微控制器设计等。NIELVIS 电子学教育平台不仅可以加强相关理论知识，更能为学生提供一个可以亲手实践的以理论为基础、贯穿整个工业流程的学习平台，如图 5-6-1 所示。

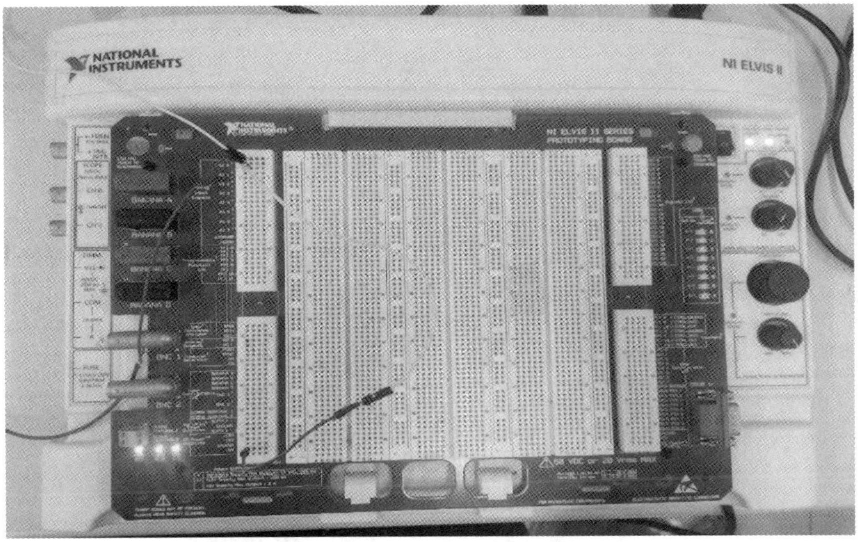

图 5-6-1 NIELVISII 实验平台

二、LabVIEW 软件的介绍

该网络实验室的所有实验均采用 LabVIEW 编程实现，包括真实和虚拟实验。这种编程语言是由美国国家仪器公司（National Instruments™，NI）开发的。NI 是虚拟仪器技术的主要支持者和奠基者，长期致力于虚拟仪器技术的标准制定和软硬件研发，力求成为业内公认的权威之一。LabVIEW 适用于各个领域的工程技术人员。LabVIEW 是一种基于数据流的编译型图形编程环境。该环境可以在多种操作系统下保持兼容，提供了一套集成的开发工具，可用于数据的采集、分析和显示。此外，LabVIEW 还支持通过 DDE 和 TCP/IP 进行共享，能够显著减少程序开发时间，而且其速度几乎不会受到影响。经过 20 多年的持续发展，LabVIEW 已经成为最成功、应用最广泛的虚拟仪器开发工具。

LabVIEW 软件的特点总结如下：

以图形界面替代纯文本代码编写，实现真正的工程师语言。库函数支持数据采集、分析、存储，该工具不仅提供了传统的断点设置和单步运行等调试手段，还有一项独特的高亮执行功能，该功能可使程序动画式运行，有利于设计者更好地观察程序运行的细节，为程序调试和开发提供更加便捷的操作。该软件涵盖了 DAQ、GPIB、PXI、VXI、RS-232/485 等仪器通信总线标准的全部功能函数，使无专业背景的开发者也能够控制各种总线标准接口设备和仪器。为外部代码或软件提供多种互联机制，如 DLL、DDE 以及 ActiveX 等。

三、直接测力装置加工

组装完成后的足尺桥梁锚固结构测力系统如图 5-6-2 所示。因试验原因，其整体结构尺寸要比实际锚固结构小得多，但其受力点以及受力情况与实际锚固结构并无大的差别，所以足尺模型用来试验是足够的。

图 5-6-2　桥梁锚固区域实体图

在仿真模拟过程中，拉索是直径为 1 cm 的圆柱体，索扣是直径为 2.5 cm 的圆筒。在实验过程中，由于钢丝结构单一，与桥梁拉索差距过大，因此将两缕钢丝经过缠绕制成类似于数万条钢丝缠绕而成的拉索。

图 5-6-3 所示为锚垫片，在仿真过程中，锚垫片的作用是固定住整个锚固区域，因为锚垫片与桥梁相连接，所以锚垫片在仿真时应该设置为固定物体。锚垫片是外径为 10 cm，内径为 2 cm，厚度为 3 cm 的穿心圆柱体。锚固区域是与桥体进行焊接固定的，所以在试验中也要达到同样的情况。

图 5-6-4 所示为初始调节螺母，初始调节螺母顶推锚垫片，用于支撑传力

筒和传感器。初始调节螺母的零件尺寸为外径 3 cm，内径 2 cm，长度 6 cm。在实际的锚固区结构中，初始调节螺母与锚垫片一样需要承受钢索带来的力，所以在试验模型中，对于其材料以及结构需要着重考虑，例如增加初始调节螺母的厚度、内螺纹的深度等。

图 5-6-3　垫片

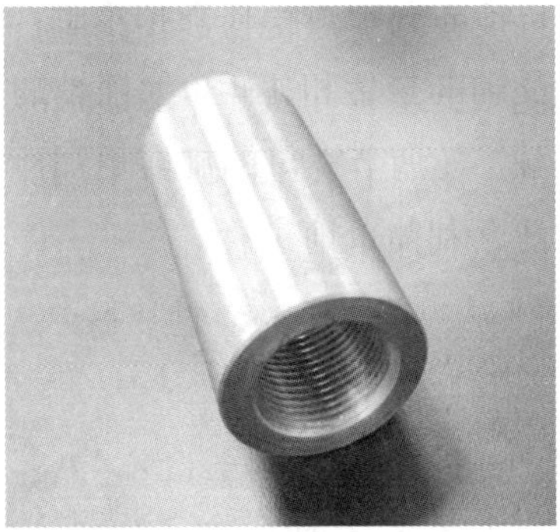

图 5-6-4　初始调节螺母

图 5-6-5 所示为支撑筒，支撑筒的作用是将所有零部件全部支撑起来，起到一个固定支撑并连接所有零部件的作用，其尺寸为外径 2 cm，内径 1 cm，长度 50 cm。是所有零件中唯一一个拥有外螺纹的物体，其外螺纹是需要与初始调节螺纹以及调节螺母相配合的。

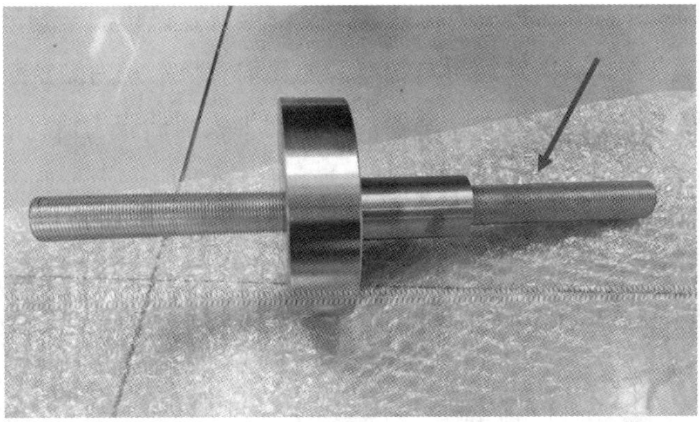

图 5-6-5　支撑筒

图 5-6-6 所示为调节螺母。调节螺母在实验中的作用就是给系统提供一个推力，固定所有的零部件，并且旋拧调节螺母时，通过支承筒给调节螺母一个远离锚垫片方向的作用力。其外形应与初始调节螺母一样，但由于试验需要，

对其外围进行了两个平面切除，其目的是在实验过程中，可对它进行力的施加与固定。

图 5-6-7 所示为转动轴承，转动轴承的作用是减少摩擦和阻力，使机器或设备能够平稳运转。它通过在轴和轴承之间形成一个摩擦小、旋转自由的接触面，将轴的旋转力转移到轴承上，从而减少摩擦和能量损失。同时，轴承还能够承受轴的重量和扭矩，保证轴的稳定性和安全性，防止调节螺母与传力筒直接接触，使调节螺母的旋转更加流畅。因为转动轴承的存在，本系统的力的替换才能顺利简单地进行。

图 5-6-6　调节螺母

图 5-6-7　转动轴承

图 5-6-8 所示为轮辐式压力传感器，其作用就是采集调节螺母的力，在该直接拉力测量系统中，调节螺母与锚垫片脱离时，整个索力测量装置完全串于索绳的张力路径上，此时测力传感器的示值即为索绳的张力值。轮辐式传感器的尺寸为外径。

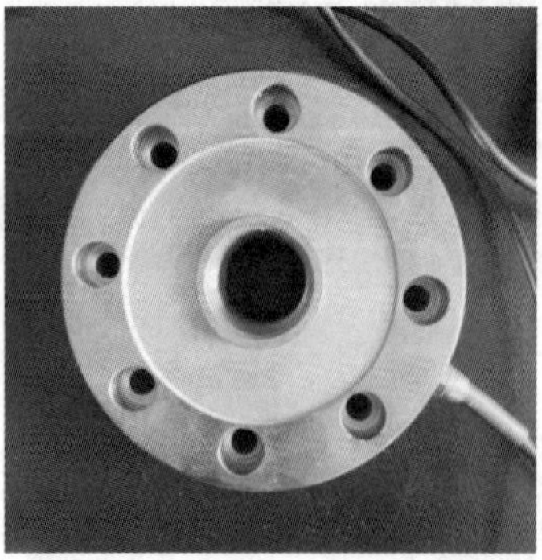

图 5-6-8　轮辐式压力传感器

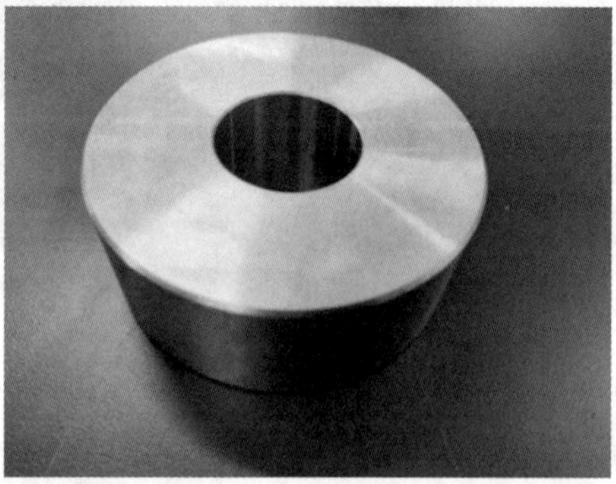

图 5-6-9　传力筒

图 5-6-9 所示为传力筒。因为轴向传动行程的增加，需要在转动轴承与测量传感器之间设置有传动件，即传力筒。

四、物联网系统监测结果

在轮辐式传感器的原理说明中，提出在测量阶段，把各个设备连接后看作一个整体，尽量保持系统的固定，提高整个系统的固有频率。这一条件也是造成实验误差的主要原因，由于实验条件有限，整个测量系统连接后需要在两端施加重物进行固定，固定难免会有松动，而且整个过程中不能施加太大压力，否则会破坏整个系统导致传感器测量失败。

关于性能测试，我们需要利用 NIELVIS 教学实验平台和 LabVIEW 软件对轮辐式传感器的性能进行测试，即利用轮辐式传感器进行压力的采集，再通过 NIELVIS 教学实验平台对信息进行采集，最后通过 LabVIEW 软件对采集的信号进行分析计算，通过计算结果分析该轮辐式传感器是否处于正常可用状态。LabVIEW 软件连接如图 5-6-10 所示。

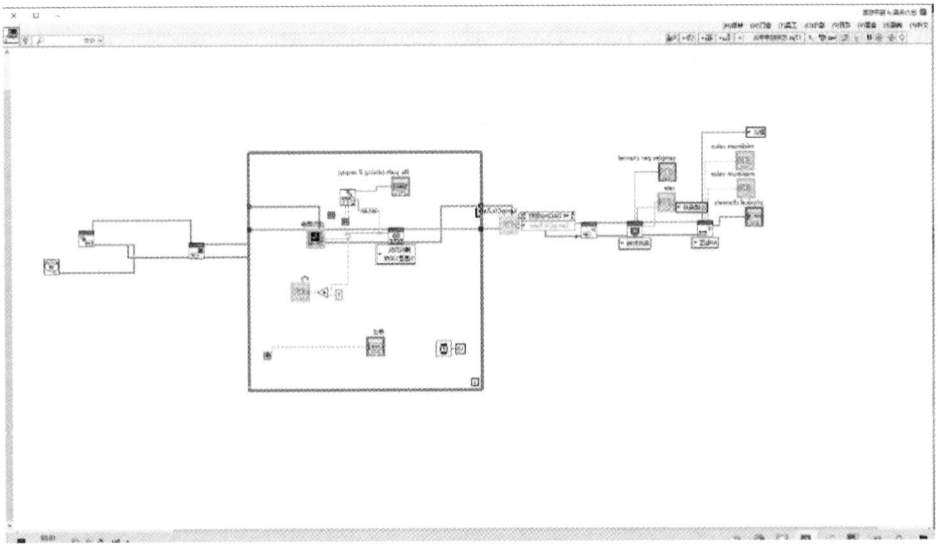

图 5-6-10　LabVIEW 软件连接示意图

检测方式是将重物压至传感器之上，利用传感器采集压力信息，采集的电信号会传输至 NIELVISII 实验平台，后经过 LabVIEW 进行数据处理，处理出来的结果如图 5-6-11 所示，由图可知，该传感器处于正常状态，可以使用。

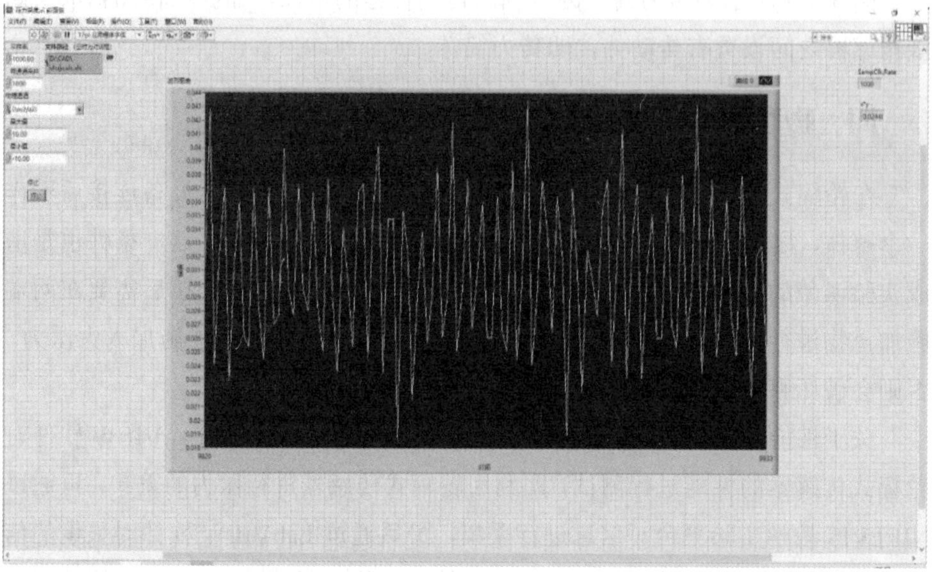

图 5-6-11　结果图

但是在经过多次测试之后发现该传感器在不进行负载时也存在电信号，因此，在实验阶段需要使用公式对结果进行计算，即将实验结果显示的经过公式计算出所受的力的数值减去传感器自身所带的力的数值才是施加在传感器上的力的数值。在轮辐式传感器的性能检测过程中，我们模拟了实验进行环境，经过计算可知轮辐式传感器可直接使用。

本书使用的无线通信模块是 EC200S-CN，该模块内置丰富的网络协议并支持多种串口驱动和软件功能，是典型的 4G 通信模块，借助 SIM 卡通讯，向基站发送信息，再由基站转发至互联网，从而实现模块与物联网平台的连接，所以该模块在初次使用时必须进行初始化，连接成功后模块指示灯亮，在串口调试软件中会自动进行初始化，如图 5-6-12 所示。

通信模块初始化之后，本模块采用 JSON 数据格式进行发送。EC200S 成功发送数据到阿里云物联网的串口信息如图 5-6-13 所示，当 EC200S 模块向物联网平台发送信息后，首先会保存到物联网后台，然后后台进行 JSON 数据解码，最后分配给已设定的物理量模型。物联网数据接收显示如图 5-6-14 所示。

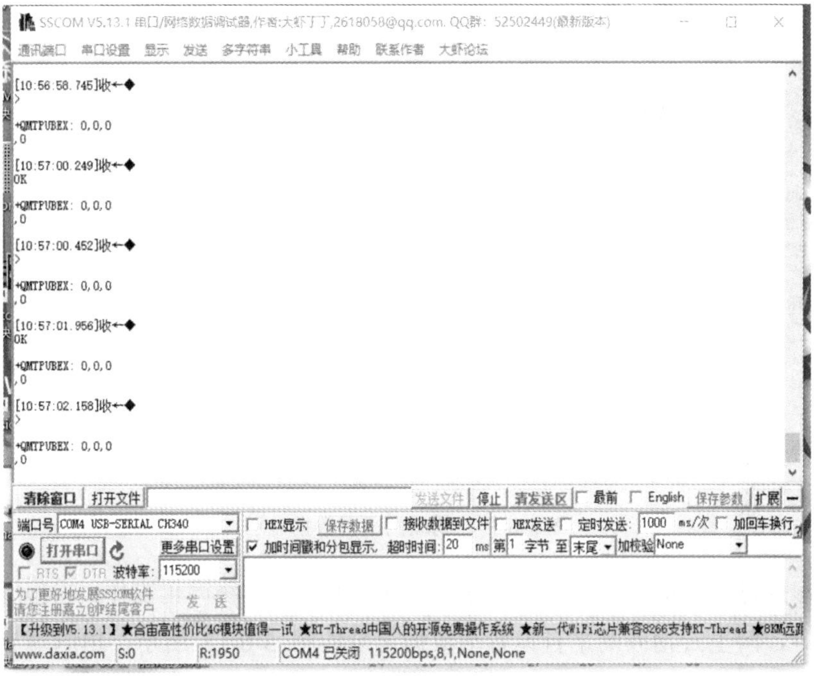

图 5-6-12　模块初始化串口调试窗口

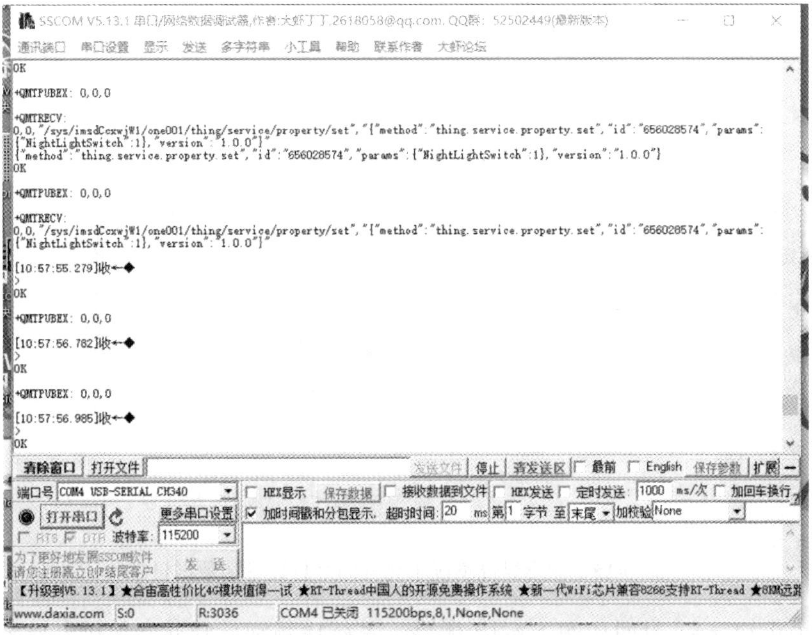

图 5-6-13　EC200S 成功发送数据至阿里云物联网

图 5-6-14　物联网平台数据显示

湿度过高的情况下，继电器开关自动断开，使系统停止工作。当湿度为百分百时，阿里云物联网平台设备端数据记录如图 5-6-15 所示，电脑端界面如图 5-6-16 所示。

图 5-6-15　湿度过高情况下物联网平台设备端数据日志

手机端 App 界面如图 5-6-17 所示。系统检测到异常并向手机发送警告短信如图 5-6-18 所示。

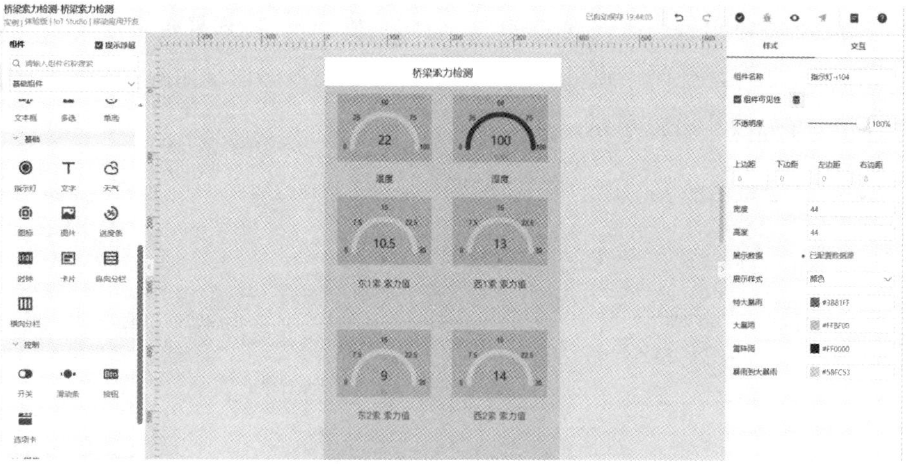

图 5-6-16　湿度过高情况下电脑端界面

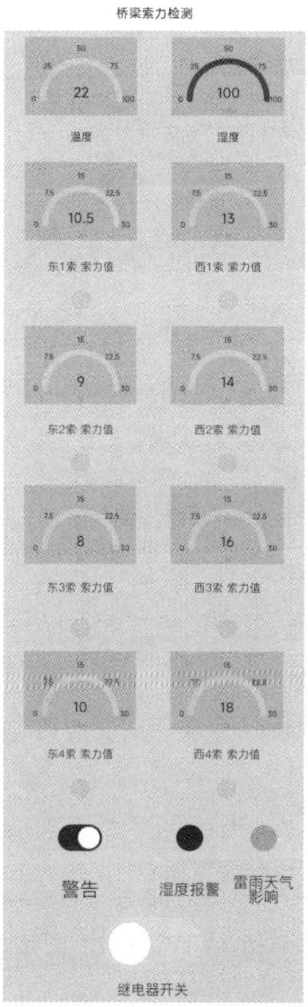

图 5-6-17　湿度过高情况下手机端 App 界面

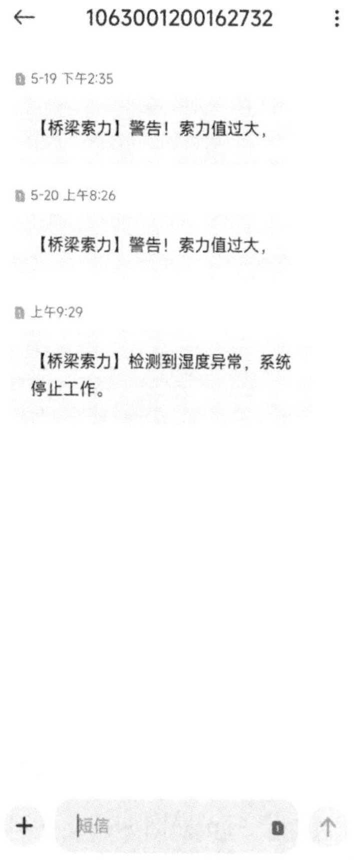

图 5-6-18　湿度过高警告短信

当系统受雷雨等恶劣天气影响时，会向手机 App 发送警告短信提醒工人使系统停止工作，此时，阿里云物联网平台设备端数据记录如图 5-6-19 所示，电脑端界面如图 5-6-20 所示。

图 5-6-19　雷雨天气情况下物联网平设备端数据日志

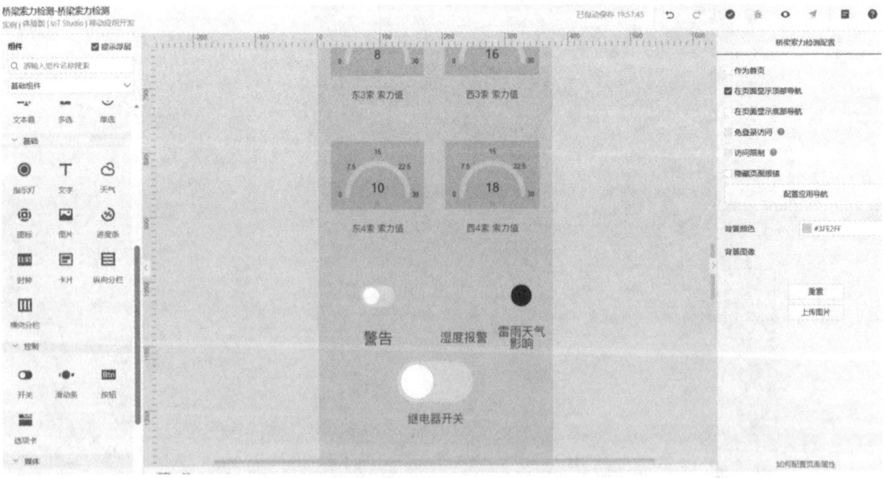

图 5-6-20　雷雨天气情况下电脑端页面

手机 App 界面如图 5-6-21 所示，同时向手机发送警告短信并关闭继电器使系统停止工作，短信界面如图 5-6-22 所示。

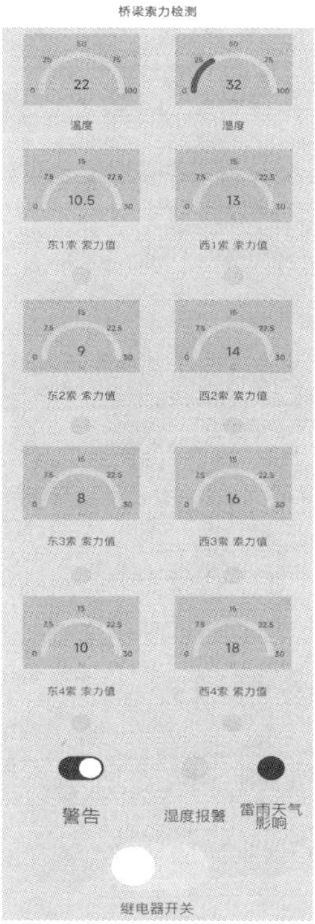

图 5-6-21　雷雨天气情况手机端 App 界面

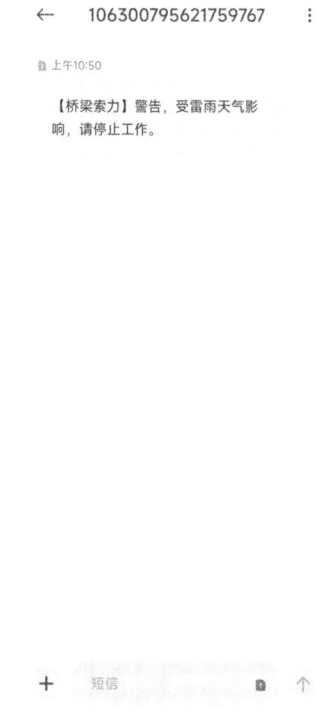

图 5-6-22　雷雨天气警告短信

当温湿度在正常范围内时，继电器开关闭合，系统正常工作，当索力值超出设定的阈值时 LCD 屏幕如图 5-6-23 所示，LCD 显示屏电路图详见附录 7，系统正常工作时物联网平台数据记录如图 5-6-24 所示。

图 5-6-23　LCD 屏数据及报警显示

图 5-6-24　系统正常工作时物联网平台数据日志

电脑端界面如图 5-6-25 所示，手机 App 界面如图 5-6-26 所示。同时可以手动关闭继电器开关并向手机发送警告短信，如图 5-6-27 所示。

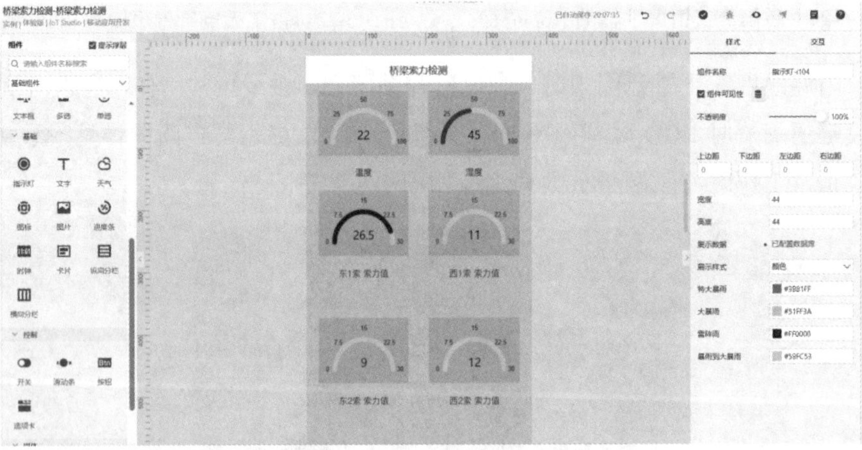

图 5-6-25　电脑端界面

在实验过程中，出于安全因素考虑，液压变送器的输出压强已经被压缩至安全值，所以测得的数据不能达到工程中的真实数据水平，实验仅用来验证本模块的可行性，数据仅供验证系统可行性，但是本实验测得数据也存在误差，测得的压力数据发生跳动，分析误差产生的原因：

（1）千斤顶工作时抖动太大加上其两端重物固定不牢，导致数据测量发生偏差；

（2）实验器材老化，12 V 输出电压不稳定也会对实验测量带来影响。

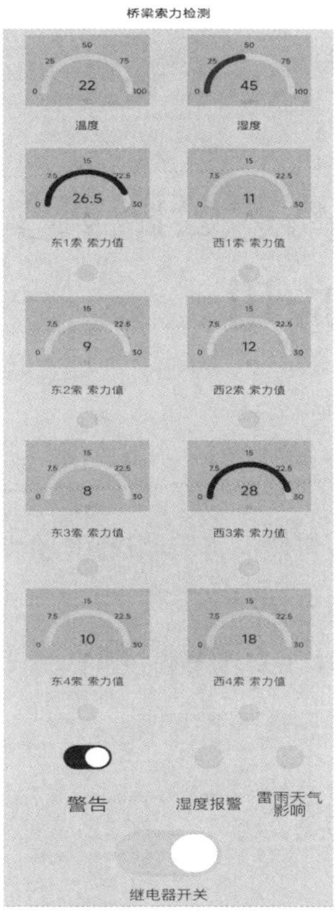

图 5-6-26　正常情况下手机端 App 界面

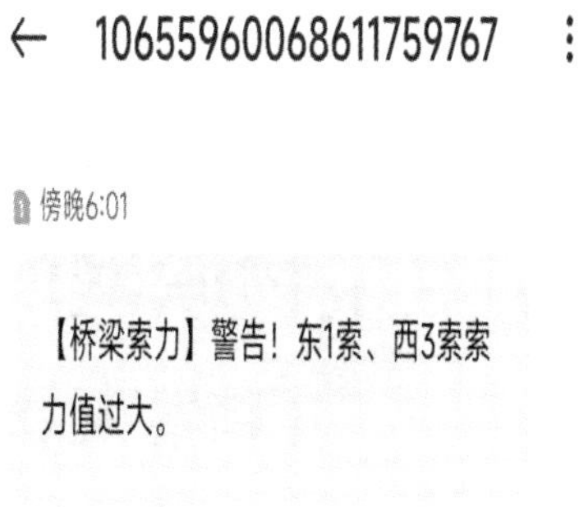

图 5-6-27　索力值过高手机收到警告短信

第六章 基于卫星物联网的山区高速公路典型自然灾害监测应用

本章为基于卫星物联网的山区高速公路典型自然灾害监测应用，介绍了山区高速公路典型的自然灾害和勘测技术发展的重要性和必要性，阐述了山区公路自然灾害监测防治智慧决策平台、监测点位设计、监测数据分析与预警的相关内容。

第一节 概 述

随着高速公路在山区的快速发展，出现了越来越多的高边坡。公路沿线多处高边坡因地形陡峭、地质条件复杂造成的滑坡、崩塌、泥石流、地面塌陷及地裂缝等地质灾害及隐患一直为人们所关注。由于地质灾害诱发因素的复杂多变和隐蔽性，进一步增加了地质灾害防治的工作难度。受局部地区强降水气候效应和余震带来的影响，地质灾难潜在风险大幅提升，而且还具有复杂多变和很强的不确定性。在卫星物联网、大数据、云计算等新一代信息技术蓬勃发展的浪潮中，充分利用信息化技术创新业务监管和服务手段，以智能信息化引领交通强国建设，着力推动现代信息技术与交通运输的深度融合，可有力支撑交通运输高质量发展。目前传统手段存在不能高效传递信息、监测体系不完善、相关部门数据无法联通等一系列问题，无法满足山区高速公路地质灾害防范的实时性和准确性，如何发挥现代信息技术优势，结合山区高速公路自然灾害的管理机制，建立高效科学的自然灾害防治体系，提高自然灾害防治能力是需要深入研究的问题。

目前高速公路已发展至山区以及偏远地区，因为山区丘陵公路特殊的形状，导致在挖掘过程中形成了大量的人工斜坡。尽管已经采取了防护措施，但由于山区丘陵的地质条件复杂多变，仍存在许多隐患，滑坡、崩塌和泥石流等灾害频繁发生，严重威胁公路交通和人民的安全。目前，我国正在推进地质灾害监测技术和手段的改进，从以前的人工勘测等落后测量方法向参数仪器自动化监测发展，目标是实现监测的微型化、集成化、网络化、智能化。

早期由于监测水平的限制，对野外地质灾害体的监测常常采用综合、宏观的物探和地质经验寻找方式。也就是说一开始主要依靠人工勘测地表各种变化趋势和特征、地下水的异常变化、裂缝变动以及倾斜度的变化等，最终确定边坡的实际情况，准确性方面还有待提高。接着出现了定量测量技术，比如在关键裂缝和危岩体上进行标记、设置树桩等手段，以获取边坡裂缝的长度、宽度、变化方向以及危岩体的严重程度等信息。然而，这种派遣人员进行测量、轮班值守的方式不仅需要大量的劳动力资源和资金，同时许多灾害发生点的地形十分险要，现场工作存在人身安全方面的风险，同时效率也较低，决策部门和专家们很难及时获知地质灾害现场的动态监测结果，因此影响了快速决策的能力，也无法迅速发布灾害警报。

总之，随着测量方式和手段的不断进步，地质勘测和监测技术得到了显著发展。地质勘测仪器的发展，尤其是 GPS 导航、遥感观测和近距离拍摄的应用，使地质监测能够更加及时、准确地获取地质信息，并为地质灾害的预防提供了重要支持。近年来地质灾害监测技术得到了快速发展和应用。电子测量设备技术和计算机软件技术的进步为地质灾害监测提供了更准确、高效的方法。其中，声波发射和反射、时域差值运算、光反射和折射计算等方法被广泛应用于地质灾害的探测和预警之中。与此同时，随着移动通信技术和数字网络的应用，地质灾害边坡监测技术和方法正朝着远程、无线和数字网络监测方向发展。监测对象不断增加，监测智能化程度、数据分析与处理手段以及临界安全预警也在不断提升。李世海、何满潮等人利用无线通信技术提高了远程无线监测数据的传输，并开发了适用于大型水利、电力库区和野外矿山边坡的远程实时监测预警系统。叶英、张成平等人还将自动采集和无线传输应用于隧道工程，建立了隧道施工远程监测系统。在软件开发方面，梁桂兰、张强勇等人基于大型数据库平台、可视化和网络编程技术，开发了边坡监测信息管理系统，实现了监测数据的信息化和网络化。然而，山区高速公路地灾点沿路呈现点状分布，数量众多，规模相对较小，易受到人类活动和环境变化的影响，其变形破坏模式具有多样性和复杂性等特点。因此，选择适当的监测技术和方法，确定全面的监测预警方案，是一个值得不断探索的科学问题。

第二节　山区公路自然灾害监测防治智慧决策平台

山区公路自然灾害监测防治智慧决策平台是依托北斗高精度定位技术、数字通信技术、精密传感技术、云物联和大数据技术等构建的。该平台可连续不断地进行改进和升级，为各种基础设施结构提供智能化的在线监控服务。该平台具备适用于国内各类主流传感器的兼容性，在有线或无线数据传输方式下，能够实时采集、存储、分析、管理监测数据，并能够进行二次开发应用。同时，它能及时将监测数据与预警信息反馈给用户，并提供相应的监测报告和解决方案，以满足用户对监测结构的维护运营需求。关于云平台的使用用户可以选择本地化部署、非本地化部署（仅提供网址、账号和密码）、监测数据兼容接入客户平台等多种模式，如图 6-2-1 所示。

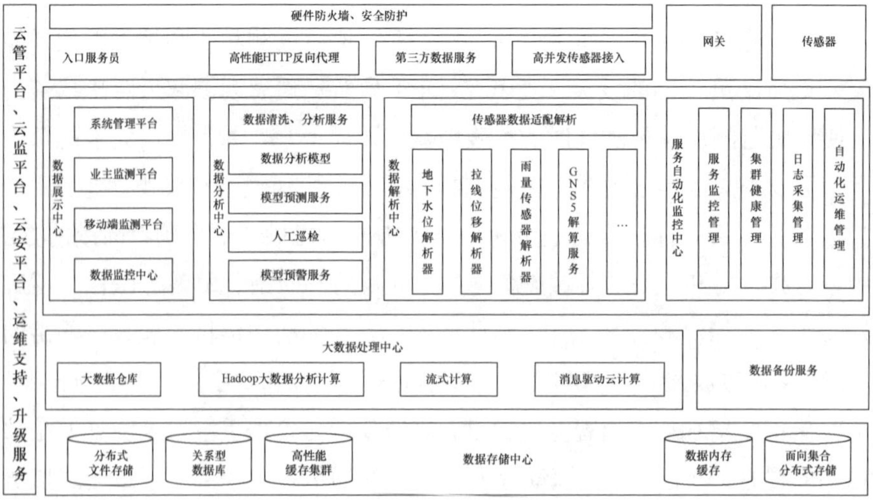

图 6-2-1　平台框架示意图

山区公路自然灾害监测防治智慧决策平台的建设是一项巨大的工程，为每个结构物专门配置了相应的监测子系统。从这些子系统中收集的信息将汇总至中央数据库进行整理和归纳，并通过大数据技术进行综合评估。同时将其运营状况和整体的交通负载趋势发送至相关部门，由相关领导监管，为养护计划、资金统筹、调度协作提供技术支持。

山区公路自然灾害监测防治智慧决策平台的逻辑框架主要包括基础设施层、数据资源层、应用支撑层、用户层、决策层，如图 6-2-2 所示。

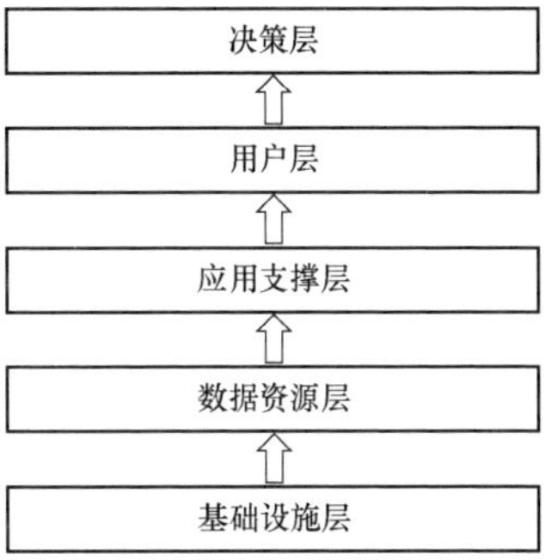

图 6-2-2　逻辑框架示意图

基础设施层：该层是实现监测通信网络和硬件设备集成接入的基础，包括传感器系列、数据传输设备、数据采集设备和终端硬件设施。它支持各个系统与数据采集系统之间、管理部门和监控中心之间的数据通信。

数据资源层：该层包括交通基础设施各类监测数据库和存储终端云计算数据的存储中心。这里存储了海量的监测数据，为应用支撑层和决策层提供了基础数据。

应用支撑层：该层承上启下，在用户层和数据资源层之间发挥关键作用。它提供信息共享、业务协同工作和应用系统通用功能的技术支持，是构建平台核心应用系统的基础。

用户层：用户层包括现场管理单位和三级管理部门。不同的用户平台会分配不同的权限，用户可以通过以太网登陆平台，查询权限内的路网和结构安全运营信息。

决策层：决策层利用专家团队和专业技术支撑平台的海量数据，进行数据分析并做出重要决策。这些决策包括应急处置方案、结构养护管理规定和经费调拨，以及突发事故时区域内交通资源的科学调配等。

传感器系统：传感器系统包括各种监测传感器设备，例如 GNSS 接收机及天线、固定式测斜仪、雨量计、裂缝计和数据采集模块。这些传感器用于采集边坡工程的地表形变、降雨量、地下水位、深层位移、锚索应力、变桩顶水平位移变化等原始数据，如表 6-2-1 所示。

表 6-2-1 主要传感器性能指标

序号	监测设备	主要技术指标	备注
1	GNSS 接收机	（1）具有同时跟踪三星多频（BDS、GPS，GLONASS）系统的能力。 （2）高静态测量精度： 水平≤2.5 mm±1×10^{-6}；垂直≤5 mm±1×10^{-6}。 （3）BDS 标准单点定位精度： 平面 3.0 m；高程 5.0 m（1σ，PDOP≤3）。 （4）支持单 BDS、单 GLONASS 数据采集和定位模式。 （5）支持 BDS/GPS/GLONASS 多模数据采集和定位模式。 （6）原始数据观测数据输出不低于 1 Hz。	
2	雨量计	（1）降雨强度：0～9 mm/min。 （2）一次性降雨≤10 mm，误差≤±0.2 mm；一次性降雨＞10 mm，误差≤±2%。	
3	固定式测斜仪	（1）量程：±30°。 （2）精度：±5.0 mm/30 m。	
4	孔隙水压计	（1）量程：0.6～1 MPa。 （2）精度：1 kPa。 （3）分辨率：0.01 kPa。	

数据传输系统：数据传输系统研发了 5G 传输系统，起初采用了 4G 无线传输方式。主要设备是数据传输模块 DTU，DTU 兼容全网通/5G/4G/3G/2.5G，支持 RS232、RS485 通信等，功耗极低，具备一体化终端数据透传功能，支持多种上下触发模式、短信备份和多数据中心同步传输，同时支持远程管理，效率非常高。对于现场无 4G 信号的情况，可以使用 LoRa 或 NB-IoT 进行现场无线组网，保证监测数据的传输。

数据处理与控制系统：数据处理与控制系统是一个关键环节，用于对从数据采集和传输系统中收集的大量原始数据进行进一步的处理和分析。通过数据处理与控制系统，实现对数据的查询、存储和可视化等结构化处理。此外，该系统还负责控制安装在结构上的数据采集设备，并通过数据库操作进行数据提取和处理，是对原始数据进行处理和分析的关键部分。

安全评价与预警系统：安全评价与预警系统的主要功能是通过对采集的数据进行实时监测和分析，并根据数据判断出变化趋势。在突发情况下，该系统能够提前判断结构的各种状况，并在位移等达到限值时发出预警信息。

客户端系统：客户端系统主要是 App 和 PC 端，可以进行项目信息查看、数据以曲线或者图表的形式查看、预警信息查看、报表查看等。

（1）山区公路自然灾害监测防治智慧决策平台登录

根据指定的用户名和密码进入系统查看结构物状态。

（2）导航界面

平台主页提供了 GIS 地图功能，可以快速查询监测体的数量、位置和安全状态等信息，并使用不同颜色级别进行区分展示。同时，平台还提供了数据中心展示界面和结构列表统计界面，用于展示数据的集中管理和统计分析。如果当前某个结构物存在预警，系统主界面的右上角会显示一个警告按键，用户可以点击此按键对预警信息进行查看。结构物列表首页界面如图 6-2-3 所示。

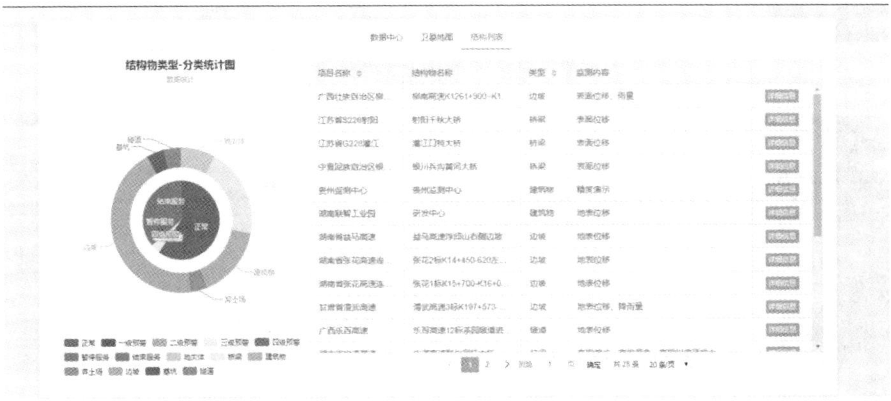

图 6-2-3　结构列表首页界面示意图

（3）拓扑界面

平台为用户提供了监测结构的拓扑图展示、三维模型展示、现场影像展示、测点布置情况以及安全状态等信息。主要呈现了结构物目前的所有监测指标，其中热点图根据采样密度实时显示了各个监测指标的数据和警报状态，可以精确确定当前传感器的健康状况。当鼠标点击某传感器时，可以展示出当前一周内的监测数据。热点图中传感器比较多时，用户可以根据图例类型进行显示/隐藏相应的传感器，只查看当前比较关心的传感器健康状态，如图 6-2-4 所示。

（4）数据展示界面

平台提供了各种监测数据的曲线图和表格展示功能，同时还具备数据下载和导出功能，以满足用户多样化的需求，如图 6-2-5 所示。

（5）简报管理界面

报表管理下设日常报表、分析报告、预警报告子菜单（图 6-2-6），用户可根据需要自行查看并导出。

图 6-2-4　拓扑界面示意图

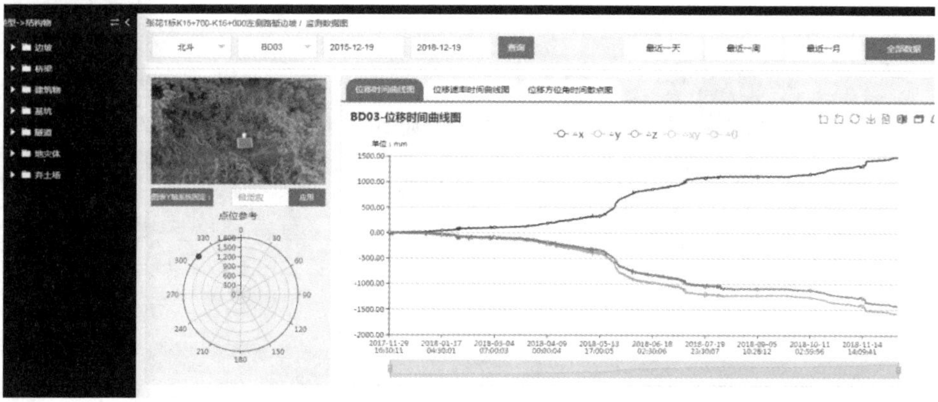

图 6-2-5　云平台监测数据界面示意图

图 6-2-6　报表管理界面示意图

（6）数据分析界面

“数据分析”模块提供监测参数数据的对比在线分析。数据分析界面如图 6-2-7 所示。

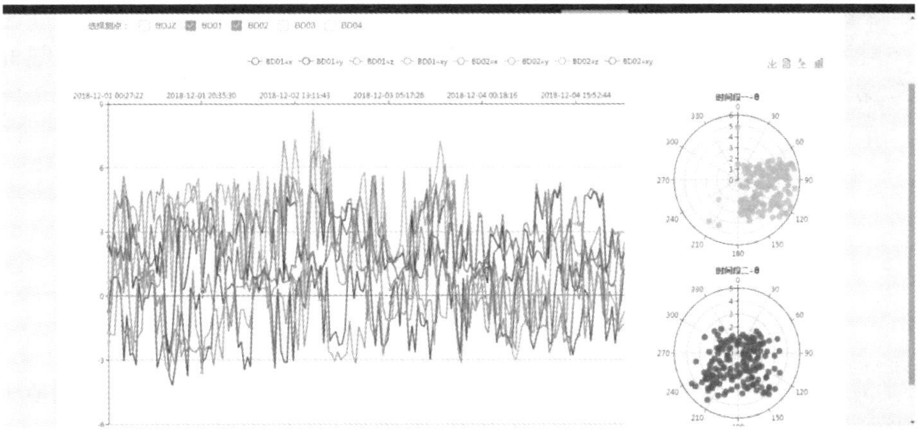

图 6-2-7 云平台监测数据对比分析界面

（7）系统预警功能

实现了对结构异常信息的 24 小时不间断监控，并制定了 4 级预警阈值，可以将结构在不同工况、环境状况下的响应情况及时向相关部门汇报。

预警阈值的设定是根据结构的模型分析及监测的历史经验配置的。阈值的设定需要基于大量监测数据的分析，联合体建立的云平台中积累的不同结构的监测数据，为阈值的设定提供了参考依据。预警管理界面如图 6-2-8 所示。

图 6-2-8 预警管理界面图

（8）人工巡检功能

人工巡检功能包含巡检日志及巡检计划，可以切实保障监测系统正常运行，做到对项目现场情况了如指掌。

（9）手机 App 界面

手机终端主要应用于山区高速公路沿线地灾的安全监测，业主可通过北斗+安全手机终端实时了解现场监测数据情况。

第三节　监测点位设计、监测数据分析与预警

一、边坡监测点位布设

边坡监测点位布设主要根据现场实际情况及相关规范要求进行，布设原则如下：

（1）地表水平位移及沉降监测：监测点按边坡变形主断面布设在地表开阔无遮挡处，周边无信号遮挡与干扰，按照规范要求间距进行布置。

（2）深部位移监测：监测点按照边坡变形主断面布设，在边坡上钻孔，按照合理的间距埋设测斜仪。

（3）地下水位监测：根据项目工程地质及水文条件，在边坡上按照一定间距合理布设水位监测钻孔，监测周边液位埋藏深度。该监测点可与深部位移监测钻孔共用。

（4）降雨量监测：原则上每个边坡所处区域需要布设 1 套降雨量监测站，如果边坡所处地相隔较近、气候相似，可以共用 1 套降雨量监测站的数据进行分析。

二、监测数据分析

联合体安全监测预警系统真实、稳定、准确、及时地反馈监测数据和预警信息，并提供数据的专业分析服务和监测体的安全状态分析服务。

针对监测数据的专业分析，联合体可提供多种类型的监测简报供管理人员下载：根据监测数据自动生成的监测报表类型有日报表、周报表、月报表、年报表；根据监测数据结合联合体专家团队意见出具结构物分析报告，分析报告的内容主要包括阶段性监测数据分析、结构物安全评价等；根据预警信息提供

预警分析报告。

三、监测数据预警

（一）预警阈值确定原则

预警阈值的确定是一个严谨、严肃的过程，需要考虑不同结构和测试部位的特点。以下是确定预警阈值大小的几种途径：

（1）设计院提供数据。即在设计图纸制作过程中，已对各项监测指标给出了合理的限制数值。因此，这些数据便成为确定预警标准的首要参考依据。

（2）理论计算。例如在结构工程中，我们可以将设计荷载所引起的结构响应作为预警阈值的一个标准。然而，这要求我们能够准确地建立有限元模型并对荷载进行准确估计。此外，施工监控和试验所得到的信息也非常重要。这些信息能够反映结构的原始健康状况，并具有重要意义。

（3）实际检验，通过相关法规和现有的人工检测数据和报告获得初始的警示数值。设备安装后，系统运行期间，通过积累后续三个月或半年的监测数据，建立基础预警存储库，并对这些数据展开分析，以调整最初的预警数值，使之更接近于结构的真实情况。

（二）预警分级

预警层次的确认是基于现场监测数据信息，通过核对、综合分析和专家咨询等方法来评估工程风险的大小，进而确定相应的预警层次，并对关键参数进行实时预警。

《中华人民共和国突发事件应对法》中明确规定，可以预警的自然灾害、事故灾难和公共卫生事件的预警级别，按照突发事件的紧急程度、发展势态和可能造成的危害程度分为一级、二级、三级和四级，分别用红色、橙色、黄色和蓝色标示。预警级别参考此法，具体见表 6-3-1。

表 6-3-1 预警机制

变形阶段	等速变形阶段	初加速阶段	中加速阶段	加加速（临滑）阶段
预警级别	注意级	警示级	警戒级	警报级
警报形式	蓝色	黄色	橙色	红色

根据不同的预警情况，采用相应的预警机制。安全系统会对结构物进行实时自动监测，根据监测历史数据，利用统计方法和时间顺序方法等手段对监测数据进行实时预处理和分析。如果安全预警指标明显异常变化，立即发出预警信号（如光、声、短信），以避免事故发生。如果安全预警指标变化不太明显，将触发综合评估系统或专项评估系统进行分析评估，并根据评估结果采取相应的措施。这样能够有效地提前识别潜在风险，并及时采取适当措施保障结构物的安全。

（三）预警信息发布

实现预警的方法：监测预警是基于对设定的预警阈值与监测数据的变化之间进行对比得出的。一旦监测单位发现预警信号，将根据预警产生的级别，在规定时间内通过书面文件、电话、邮件、短信等多种方式向各级管理人员或相关单位发送预警通知。

预警通知的发布应当采用快捷有效的方式，例如电话、短信、电子邮件等，发布单位明确发布预警的具体工程部位、初步原因分析、现场风险状况、处置建议、可能诱发的风险事件等，并附相关工程部位的现场照片。

预警上报时间：蓝色预警在 2 小时内反馈，24 小时内提交电子版和纸质版预警工作联系单；黄色预警在 1 小时内通报，12 小时内递交电子版和纸质版的预警工作联系单；橙色预警立即报告，4 小时内呈交电子版和纸质版的预警工作联系单；红色预警立即汇报，2 小时内送达电子版和纸质版的预警工作联系单。

（1）信息反馈

在监测过程中，实时对监测结果进行整理，及时向相关单位通报监测结果，将监测数据通过网络、邮件及其他有效方式推送到相关单位。

根据相关技术规范和方案进行监测工作，每月提交月度监测报告，每年提交年度监测报告，全部监测工作完成后 3 个月内提交项目总结报告。

当边坡工程监测数据达到预警状态时，30 分钟内电话通知相关责任人，2 小时内出具监测预警报告，并提出相应的处理措施和建议。

日常监测报告与预警报告电子版同时以电子邮件的形式发送建设、监理、施工等相关责任人，纸质版报告签字盖章后邮寄给相关责任人。

（2）安全监测数据和预警分析

联合体安全监测预警系统真实、稳定、准确、及时地反馈监测数据和预警信息，并提供数据的专业分析服务和监测体的安全状态分析服务（图 6-3-1）。

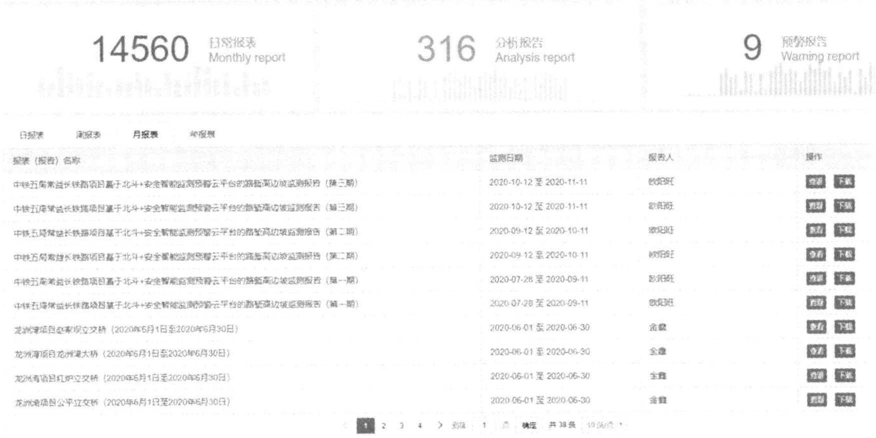

图 6-3-1　安全监测系统预警分析报告模块示意图

（3）安全监测应急处置技术

为确保监测项目中能做到在各种紧急情况下迅速、高效、有序地进行应急处理工作，把事故危害降到最低程度，在做好结构现场风险评价的同时，还需要强化项目应急管理，最大限度地保证有充足的人力、物力、技术来应付各种危险事件的发生。

在监测项目实施过程中，联合体可提供一支由工程、软件、机电专业技术人员和专家组成的应急服务小组，为监测项目提供应急预案和应急处置分析、建议等服务。

结合联合体多年的工程技术服务经验和技术团队，针对每个监测项目，联合体应急服务小组会根据结构特征和安全隐患特点，编制相关监测应急预案，为管理方提供多种应急选择。

当监测结构出现高级别预警时（橙色和红色报警），联合体可针对预警事件向管理方提供专业的应急处置建议，协助管理方人员启动应急抢险工作。

当监测结构出现复杂的重大安全风险时，联合体可立即启动专家应急服务，组织技术专家赶赴项目现场分析监测体风险来源，提供处置措施、养护加固建议等。

（4）安全监测系统培训

联合体可提供安全监测技术和系统操作使用等方面的培训服务。

在安全监测技术方面，可提供各类设施安全监测方法（结构勘察、监测参数、测点布置）和监测设备仪器工作原理等培训。

在安全监测系统方面，监测系统建设完成并完成组网调试后，联合体可向业主方管理和使用人员提供系统操作使用培训服务。培训服务模式可采用现场面授培训和远程网络/电话培训。

现场面授培训由业主指定场所，联合体派专人以 PPT、实操等方式开展授课培训。

远程网络/电话培训是指联合体收到业主的通知后，通过网络视频、手机电话等对系统某一方面的具体操作问题开展一对一的培训，确保业主方相关人员无障碍使用监测系统。

（5）安全监测系统运维

针对已实施的安全监测项目，联合体可提供软件平台和硬件设备的运维技术服务。

四、优势特点

联合体自主研发的 GNSS 高精度定位解算算法软件，兼容北斗/GPS/GLONASS 三系统联合数据处理，实现了毫米级高精度定位，并可解算目前国内各主流厂商的各类型 GNSS 接收机数据。

（1）接入现场的终端传感器及设备为整个平台提供基础数据，基于以太网、工业总线等通信协议，以太网、光纤等通用协议，3G/4G、NB-IOT 等无线协议将现场设备接入到平台接入层。北斗＋安全智能监测预警云平台支持 10 万个 TCP 终端并发接入。

（2）山区公路自然灾害监测防治智慧决策平台运用大量数学公式算法以及工业模型对传感器数据进行实时滤波、建模及筛选，提取系统有效数据。针对不同结构物建立异常预警数据模型，大量数据分析结果自动匹配预警模型，在线确认并同步通过 SMS、E-mail、电话、LED 等通知业主单位通报结构物异常行为，并提供自动生成各类报表的功能。

（3）以北斗高精度定位技术和精密传感技术为支撑，为监测结构提供高精度的在线监测，监测数据真实可靠地反映监测体的状态信息。

（4）以云物联和多源数据融合技术支持“海量”项目同时在线监测，为用户提供低成本在线监测服务选择，满足用户区域级大规模使用需求。

（5）以现代数字通信技术为支撑，平台不受天气、自然环境、人为因素等影响，为用户提供全天候、全自动的结构安全监测，确保在各类环境下，用户能 7×24 小时远程、安全、及时、有效地掌握监测结构的状态信息。

（6）结合联合体深厚的工程技术经验和云计算、大数据技术，实现多领域、多范围、多功能的基础设施安全监测，可在交通、水利、市政、建筑、矿山、地灾等多个领域提供广泛的专业在线监测，平台功能强大、安全可靠、监测信息丰富，并可根据用户和项目需求进行深度的定制开发。

第七章
区块链与交通基础设施质量检测融合应用

本章为区块链与交通基础设施质量检测融合应用，阐述了交通基础设施建设过程中出现的一系列问题以及区块链技术对建设项目质量检测技术发展的重要性，介绍了交通基础设施建设检测技术的发展现状、关键技术实施和故障处理相关的内容。

第一节　概　述

交通基础设施建设工程质量问题贯穿于建设项目的整个生命周期，任一环节出问题，都会影响工程质量，甚至酿成严重的工程事故。工程质量管理中常出现的问题包括：工程质量事前预防不严谨、事中控制不到位、事后追责不精准等。因此，需要构建质量管理及追溯系统以实现全过程的质量控制、问题追溯并精确问责。

试验检测数据的准确性、真实性、安全性、可追溯性是保障交通基础设施建设质量的关键要素。当前，传统的粗放式试验检测数据管理模式，面临数据管理混乱的痛点问题，具体表现在：

（1）试验检测数据的规范采集与科学管控问题。检测流程的标准化、检测程序的规范化、检测数据的科学管控等水平亟待提升，如：施工单位抽取的样品不具有代表性、监理对抽取的样品监督不严、样品送检的时效性不足、检测数据闲置等问题。

（2）试验检测数据的公信力问题。在产品抽检环节中，存在检测机构技术手段不足、公信力遭受质疑等问题。

（3）试验检测数据的可溯源问题。质量控制全过程数据不能可证可溯，各参建单位推诿扯皮等现象时有发生。

区块链技术，以其去中心化、不可篡改、全程留痕、可追溯、公开透明等特征，为解决交通基础设施试验检测数据管理混乱的痛点问题，提供了技术手段。目前，区块链的重要性和对交通基建行业的应用价值已经成为广泛共识：《交通强国建设纲要》明确提出要“大力发展智慧交通，推动大数据、互联网、区块链、超级计算等新技术与交通行业深度融合”。国家《交通领域科技创新中长期发展规划纲要（2021—2035 年）》，明确提出了“推动基于区块链技术的交通基础设施全寿命周期质量管控体系及平台设计”的要求。

因此，融合区块链技术与建设质量检测技术，构建以试验检测数据为核心的交通基础设施建设质量管控体系，实现工程管理及试验检测全流程的数据信息数字化、采样抽样自动化、检测程序规范化、操作流程痕迹化、源头追溯便捷化、行业监管智能化，已经成为交通基础设施建设质量检测行业的必然要求和发展趋势。

研发基于区块链技术的试验检测一体化解决方案，构建以试验检测数据为核心的交通基础设施建设质量管控体系，关键在于交通基础设施建设质量检测技术手段的发展，以及区块链技术与交通基础设施建设质量检测应用场景的深度融合。

就交通基础设施建设质量检测技术手段而言，随着智能传感器、高端检测仪器设备、物联网、5G、智能诊断预测等技术的引入，我国正由过去的人工检测走向参数仪器自动化检测，并正在向着智能化、集成化、网络化的方向发展。其中，河南交院工程技术集团有限公司在交通基础设施建设质量检测技术研发方面，走在国内前列：（1）在河南省交通运输科技计划重点项目“超大力值多功能力学试验系统”的支持下，成功研发了国内外最大缸径试验机用作动器，填补了我国实验检测机构无超大力值试验机的空白，解决了我国大吨位桥梁支座、建筑减隔震支座以及高强构件等工程结构和材料试验不能满足大力值足尺检测的技术难题。2022 年“超大力值多功能力学试验系统关键技术研究与装备研发”科技成果评价会，认定其“项目技术复杂、研制难度大、创新性强，整体达到国际先进水平，其中单作动器超大力值大位移精准加载控制技术达到国际领先水平”。（2）在河南省交通运输科技计划“基于 5G 及卫星物联网的山区高速公路典型自然灾害监测关键技术研究”的支持下，该企业正在以数字化、网络化、智能化为主线，融入智能传感器、物联网、5G、智能预测等技术，研发涵盖“感知层—传输层—处理层—应用层”的地质灾害监测—预警—防治技术与软件平台，建立高效科学的高速公路自然灾害防治体系。

就区块链技术在交通基础设施建设质量检测领域的应用而言，尚处于起步阶段。2019 年 1 月 10 日，国家互联网信息办公室发布《区块链信息服务管理规定》，“区块链”已走进大众视野，成为社会的关注焦点，但目前应用场景主要局限于商品物流溯源、物流供应链金融等少数领域。为加快交通运输领域区块链技术研发与应用，中国公路学会牵头编写了国内首部《交通运输区块链白皮书 2020》，就区块链在交通运输领域的典型应用场景，提出了技术解决方案，包括区块链＋公路自由流收费、区块链＋物流供应链金融、区块链＋交通综合行政执法、区块链＋信用交通、区块链＋物流追溯、区块链＋智慧交通施工等。2020 年，甘肃省交通科学研究院集团有限公司在交通强国甘肃省试点项目“基于区块链的交通产品质量控制应用研究”的支持下，建立了基于区块链应用需求的交通产品质量数据可追溯性试验检测应用场景。2022 年，湖北交投智能检测股份有限公司自主研发了“公路水运试验检测信息平台”，实现了公路工程原材料检测的“人—机—料—法—环”全流程数字化，提升了管理工作标准化水平和数据应用效率与水平。

区块链技术起源于比特币，其可追溯、不可篡改、公开透明等特点非常适合解决信息不对称以及信任问题，具有丰富的应用场景。

根据区块链技术的应用方向可以简单分为币圈和链圈的概念，币圈通常就是指大部分虚拟币，在大部分国家虚拟币流通以及 ICO 发币都是非法的，但从虚拟资产角度而言存在一定的收藏价值。而链圈则是指央行、金标委提出的分布式账本的范畴，目前我国绝大部分基于区块链的应用都是指的这一部分。

而谈到区块链以及加密货币自然而然绕不开 Libra，作为一个超主权货币，Libra 在货币类型上不同于价格高度波动的比特币，它由真实资产储备提供支持，与一篮子货币挂钩；在底层技术上，Libra 基于一个向公众开放的支持智能合约的联盟链；在组织结构上，Libra 是由 Facebook 领衔的协会（The Libra

Association）共同管理和发行，是一种以技术为基础的多方治理和决策新模式，Libra 在金融监管完善的国家和地区难于落地，但有可能在一些监管缺失、通货膨胀严重的地区“野蛮”生长。

按准入机制分类，区块链可以分为私有链、联盟链、公有链等，随着链的规模越大其信任程度以及处理效率也会相应降低。从技术角度来说，区块链包含了密码学技术、分布式技术（共识算法）、云计算、网络技术等多种技术手段，将会是未来数字基础设施的重要组成部分。

从业务角度来说，区块链技术可能会成为未来业务交互的标准接口，随着业务从传统架构到区块链架构的升级，将会优化交互流程、减少接口开发、保证数据真实有效、提高业务容错等。

从社会角度来说，区块链将有力推动社会治理的数字化、智能化、精细化、法治化水平，重塑社会信任体系。

第二节　现　状

目前，就交通基础设施建设检测技术而言，我国正由过去最简单的逐个读数、手工记录数据的仪表，转变为计算机快速、连续自动采集数据并进行数据处理的复杂系统，现在正在向着智能化的方向发展。

近年来，我国区块链技术快速发展，技术进步带动了贸易、溯源、存证、医疗、工业互联网等领域的创新发展。特别是 2019 年 10 月 24 日，习近平总书记在中央政治局第十八次集体学习时强调，要加快推动区块链技术和产业创新发展。各级政府为区块链技术的发展营造了良好的营商环境。2020 年，国家、各级政府发布区块链文件 217 份。截至 2019 年底，北京、上海、杭州、广州、重庆、青岛、长沙等 23 个城市（地区）组建了 30 余家区块链产业园，我国区块链技术聚集地分布在黄渤海、长三角、珠三角和湘黔渝等地，为区块链产业创新发展提供了必要支撑。

虽然现在我国交通事业取得了蓬勃发展，各地交通工程项目数量与规模都在不断增加，并在如火如荼地展开，对我国区域经济发展和现代化建设都起了极大的促进作用。但是，迄今为止，我国依旧有一些地区的交通工程管理运行机制还相对滞后，且并不完善，甚至和市场实际情况存在较大偏差，特别是很多检测技术机构自身独立性就相对较差，相关工作人员受到传统管理模式的影响，工作思维和习惯固化，服务意识和竞争意识都已经滞后于市场发展需求，更多还是死板地按照传统模式展开工作，新技术和新理念的应用相对较少。除此之外，在应用交通工程检测技术开展工作的时候，检测人员和其团队还有较大概率会受到财务、商务等因素的影响，造成检测技术应用结果的真实性和公正性难以得到有力保障，导致存在质量隐患的交通工程被交付应用，威胁人们的出行安全，致使其助推经济发展的作用难以得到充分发挥。

首先是信息化建设还相对滞后，随着社会的不断发展进步，我国交通工程也呈现出多元发展态势，工程数量和规模也在持续扩张。同时，在互联网信息时代，信息技术已经被广泛应用到了各个领域，如果在交通工程检测技术当中可以实现信息技术的有效应用，就能够实现相关信息的充分共享，帮助检测人员更加高效地完成配合，有效提升检测效果和结果准确性，而且即便检测人员不能到场，也可以通过信息技术完成实时检测，及时发现问题并给出针对性的处理意见，避免安全隐患。然而，截止到现在，我国部分地区交通工程检测技术的信息化建设还相对滞后，水平相对较低，在国内外先进检测技术的引进应用方面还比较落后。也正因为如此，检测工作人员间难以实现信息的充分共享和实时沟通交流，内部联系和配合质量也相对较低，还会给交通工程检测质量评估以及整体管理把控造成较大的消极影响。

其次是专业检测人员数量匮乏，在工作展开过程中，人员素质决定着工作质量，工程检测更是如此，只有人才素质过硬，才可以完成相应检测技术的有效应用，及时发现工程中隐藏的安全隐患，给出更为科学合理的指导，将隐患消灭于无形，确保工程被保质保量地交付。然而，现在我国交通工程检测技术团队中，专业水平较高的检测人员数量相对较少，而且缺乏正确的学习观念，很少会参与继续培训教育，因此部分检测人员不仅没有办法掌握新的检测技术，甚至出现了水平不升反降的情况。同时，在应用交通工程检测技术展开检测的时候，由于工作强度较高，并且工作内容枯燥乏味，因此很多检测人员都失去了积极性，乃至出现了应付心理，随意对待检测工作，最终造成各种不同问题的发生。除此之外，在最近几年，我国虽然加大了对交通工程检测人员的培养力度，然而培养模式依旧比较传统僵化，更多还是将重心放在了理论知识培养方面，导致所培养出的人才缺乏足够的实践经验，难以灵活应用知识与技术完成检测，甚至缺乏足够的敬业精神。

最后是检测硬件设施尚不全面，随着科学技术的不断进步，交通工程检测技术也取得了蓬勃发展，技术水平也越加先进，可以更好地找出交通工程中埋藏的质量隐患，为人们出行安全及交通工程助推经济发展贡献更大力量。然而，在这种背景下，交通工程检测技术对硬件设施的要求也越来越高，需要用到更加先进的设备，这也就要求检测部门要及时做好硬件设施的更新换代。但是，到目前为止，很多地区在进行交通工程检测技术应用的时候，所用检测硬件设施还不全面，先进性也相对较差，与技术实际需求有着一定差距，造成检测结果的准确性大幅下降，导致数据误差出现。

城市交通基础设施建设问题是一个复杂的系统问题，获得交通信息的渠道涉及社会各个层面。各类质量检测信息从采集到分析、从发布到更新由原来的交通职能部门发展到面向其他政府职能部门、机构、平台、公众等各个阶层。综合利用交通信息资源，通过多等级、多链协同的方式，充分调动多元力量参与信息采集与发布，才能实现更灵活、更及时、更有效的交通基础建设设施质量检测管理模式。

自从比特币上线以来，区块链发展越来越迅速，近几年来我国的区块链行业发展与全球基本是同步的。我国在存储技术、加密技术、共识机制和跨链技术研究上，并没有落后于世界；中国创始团队的公链建设也取得了一些优异的成绩。这些是我国区块链业界有识之士共同努力的结果。

2016 年 G20 杭州峰会发布的《二十国集团数字经济发展与合作倡议》对数字经济的定义是：以使用数字化的知识和信息为关键生产要素的有效使用是效率提升和经济结构优化的重要推动力。以区块链技术为关键技术形成的开发系统具有如下 4 点特征：

（1）开放性：系统是开放的，除了交易各方的私有信息被加密外，区块链的数据对所有人公开，任何人都可以通过公开的接口查询区块链数据和开发相关应用，因此整个系统信息高度透明。

（2）自治性：区块链采用基于协商一致的规范和协议使整个系统中的所有节点能够在去信任的环境中自由安全的交换数据，使对人的信任改成了对机器的信任，任何人为干预都不起作用。

（3）信息不可篡改：区块链技术可以通过点对点同步完成实时传输，区块链技术中传输到各区块的信息几乎不可篡改，区块链技术通过智能化合约可以自动执行对外任务。区块链数据的稳定性和可靠性极高。

（4）匿名性：由于节点之间的交换遵循固定的算法，其数据交互是不需要信任的，因此交易对手无须通过公开身份的方式让对方对自己产生信任，对信用的累积非常有帮助。

区块链技术建立了一种去中心化的、不可篡改的可信的分布式账簿，提供了一套安全稳定、透明、可审计且高效的记录交易以及数据信息存储、交互的方式。因而可以保证上传的交通质量检测信息很难被篡改，提升了信息可信度，对智能交通的质量安全应用提供了技术支撑和保障。因此，采用区块链技术来协同交通基础设施质量检测信息管理模式，放权给操作工人的同时实现兼顾信息的合理管控。对政府监管职能部门采取基于私有链的信息管理模式，即在信任度高的职能部门建立区块链，读取权限对公众有一定程度的限制。在这样的模式下，节点信任度高，链接速度快，数据不会轻易地被拥有网络连接的人获取，可以更好地保障数据隐私。

交通运输部印发《交通运输领域新型基础设施建设行动方案（2021—2025年）》。到 2025 年，打造一批交通新基建重点工程，形成一批可复制推广的应用场景，制修订一批技术标准规范，促进交通基础设施网与运输服务网、信息网、能源网融合发展，精准感知、精确分析、精细管理和精心服务能力显著增强，智能管理深度应用，一体服务广泛覆盖，交通基础设施运行效率、安全水平和服务质量有效提升。

为交通基础设施建设单位、设计单位、施工单位提供共享信息平台，对改扩建施工进行动态监管，保证施工工序按顺序完成并监督施工质量，实现人员管理和责任可追溯。区块链是分布式数据存储、点对点传输、共识机制、加密算法等计算机技术的新型应用模式。区块链本质上是一个去中心化的数据库，同时作为底层技术，是一串使用密码学方法相关联产生的数据块，每一个数据块中包含了一批次数据交换的信息，用于验证其信息的有效性（防伪）和生成下一个区块。利用区块链技术的信息不可伪造和篡改特性，实现对人、机、料、法、环、测产生的委托、样品、任务、记录、报告、设备、人员档案、规程文件、体系文件等更安全的保存与传输，充分避免数据篡改风险。区块链技术已经应用在人们生活的方方面面，例如智能交通、智慧消防、智慧旅游、智慧体育、智慧社区、智慧医疗、智慧校园等。但是区块链技术在交通基础设施建设质量检测方面几乎还处于起步状态。

综上所述，区块链技术优势及其在交通基础设施质量检测领域的应用前景，已经成为行业共识，然而尚处于探索阶段，尚无成熟解决方案和商用软件产品。因此，亟须进一步深入开展区块链技术与交通基础设施建设质量检测融合应用研究，开发基于区块链的交通基础设施建设质量智能管控平台，开展应用验证与推广。

第三节　关键技术研发实施

工程项目质量管理区块链平台模型如图 7-3-1 所示。为保证信息安全要求各节点通过 P2P 网络上传验证自身信息，以此获得身份标识 IP 及密钥。不同节点分别提供对应的信息，如施工信息、资产更新信息、设备物资运输信息以及质量核对信息等。工程项目质量管理区块链平台架构如图 7-3-2 所示。

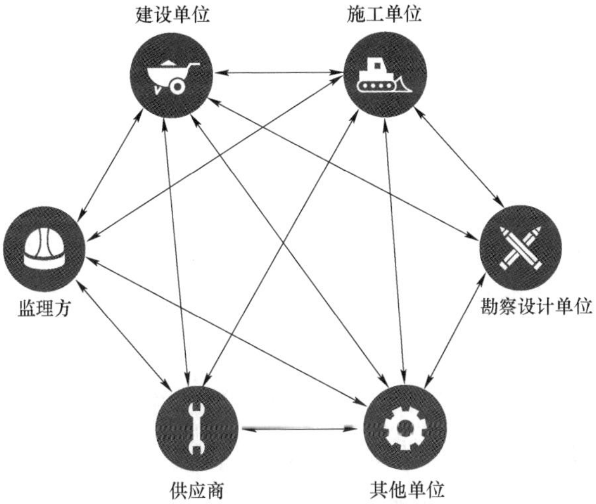

图 7-3-1　工程项目质量管理区块链平台模型

数据层：数据层是构成数据区块的基础，主要包括审批项目的表单数据、施工阶段的工程数据、交易时间的材料数据以及检测项目的质检数据。区块链中的数据主要来自各节点上传的自身数据以及节点之间交易产生的数据。例如，建设单位上传需审批的表单数据，勘察设计单位上传施工阶段的工程数据，

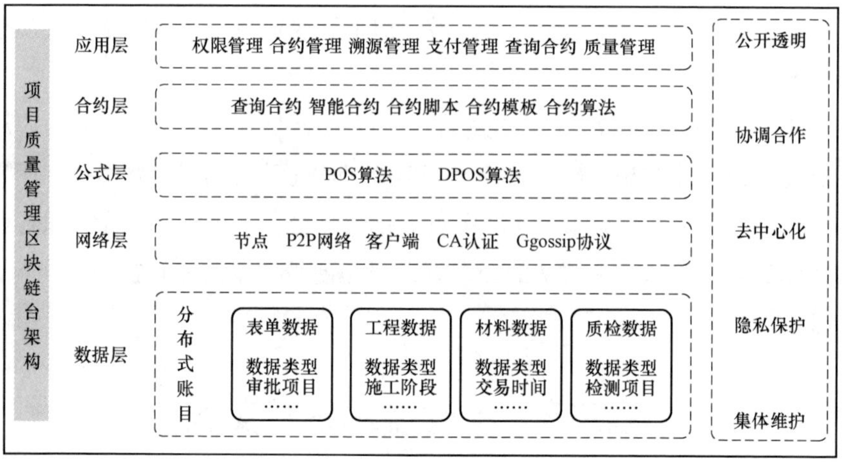

图 7-3-2 工程项目质量管理区块链平台架构

施工方上传材料数据即其交易时间，监理单位上传检测项目的质检数据。

网络层：网络层主要由节点、P2P 网络、客户端等组成。基于 Ggossip 协议，采用 P2P 网络分布式应用架构，将客户端数据广播并实时监控。

共识层：共识层主要基于 POS 和 DPOS 算法，作为区块链的重要组成部分，使所有的诚实节点保存一致的区块链视图。共识机制可确保系统中的每一个节点都会自发、诚实地遵守协议中预先设定的规则，判断每一笔记录的真实性，最终将判断为真的记录记入区块链之中。代表性协议包括工作量证明共识（Proof of Work，POW）、权益证明共识（Proof of Stake，POS）及混合共识等。

合约层：合约层主要包括查询合约、智能合约、合约脚本、合约模板以及合约算法。其中智能合约即为具有自主性执行功能的合约，在满足合约规定之下由交易双方确认后即可自动执行协议。

应用层：应用层是工程项目质量管理应用场景的实现，主要包括权限管理、支付管理、查询管理等。基于应用层的质量管理平台可高效地解决多方面信息问题。

研究检测试验设备、现场施工设备等多源异构数据的物联技术，可以实现交通基础设施试验检测过程中的数据实时传输、检测轨迹的实时采集、检测过程影像实时记录等，为工程质量检测提供精确、全面、实时的数据支撑。

一、数据采集

交通基础设施试验检测数据采集，主要包括现场检测设备数据采集、室内检测设备数据采集以及试验检测轨迹采集。采集数据以文件格式传输到开发的交通基础设施建设质量智能管控平台，如图 7-3-3 所示。

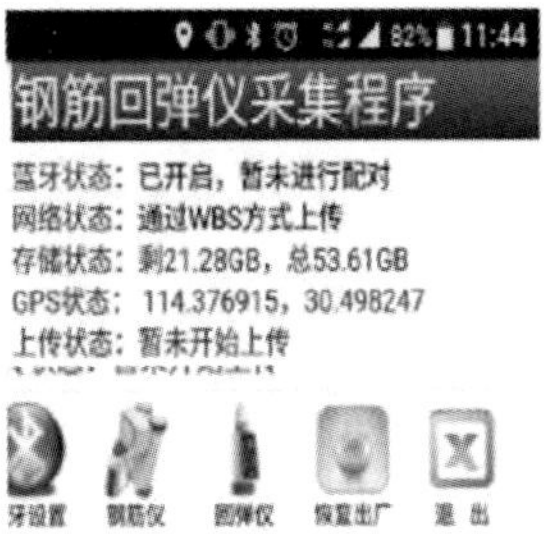

[混凝土强度检测数据明细]

序号	弹击角度	测试面	碳化深度(mm)	测区	原始回弹值
1	0	底面	2.00	1	42, 42, 41, 47, 44, 42, 48, 42, 52, 44, 50, 42, 44, 44, 42,
2	0	底面	2.00	2	37, 40, 30, 44, 40, 42, 40, 40, 38, 40, 40, 38, 38, 41, 40,
3	0	底面	2.00	3	40, 41, 40, 42, 40, 40, 40, 38, 39, 40, 38, 40, 40, 40, 40,
4	0	底面	2.00	4	44, 42, 44, 40, 44, 44, 42, 43, 44, 42, 44, 45, 40, 44, 44,
5	0	底面	2.00	5	35, 34, 34, 36, 35, 34, 34, 37, 34, 32, 36, 38, 32, 38, 32,
6	0	底面	2.00	6	42, 42, 44, 41, 42, 44, 44, 41, 42, 46, 44, 43, 44, 41, 43,
7	0	底面	2.00	7	42, 44, 40, 42, 40, 43, 41, 41, 42, 44, 44, 43, 43, 40, 44,
8	0	底面	2.00	8	40, 42, 42, 42, 38, 42, 42, 42, 42, 42, 42, 42, 42, 42, 42,
9	0	底面	2.00	9	42, 46, 42, 40, 44, 43, 44, 42, 40, 38, 40, 42, 40, 42, 42,
10	0	底面	2.00	10	40, 44, 45, 44, 42, 42, 42, 43, 42, 39, 41, 42, 40, 42, 42,

图 7-3-3　试验检测设备的数据采集

现场检测设备主要包含桩基完成性检测用低应变基桩动测仪、非金属超声波检测仪、混凝土强度检测用混凝土回弹仪、构件钢筋保护层厚度检测用钢筋保护层检测仪、桥梁检测用桥梁检测车、动静载测试系统、无线索力测试系统、基桩承载力（自平衡）测试系统等。

通过 5G 通信技术，将现场检测数据、检测轨迹图以及佐证资料等上传至服务器中，供交通基础设施建设质量智能管控平台调用，现场检测数据采集及传输如图 7-3-4 所示。

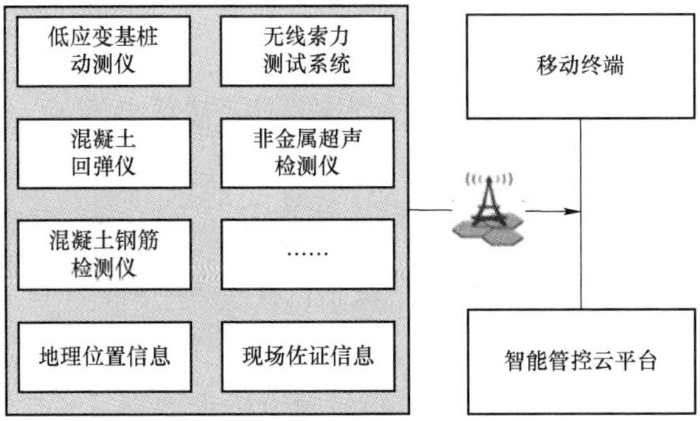

图 7-3-4　现场检测设备的数据采集

室内检测设备主要包含材料力学性能试验用压力机、万能试验机及抗压抗折一体机等。试验任务开始后，试验机接收指令并对数据进行采集，每收集到一个试样的数据后便封包，经由数据中心服务器发送至交通基础设施建设质量智能管控平台。同时会对试验过程进行全程视频记录，并将每组实验视频储存在数据中心服务器的硬盘中。室内检测数据采集如图 7-3-5 所示。采集设备部署后，可以实时捕捉试验过程佐证资料，精确记录试验原始数据、应力曲线图及电子版试验报告等。

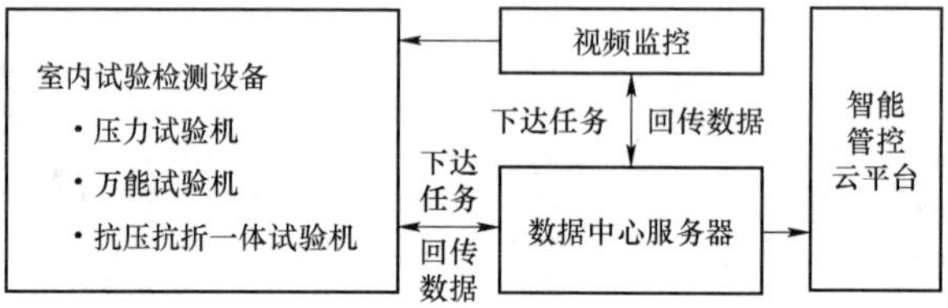

图 7-3-5　室内检测设备的数据采集

为了实时记录受委托检测单位的检测轨迹，利用 GPS/BDS 的定位功能与电子地图相结合的方式，每次检测设备推送检测数据的同时，将检测地点的地理位置打包上传至智能管控平台。检测单位可实时标注检测点位置，整理形成工作轨迹图，方便实时掌握检测单位人员动态，确保监督抽检任务可以按实际计划方案实施。

研究物联网技术在加强质量检测程序监督方面的应用，利用物联网技术使工程质量检测过程的监督检测和监督抽测得到强化，通过质量检测结构和标准结果相比较，对不规范检测过程和不达标产品进行整改。研究基于物联网技术的工程质量安全管理的长效机制，对工程质量检测信息进行共享，进行多方位质量监督。

基于施工场所在不同工况下的物理因素和环境因素差异，使用有线网络维护与使用成本高，无线网络又难以达到全程覆盖，因此可以利用 5G 的低时延、大带宽、广覆盖的特征，研究毫秒级的信息高效传输技术，提高工程质量检测信息传输的实时性。研究数据预处理技术，解决多源数据的去噪，有效提高数据质量。研制 5G 数据综合采集仪（RTU），实现多种类、多型号的检测仪器快速接入和信息传输，为交通基础设施建设质量检测系统构建信息高效传输通道。

区块链以其可信任性、安全性和不可篡改性，让更多数据被解放出来，推进数据的海量增长。区块链的可追溯特性使数据从采集、交易、流通，以及计算分析的每一步记录都可以留存在区块链上，使数据的质量获得前所未有的强信任保证，也保证了数据分析结果的正确性和数据挖掘的效果。区块链能够进一步规范数据的使用，精细化授权范围。脱敏后的数据交易流通，则有利于突破信息孤岛，建立数据横向流通机制，并基于区块链的价值转移网络，逐步推动形成基于全球化的数据交易场景。

为实现基于区块链技术的交通基础设施建设质量检测网络化、绿色化、透明和可溯源性，满足质量检测的高精度需求，检测数据安全性及溯源研发内容如下。

（1）属性私钥分发安全

属性私钥分发协议在安全上结合了数字证书和 ECDH 算法的优点，AAS 对属性私钥申请者的身份验证，保障了申请者的身份验证安全。申请者向 AAS 发送数字证书，AAS 在收到请求信息后，利用 CA 的公钥验证接收的数字证书，只有验证通过后才能进入下一步。双方通过密钥协商过程产生最终的会话密钥，是由双方的共同计算所决定的，而不是某一方事先单独预定的某个值，这样能确保攻击者无法解密窃取会话数据，保障了私钥分发过程的安全。

（2）数据隐私保证研发

业务数据采用随机的对称加密算法进行加密后存储在云存储环境中，而对称加密的随机密钥被 CP-ABE 算法加密后作为元数据的一部分存储在链上。二者结合起来，既可以保证云存储的业务数据安全，又可以实现对随机密钥细粒度的灵活访问控制。元数据被公开存储在链上，但是元数据中的内容均是经过密码学计算后的结果。因此，攻击者即使能获取元数据内容，但不满足访问控制策略也无法解密其中的数据。遵循访问控制协议使数据的控制权完全交给 DO，只有满足权限中设置的访问策略的用户才能获取真实的工程采样和质检数据，因此访问控制协议充分保障了数据的隐私。

（3）数据防篡改

利用区块链式数据结构特点防止区块数据被篡改。区块链中每一个区块包含前一个区块的哈希和时间戳，且所有交易通过默克尔树哈希生成默克尔根，这样的设计使得区块内容具有难以篡改的特性。此外，对于采用 PBFT 共识机制的联盟链而言，如果作恶节点数量为 f，攻击者要篡改链上数据而要达到所有节点账本状态一致，收集到验证通过的消息至少达到 $2f+1$ 才能篡改成功，而在一个较大的区块链网络中，这一点很难实现。此外，对于云存储中的工程业务数据，可以通过支持数据认证来鉴别数据是否被篡改过。云存储数据认证包括数据源认证和数据完整性认证。在数据防篡改验证时，先验证数据的哈希值是否一致；如果不一致，再验证数字签名。通过数据认证可以保证云存储数据的篡改和伪造都能被识别出来，保证数据的完整性和数据源的真实性。

二、区块链技术

区块链是一个技术栈，它集结了分布式系统、共识算法、密码学、网络等众多技术的创新之处。首先从整体上来说，区块链是一个分布式的需要所有人维护的链式时序数据库，随着时间的推移，该数据库数据存储量不断递增；而它不同于中心化架构，主要基于对等网络通信，通过全网络节点共识实现分布式数据的统一。为了有效地对该架构进行改进，人们将区块链自下而上分为存储层、数据层、网络层、共识层、RPC 层以及应用层 6 层数据结构。存储层用来存储区块链上的数据，对于这种写操作大于读操作的结构，一般采用 levelDB 这样的键值数据库进行存储；数据层主要包含区块链基本的数据结构，区块内部使用默克尔树形结构来确保交易的不可篡改，区块之间使用记载前一区块哈希值的方式确保后一区块的唯一性；而网络层主要包括对等网络和一系列安全机制；共识层为区块链的核心，封装多种共识算法的奖惩机制；RPC 层主要介于应用层与区块链底层之间，通过一系列应用明确服务端以及客户端，使应用层更加方便的调用数据；应用层主要对区块链的应用场景进行时间案例的搭建，可通过搭建应用以及部署智能合约来实现。

（1）共识算法：区块链是一个分布式的去中心化系统，共识算法即分布式算法，其中每个节点均须维护所有的账本数据，由于各节点产生数据的多样性以及数据获取来源的不同，所以节点异常或者网络拥塞会带来一些数据问题。因此，如何在不可信网络中维护数据的全网络统一是共识层较为重要的问题。基于状态机复制理论一般是用来解决分布式系统容错的常用理论，基本思想为：任意计算可表示为状态机的状态改变，通过接收消息来更改其状态；初始一组副本以相同初始状态开始，对一组消息达成共识，进行独立的演化，维持副本的一致性。分布式系统的一致性以及容错性由共识算法来确保，不同系统对于共识算法的需求也不同。区块链网络的共识算法从基础协议方面来说，主要包括 POX、拜占庭容错以及故障容错这三类基础协议。POX 类协议是基于奖惩机制的驱动式共识协议，代表协议有工作量证明机制、股权证明机制。POX类协议主要是为了解决系统中节点由于物理原因导致的崩溃故障，主要是通过身份证明来规避节点作恶。BFT 协议主要是基于拜占庭容错实现的容错共识协议，主要解决节点作恶情况下的容错问题。

（2）点对点网络协议：点对点网络是一种覆盖网络，建立在公共互联网之上。一般情况下，对等实体可通过路径连接。每个对等实体均具有网络拓扑的完整视图，该视图结构会在对等实体之间提供多条路径来促进弹性。在每个对等实体中，维持着邻接关系，所有保护机制维持着邻接信息的更新，保持所有节点的连通性。P2P 网络中的参与者将部分计算资源提供给其他参与者，网络给每个对等实体均提供相应的 CPU 和磁盘存储，因此，资源贡献一般是对等的。与传统的 C/S 架构相比，有更大的可扩展性，例如，服务端的单点故障。P2P 是一种分布式网络，它们的硬件资源被网络的所有参与者所共享，服务和内容可被提供给这些共享资源，同时这些资源也可以由链中其他实体节点来使用并访问，而且可以被其他实体二次传播。总而言之，网络中的参与者既是服务提供者，又是资源参与者。区块链的节点对等协议有一些特定的特征：网络启动的初始化步骤为进行节点发现，每个节点都会有一个默认的连接节点地址簿，该地址簿记录着获取节点的详细地址，并且这些节点根据获取时间来进行排序，节点加入区块链建立连接，根据地址簿地址次序进行选择。

（3）区块链的模型结构：首先，区块链中的基本单元为区块，区块中的数据结构为默克尔树。中本聪描述区块链为：去中心化的分布式总账。其意思是该账本的基本单元为交易，整个账本是由一条一条的交易组成的，区块即被喻为账本中的页，每一页中有相应的多条交易。为了确保账本中每一页数据的安全性与完整性，则该区块需通过某种手段予以保留。默克尔树本质上来说是一种树形结构，可为 n 叉树，n 不固定，由数据、叶子结点、中间节点以及根结点组成。它有如下特征：① 默克尔树的叶子节点的值可自主设定，一般区块链中采用数据的哈希值作为叶子结点的值；② 父节点的值由其子节点的数值通过一定的计算方法来确定，一般来说，非叶子结点的数据由叶子结点的数据进行组合求哈希值所得，而对于其子节点为非叶子的结点，其数值根据其子节点获得。

（4）区块链的安全性保证：首先是区块链的整体安全性。区块链的去中心化使其没有中心的服务器，每个节点均有权利验证下一区块产出的合法性，也有权限去丢弃不合法的区块，由于每个节点的权限平等，而且每个节点都有全部完整的数据记录，因此，即便在整个系统中，某个节点遭受到了攻击，也会保证系统的整体完整性和可用性。其次便是区块链的应用数据交易安全性。区块链由密码学机制对每项记录进行保护，保证信息安全和数据验证，实现信息无法被篡改。比较典型的加密算法是非对称加密 RSA 算法，数据上链需要首先生成公钥和私钥，将想要发送的消息用对方生成的公钥加密，对方拿到数据之后，可用自己的私钥进行解密，RSA 算法数据传输过程如图 7-3-6 所示。

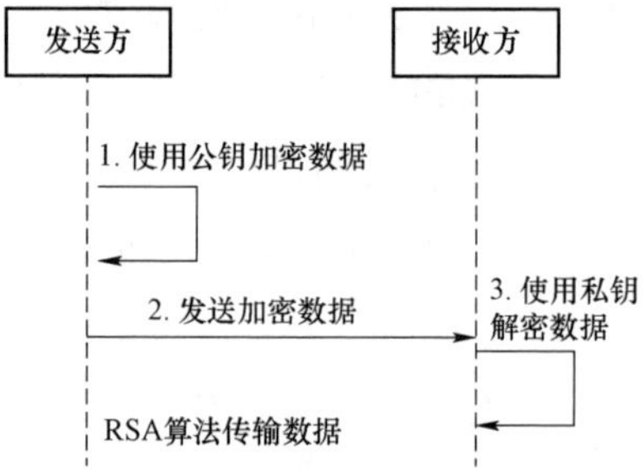

图 7-3-6　RSA 算法的数据传输流程

区块链还采用数字签名算法对数据进行不可伪造性的保证，较为广泛使用的算法为摘圆曲线数字签名算法，该算法也是采用非对称加密的原理。首先发送方与接收方均生成一对公私钥，之后用自己的私钥对数据进行签名，对方接收到签名数据后，若可以用对方的公钥进行成功解密，即可代表该消息由发送方签名，从而确保了信息的不可篡改特性，ECC 签名流程如图 7-3-7 所示。以上是对于区块链基础技术的阐释。

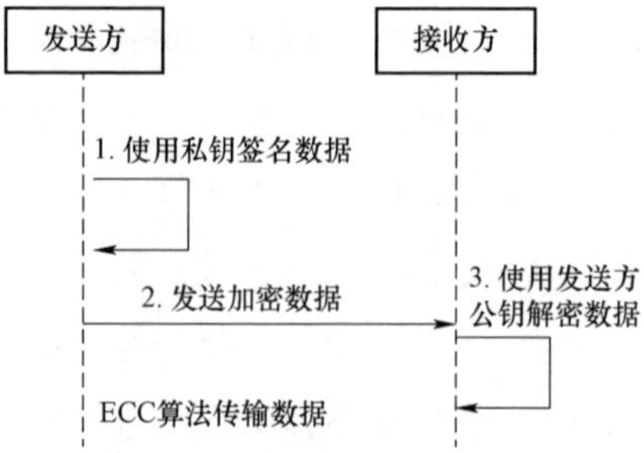

图 7-3-7　ECC 算法的签名流程

区块链技术将交通基础设施建设质量检测的所有节点纳入系统，减少了复杂的交互环节，大大提高了安全性。区块链所有节点以交易时间为序对交易的内容与对象等因素统一保存，其每个区块中包含时间戳，为交易溯源提供了保证。

可以将区块链技术及其相关管理理念引入工程管理中，构建工程项目质量管理区块链平台。将建设单位、勘察设计单位、施工单位等整合为一条数据链，通过共识机制筛选出授权节点，经由授权节点签订智能合约，最后上传交易模块形成区块。工程项目质量管理区块链平台运作流程，如图 7-3-8 所示。

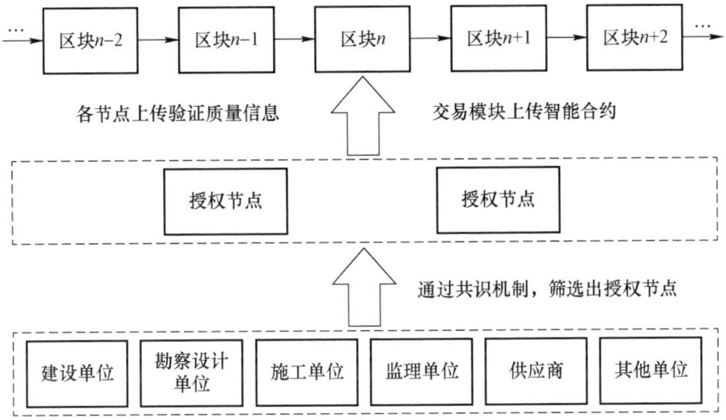

图 7-3-8　工程项目质量管理区块链平台运作流程

三、云平台

（一）云平台概述

云平台（Cloud platforms），提供基于“云”的服务，供开发者创建应用时采用。目前流行的云服务平台包括政务云平台、物联网云服务平台、云安全、云通讯、教育云平台等。比较知名的云服务平台有：阿里云、腾讯云、百度云、华为云、西部数码、新网等。其中，中国移动物联网开放平台是由中国移动打造的 PaaS 物联网开放平台。

确保交通工程建设全周期内质量安全检测数据的准确性、真实性、安全性、可追溯性，是亟待解决的关键问题。基于区块链的交通基础设施建设质量智能管控云平台，融入了区块链、物联网、5G 通信、数字签章、GIS 等技术，采用软件模块化思路进行开发，可持续优化升级和功能拓展。

云平台能够实现工程管理及试验检测全流程的数据信息数字化、采样抽样自动化、检测程序规范化、操作流程痕迹化、源头追溯便捷化、行业监管智能化，旨在提升检测数据真实性、工程质量问题溯源追责能力、工程建设管理精细化水平。

（二）基于 B/S 架构和云服务器

采用现行主流的企业级应用开发技术.NET 或 JAVA 进行构建，基于浏览器，安装配置快捷，升级维护方便；采用模块化开发模式，可实现逐步开发、按需升级模式。

（三）平台总体架构

基于区块链的交通基础设施建设质量智能管控平台的逻辑框架，主要分为基础设施层、数据资源层、应用支撑层、用户层、决策层，如图 7-3-9 所示。

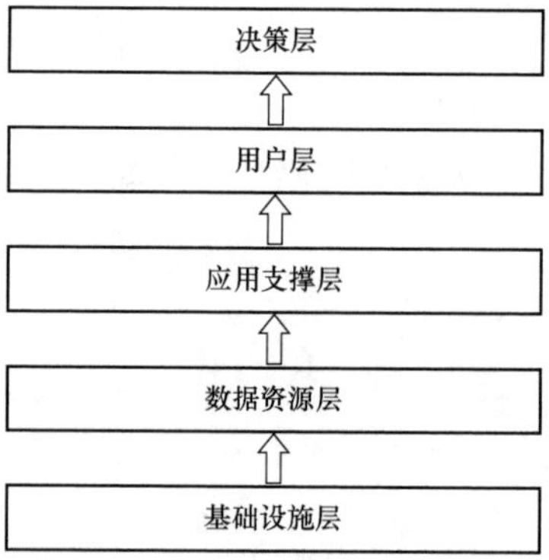

图 7-3-9　逻辑框架示意图

（四）检测业务流程结构

以检测中心的业务流程为导向，扩展到质量体系相关要素的管理模式。检测业务流程（绿色）包括：委托收样—收费—任务分配—试验检测—参与人复核—审核—批准—电子签名、签章—报告打印—报告发放（图 7-3-10）。

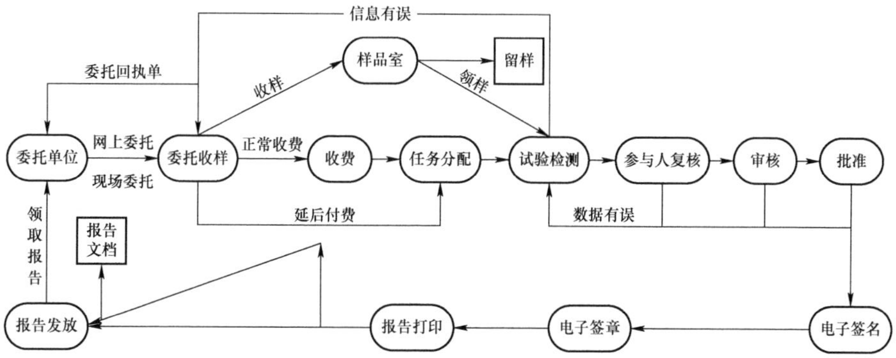

图 7-3-10　检测业务流程图

（五）数字签章技术和 GIS 技术的融入

引入 GIS（Geographic Information System，地理信息系统）技术，借助其独有的空间分析功能和可视化表达功能，辅助决策工程质量监管程序，促进工程质量监管的信息化、高效化、规范化。引入数字签章技术（图 7-3-11），对区块链各节点的关键信息进行数字签名，对各节点返回回执进行一致性验证，全面提升工程质量监管的便捷性、安全性和审批效率。

图 7-3-11　数字签章技术的应用

（六）系统功能规划

检测业务管理涵盖检测业务流程管理、单位管理等在内的实验室管理体系所要求的管理要素的信息化管理。系统主要包含的模块有：检测业务流程、样品管理、设备管理、单位管理、质量体系管理、查询统计、系统管理（图 7-3-12）。

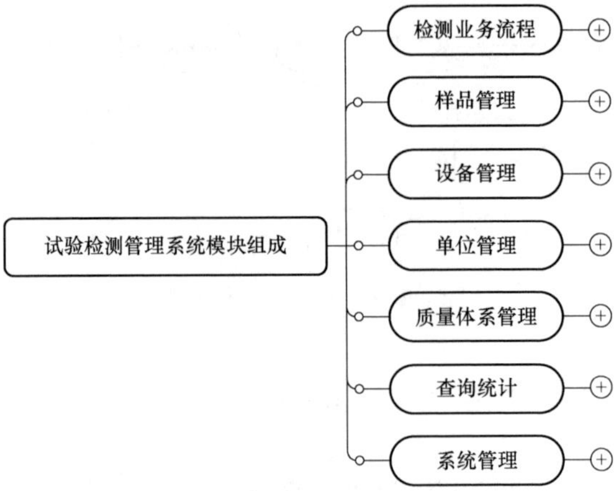

图 7-3-12　试验检测管理系统模块组成

在基于区块链的交通基础设施建设质量智能管控平台开发过程中，针对软件平台的可扩展性、可维护性、易用性、集体协作性等要求，采用模块化设计理念，开发覆盖检测过程全部管理要素的功能模块。检测业务流程管理是从委托收样直至报告打印发放，所有环节实现信息化管理，包括委托收样、检测收费、任务分配、试验检测、参与人确认与复核、审核、批准、报告打印和发放。

民用移动通信发展迅猛，经历了从第 1 代移动通信技术（1G）到第 5 代移动通信技术（5G）的高速发展，网络带宽大幅提高，数据传输速率显著提高，应用场景不断拓展，作为新一代移动通信技术，5G 在交通基础设施建设质量检测管理的应用将对交通建设方面产生重大影响，并提高无人化、智能化交通建设质量。未来，可使用 5G 网络快速、高效地传输海量数据，将建设过程中的各个数据传输到平台中，方便进行处理和检测。

5G 时代海量连接及高速传输导致计算和存储将由智能终端和边缘计算节点来承担，这对数据的保护能力提出了更高要求。区块链的技术特性天然适用于数据保护有高要求的场景，以区块链为代表的应用密码技术将为网络重构安全边界，建立设备间的信任域，并实现安全可信互联。同时，终端去隐私化的关键行为信息上链后，分布式存储在区块链各节点中负责保证数据的完整性和可用性，促进构建智能协同的安全防护体系。

区块链中全节点之间的通信一直是限制区块链交易速度的问题。由于网络传输速度等的限制，区块链项目的交易处理速度较低，阻碍了区块链在信息传输方面的发展。传统区块链需产生至少 6 个区块后，才可最终确认交易的真实性，这种延时进一步降低了区块链的交易速度。5G 网络可大幅提升端到端之间的网络通信速度，在保持区块链去中心化程度的同时，实现更快的交易处理速度。

第四节　故障处理

一、应急处理方案

（一）应急响应方案

对于用户在系统运行中因突发状况（如硬件故障、支撑环境故障、网络故障等）导致系统无法正常运行的，除提供快速恢复方案外，还需要根据用户要求派遣相应的技术人员协助用户完成故障的清除或危害情况的限制。

为提高处理信息系统安全突发事件的应对能力，建立健全信息安全应急响应机制，维护正常的业务开展、保护数据的安全，特制定信息系统应急预案。

（二）应急范围

计算机、打印机、周边设备、服务器、网络设备。

（三）应急情况

出现以上设备不能正常使用，遭遇病毒感染或停电等情形导致设备不能正常工作时预案内容如下。

（1）系统故障

操作员可以关闭计算机，过一分钟后重新启动计算机，如仍不能正常运行，应及时与技术支持取得联系，技术支持工作人员应立即按前文内容进行响应。

（2）硬件系统故障

出现计算机无法开启或硬件无法使用，并经过检查难以在短时间恢复正常工作的情况，需启动备用设备代替。

（3）网络故障

网线、交换机、UPS 电源故障，如发现网络设备不能正常工作，应及时通知信息技术工作人员维护，如短时间难以正常运行，则立即启用备用设备。

（4）服务器故障

当服务器系统出现故障时，工作人员应立即查找原因，恢复系统的正常运行。

（5）长时间停电

如遇长时间停电等原因导致整个网络无法使用时，各部门应立即采取手工方式进行运行。操作人员应随时准备手工台账、记录表，进行手工登记、填写数据。待来电后将信息录入系统中。

（6）备用解决方案机制

对于由于系统无法正常运行导致业务无法开展的情况，经过技术人员技术分析确保无法在 4 小时恢复正常运行或现场响应过程超过 4 小时未能排查故障的，将启动备用方案，并在启用备用方案 1 个小时内恢复核心业务工作。

（7）重大情况处理

对严重影响用户使用且会对公司产生严重负面影响的情况，需要成立危急情况处理小组对相关问题进行处理分析与汇报，如出现无法解决的技术性问题则应联系相关专业人士及时解决。

（8）故障协排

对于系统运行之外的情况导致的故障（如通讯链路中断、火灾、自然灾害），公司除制定和实施快速恢复方案，确保最快速恢复用户的核心业务外，还需要根据用户要求安排相应的专业工程师、提供专业服务进行故障排除。

二、产生的社会效益

物联网作为在互联网基础上延伸和扩展的网络，通过应用智能感知、识别技术与普适计算等计算机技术，实现信息交换和通信，同样能满足区块链系统的部署和运营要求。另外，区块链系统网络是典型的 P2P 网络，具有分布式异构特征，而物联网天然具备分布式特征，网中的每一个设备都能管理自己在交互作用中的角色、行为和规则，对建立区块链系统的共识机制具有重要的支持作用。

卫星物联网属于物联网产业领域，利用卫星技术可以解决物联网传感器的数据传输问题，通过低轨卫星为物联网建立一个专用的基础通信服务平台。移动互联网发展了黄金十五年，催生了万亿互联网+产业，得益于背后4G这张基础网络。当前，移动互联网的时代正在退去，物联网的时代已经来临，但物联网背后并没有一张专用的网络作为其通信基础支撑，三大运营商正在围绕地面基站推进NB-IOT网络的建设，但地面基站和有线网络覆盖率只有20%～30%，目前我国仍有超过70%以上陆地无人区、100%的海上和空中没有网络覆盖，而这些无人区和海上、空中恰恰才是物联网应用的主战场。如果将基站搬到“天上”，即建立卫星物联网，使之成为地面物联网的补充和延伸，则能够有效克服地面物联网的前述不足，并具有下列优势：覆盖地域广、可实现全球覆盖，传感器的布设几乎不受空间限制，几乎不受天气、地理条件影响，可全天时全天候工作；系统抗毁性强，在发生自然灾害、突发事件等紧急情况下依旧能够正常工作；易于向移动目标（工程设备移动等）提供无间断的网络连接等。

针对山区、偏远地区等地面物联网的“盲区”，可以利用当前最先进的低轨卫星物联网技术，研究构建以地面物联网为主、低轨卫星物联网为补充的天地一体通信网络。研究结合当前最先进的低轨卫星物联网，旨在发展卫星物联网天地一体通信网络和用户终端，解决复杂多样环境下交通基础设施建设质量检测和应急信息传输问题。

（1）严把产品质量关。交通基建质量检测有政府的监管信息、有专业的检测数据、有企业的质量检验数据等。智慧的区块链技术与交通基建质量检测融合，能够提升公路、桥梁质量，保护人民生命、财产安全。

（2）政府管理部门通过数据监测平台对交通基建质量检测实施统一管控，对监测信息随时掌握，可以有效地提高对交通基础建设的管理效率与治理能力，提升政府的管理能力，对在群众心中树立政府的良好形象具有重要意义。

（3）可促进开展适用于质量检测的研究，构建多功能综合性监测数据处理平台，进而促进相关技术服务企业的成长和发展。

（4）社会大众是区块链技术应用的真正受益者，区块链时代已经来临并以不可阻挡的势头迅猛发展，深刻影响着交通基建的质量和国家的前途命运。

与传统的检测手段相比，应用 GIS 高精度定位技术、5G、卫星物联网通信技术等可以更好地对工件进行检测地点定位、检测过程监控、检测数据共享、检测后续溯源。另外区块链技术具有实现对检测过程远程自动化检测，无须监理人员和管理人员进行现场监控，采集方式灵活（定制触发采集、定时间采集、特殊事件采集和实时采集）等优势。

参考文献

［1］顾瑞红，张宏科. 基于 ZigBee 的无线网络技术及其应用［J］. 电子技术应用，2005（06）：1-3.

［2］齐曰霞，韩正之. 2.4 GHz 频段无线技术标准［J］. 现代电子技术，2011，34（09）：35-37.

［3］吴昊，胡博. 通信中的蓝牙技术［J］. 魅力中国，2018（33）：242.

［4］洪贝，姜学鹏，章思宇. 基于蓝牙的安全连接与传输研究综述［J］. 科学与信息化，2018（22）：8.

［5］樊昌信，曹丽娜. 通信原理［M］. 北京：国防工业出版社，2006.

［6］陶存心. 无线 WiFi 技术应用及发展介绍［J］. 中国新通信，2019，21（22）：49-50.

［7］龚永罡，付俊英，汪昕宇，等. MQTT 协议在物联网中的应用研究［J］. 电脑与电信，2017（11）：89-91.

［8］张帅，张迪，樊京，等. 基于阿里云的电动汽车无线充电监控系统设计［J］. 电工技术，2021（01）：102-104.

［9］汪乃. 基于 MQTT 协议的智能公交云控平台的设计与实现［D］. 合肥：合肥工业大学，2022.

［10］陈陈. 基于阿里云 IoT 平台的智能空调控制系的设计与实现［D］. 合肥：合肥工业大学，2021.

［11］刘孝赵，王海圳，董宜孝. 基于 STM32F103RCT6 的数据采集设计［J］. 无线互联科技，2022，19（14）：62-64.

［12］陈兆丰，万锦珍，颜作涛，等. 基于物联网技术的在线排水管网监测系统［J］. 物联网技术，2022，12（05）：34-36.

［13］李海斌. 网络协议分析技术的研究与应用［J］. 中国新通信，2017，19（14）：84.

［14］盛振华. 面向物联网的低代码建模平台的设计与实现［D］. 济南：山东

大学，2021.

［15］ 袁春阳，张锟. 浅议物联网技术及其发展趋势［C］. 河海大学，山东省水利科学研究院，山东水利学会. 2021（第九届）中国水利信息化技术论坛论文集. ［出版者不详］，2021：648-651.

［16］ 马骞. 物联网的发展历程和体系结构［J］. 数码世界，2018（02）：92.

［17］ 阎俊豪，贾宗璞，李东印. 智能矿山车联网体系架构与关键技术［J］. 煤炭科学技术，2020，48（07）：249-254.

［18］ 蔡凤翔，李群，李英浩. 物联网技术发展现状浅析［J］. 信息系统工程，2021（01）：25-26.

［19］ 张天保. WIFI 技术的应用与展望［J］. 产业与科技论坛，2014，13（03）：98-99.

［20］ 陈涛，胡园园，王颖. WiFi 关键技术与产品演进研究［J］. 软件导刊，2020，19（03）：215-219.

［21］ 鲁子辰，张一帆，胡明威，等. 4G 移动通讯技术在消防灭火救援指挥系统中的应用［J］. 电子技术与软件工程，2019（15）：16-17.

［22］ 张永薪. 基于嵌入式 4G/WIFI 远程移动监控系统设计［D］. 西安：西安电子科技大学，2020.

［23］ 黄侨，王翼超，任远，等. 基于微波干涉雷达的斜拉桥索力测量方法［J］. 河海大学学报（自然科学版），2022，50（06）：144-151.

［24］ 王永洪，张明义，马加骁，等. 基于 FBG 传感技术与轮辐式压力传感器的不同桩长单桩贯入特性对比试验研究［J］. 光电子・激光，2020，31（01）：56-63.

［25］ 廖强，须民健，李文锋. 预应力智能张拉系统在桥梁施工中的应用［J］. 公路交通技术，2015（02）：102-105.

［26］ 庞盼青. 智能张拉和压浆技术在高速公路桥梁工程中的应用［J］. 交通世界，2021（Z1）：172-173.

［27］ NAVON W R. Implementation of Robotics in Building-Current Status and Future Prospects［J］. Journal of Construction Engineering and Management, 1998, 124(01): 31-38.

［28］ 马福昌，秦建军，周义仁秦，等. 基于 MCS-51 单片机的预应力张拉仪

系统的议计［J］. 微计算机信息，2002，18（03）：27-28.
［29］赵美玲，李珠，黄鹤. 微机控制无粘结预应力张拉研究［J］. 山西建筑，2000（03）：145-149.
［30］高建全. 工业与民用建筑智能预应力张拉装置的研制［D］. 太原：太原理工大学，2004.
［31］郝志红. 全自动预应力张拉仪的研究［D］. 太原：太原理工大学，2007.
［32］谷文军. 基于 S3C44Box 控制的数字化预应力张拉仪系统的设计［D］. 太原：太原理工大学，2011.
［33］何慧峰. 超高压多点同步数字张拉系统研究［D］. 太原：太原理工大学，2012.
［34］杨子光，徐红. 基于“双控”技术的桥梁预应力智能化张拉系统的研究与实现［J］. 智库时代，2018（52）：204-205.
［35］覃石生. 浅析现代斜拉桥的发展［J］. 江西建材，2020，262（11）：54+57.
［36］周先雁，王智丰，冯新. 基于频率法的斜拉索索力测试研究［J］. 中南林业科技大学学报，2009，29（02）：102-106.
［37］李长成. 通化修正大桥斜拉索索力测试试验研究［D］. 长春：吉林大学，2008.
［38］满洪高. 大跨度钢斜拉桥索梁锚固结构试验研究［D］. 成都：西南交通大学，2007.
［39］张华平，魏良军，汪劭祎. 斜拉桥索力测试方法及原理综述［J］. 公路交通科技：应用技术版，2011（10）：268-269.
［40］姜建山，唐德东，周建庭. 桥梁索力测量方法与发展趋势［J］. 重庆交通大学学报（自然科学版），2008，27（03）：379-382，466.
［41］董健. 物联网与短距离无线通信技术［M］. 2 版. 北京：电子工业出版社，2016.
［42］李文娟，李美丽，赵瑞玉，等. 通信原理与技术［M］. 西安：西安电子科技大学出版社，2016.
［43］张基温. 计算机网络基础［M］. 2 版. 北京：中国人民大学出版社，2008.
［44］杨槐. 无线通信技术［M］. 重庆：重庆大学出版社有限公司，2015.
［45］李正军，李潇然. 现场总线与工业以太网［M］. 北京：中国电力出版社，

2018.
［46］李一倩，刘留，李慧婷，等. 工业物联网无线信道特性研究［J］. 物联网学报，2019，3（04）：34-47.
［47］罗伟芳. 基于 GSM 模块的电子信息双机自动化处理系统设计［J］. 自动化与仪器仪表，2021（12）：125-128.
［48］杨龙跃. 工业互联网领域区块链技术应用［J］. 中国科技信息，2022（05）：132-133.
［49］林瑞. 基于物联网技术的工业现场监控平台的研究与设计［D］. 荆州：长江大学，2021.

附录 1　双模张拉物联系统 STM32 开发板电路图

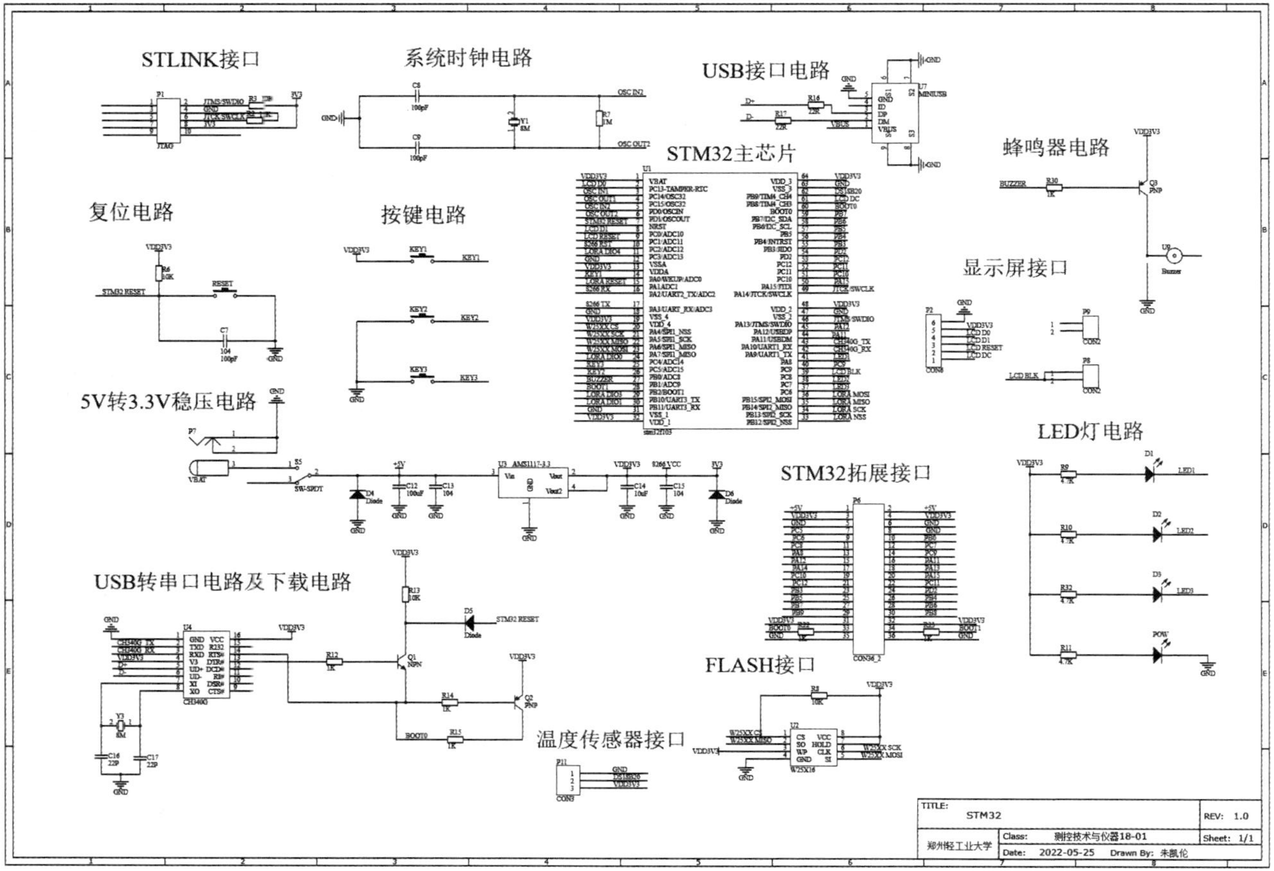

附录 2　双模张拉物联系统 EC200T 模块电路图

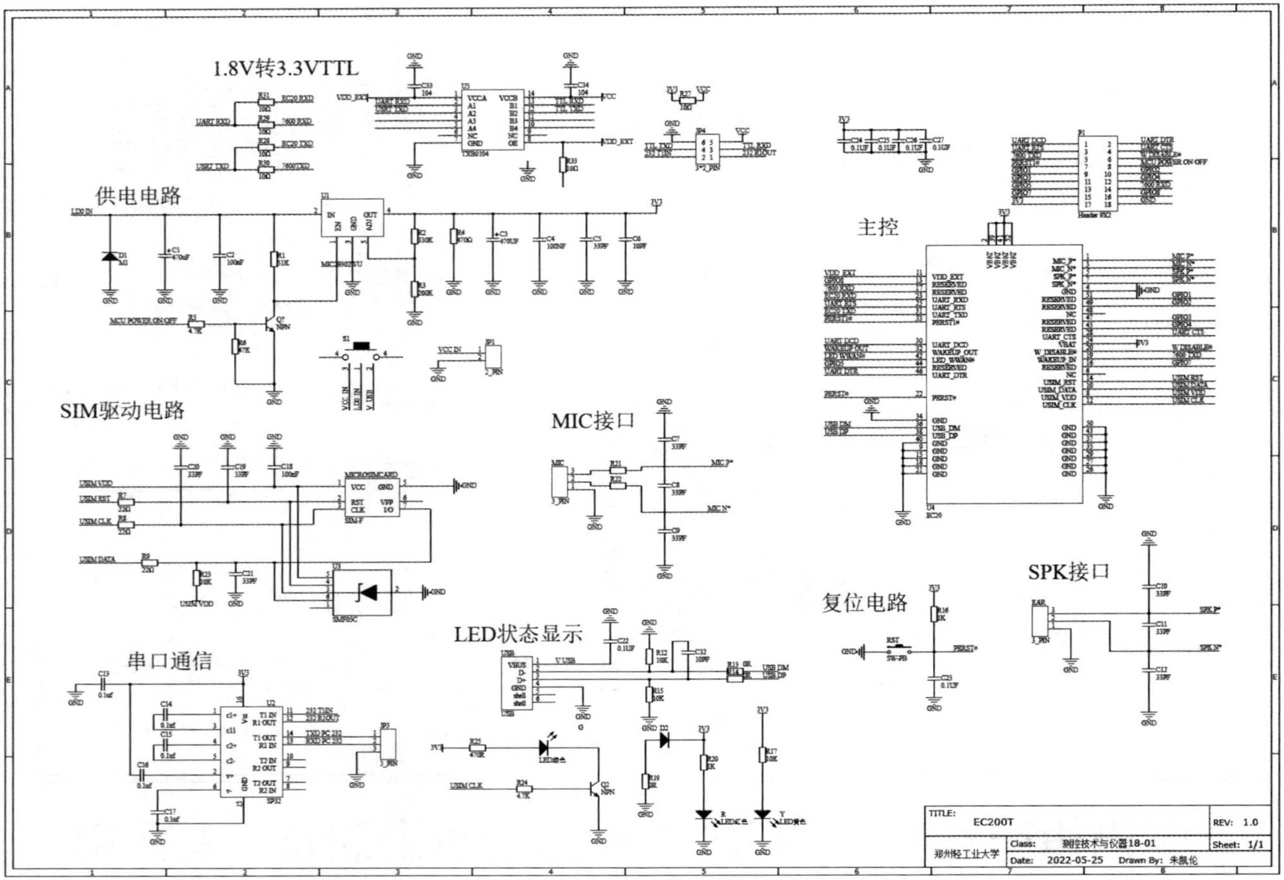

附录 3　双模张拉物联系统 LCD 显示屏电路图

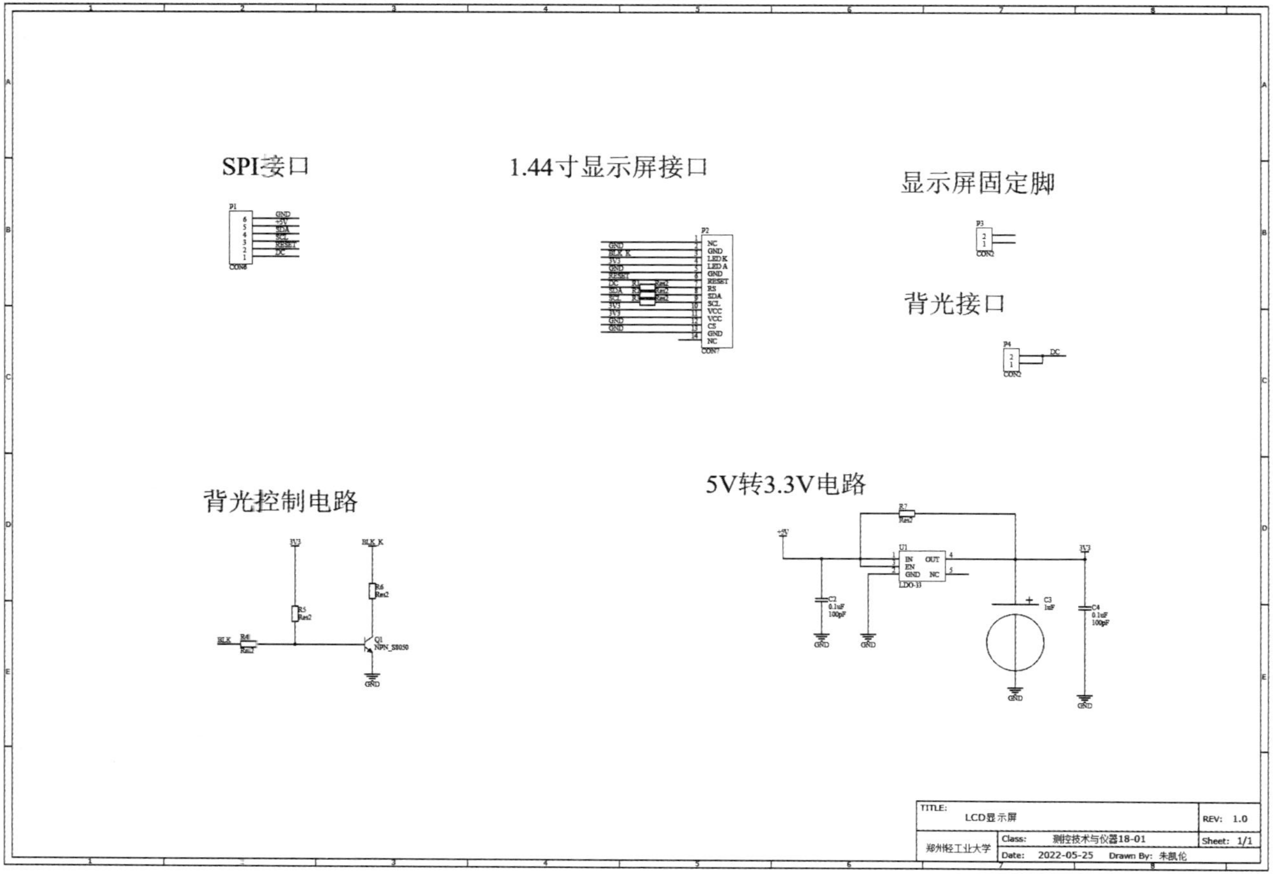

附录 4　双模张拉物联系统主程序代码

主函数：

```
#include "main.h"
int errcont = 0;
        /*对产品密钥进行宏定义 ,方便后面调用*/
#define PRODUCTKEY "a1wPQNmJ6if"
#define DEVICENAME     "zhangla"
#define DEVICESECRET     "ae460380019bc413a84a766144c86045"
 int main(void)
{                                                    //定义各种中间变量
int i;
      u8 cx[8]={0x01,0x03,0x00,0x00,0x00,0x02,0xC4,0x0B};
      u8 rs485buf[9]={0x01 ,0x03 ,0x04 ,0x01 ,0x8D ,0x01 ,0x36 ,0xEA ,0x62};
      u8 res=1;
u8 key;
      u16 count=0;
      u8 t;
      u8 h;
      u8 buff[100]={0};
      errcont = 0;
NVIC_PriorityGroupConfig(NVIC_PriorityGroup_2);      //开启中断
delay_init();                                        //开启延时
Buzzer_Init();                                       //蜂鸣器初始化
      LED_Init();                                    // LED 初始化
      Lcd_Init();                                    //  显示屏初始化
GPIOINIT();                                          //GPIO 初始化
```

```
KEY_Init();                                    //按键初始化
Adc_Init();                                    //ADC 模数转化初始化
uart_init(115200);                   //串口 1 初始化(用于与电脑通信)
USART2_Init(115200);                        //串口 2 初始化(用于与 EC200T 模块通
信)
    RS485_Init(115200);                       // RS485 芯片初始化(可实现点对点
数据传输)
Gui_DrawFont_GBK16_line(HAL_LCD_LINE_3,BLUE,WHITE,"欢迎使用");
    printf("\r\n 正在启动");                       //(个性化设计)显示提示
    delay_ms(100);
    RS485_Send_Data(cx,8);
    delay_ms(200);
    ClearRAM(rs485buf,9);
while(1)
    {
        while(res)      //res 原初始值为 1,如果连接失败,值不变,一直处于循环
        {
            res=EC20_INIT();      // 如果正常,EC20_INIT()赋予 res 为"ok"
            delay_ms(2000);
            errcont++;
            printf("正在重新连接:第 d%次\r\n ",errcont);
            if(errcont > 10)           //如果失败次数过多,直接复位重启系统
            {
               NVIC_SystemReset();          //系统复位
            }
        }
        errcont = 0;
        res=1;
        while(1) //系统整体的循环操作为(1 连接查询 2 发送数据 3 接收数据)
        {
```

```
            while(res)          //未成功连接到服务器前,不断地循环查询
            {
                res=EC20_CONNECT_SERVER_CFG_INFOR((u8
*)PRODUCTKEY,(u8 *)DEVICENAME,(u8 *)DEVICESECRET);
                errcont++;
                printf("正在重新连接:第 d%次\r\n",errcont);
                if(errcont > 50)
                {
                    NVIC_SystemReset();
                }
            }
            printf("已连接到服务器\r\n");
            Lcd_Clear(WHITE);
Gui_DrawFont_GBK16_line(HAL_LCD_LINE_3,BLUE,WHITE," 连接成功");
 delay_ms(2000);
      Lcd_Clear(WHITE);
            while(1)                    //发送数据
            {
int i=1;
 if(EC20_MQTT_SEND_AUTO((u8 *)PRODUCTKEY,
(u8 *)DEVICENAME)==0)
           //如果成功发送数据到物联网,得到返回值"0",进入条件语句//
                {
                    delay_ms(2000);
                    check_cmd();
                    memset(USART2_RX_BUF, 0,
sizeof(USART2_RX_BUF));
                    USART2_RX_STA=0;
                    delay_ms(2000);
                }
```

```
                    if(USART2_RX_STA&0X8000)
                    {
                        printf("收到服务器下发的数据");
                        printf((const char*)USART2_RX_BUF,"\r\n");
while(strstr((const char*)USART2_RX_BUF,(const char*)"warning"))
    {
        LED1=!LED1;
        Buzzer_flash();
        delay_ms(2000);
        Lcd_Clear(WHITE);
      Gui_DrawFont_GBK16_line(HAL_LCD_LINE_3,BLUE,WHITE,"    警告");
      Buzzer_on(0);
      GPIO_ResetBits(GPIOB,GPIO_Pin_12);
      printf("报警");
          if(i==1)         //条件语句,如果执行报警,对 EC200T 发送指令,发短信
          {
              EC20_send_cmd((u8 *)"AT+CMGF=1",(u8 *)"ok",200);
              EC20_send_cmd((u8 *)"AT+CMGS=\"18252843301\"",NULL,200);
              EC20_send_cmd((u8 *)"warning",NULL,200);
              EC20_send_cmd((u8 *)0x1A,NULL,200);
              delay_ms(1000);
              i++;
          }
    }
  check_cmd();
  memset(USART2_RX_BUF, 0, sizeof(USART2_RX_BUF));
  USART2_RX_STA=0;
}
          if(USART_RX_STA&0X8000)
          {
```

```
                printf("接收到 JSON 数据");
                printf((const char*)USART_RX_BUF,"\r\n");
                if(EC20_MQTT_SEND_DATA((u8*)PRODUCTKEY,(u8
                *)DEVICENAME,(u8 *)USART_RX_BUF)==0)
                  printf("Êý¾Ý·¢ËÍ³É¹¦\r\n");
                memset(USART_RX_BUF, 0, sizeof(USART_RX_BUF));
                USART_RX_STA=0;
                delay_ms(2000);
              }
            }
          }
      }
}
```

EC200T 模块的调用函数：

```
u8 EC20_send_cmd(u8 *cmd,u8 *ack,u16 waittime)
{
      u8 res=0;
      USART2_RX_STA=0;
      if((u32)cmd<=0XFF)
      {
            while(DMA1_Channel7->CNDTR!=0);       //等待 DMA 通道传输完成
            USART2->DR=(u32)cmd;
      }else u2_printf("%s\r\n",cmd);                        //发送命令
      printf("ATCMD->\r\n %s\r\n",cmd);
      if(ack&&waittime)                                  //需要等待应答
      {
            while(--waittime)
            {
                  delay_ms(10);
```

```
                if(USART2_RX_STA&0X8000)              //接收到期待应答结果
                {
                    if(EC20_check_cmd(ack))break;             //得到有效数据
                    USART2_RX_STA=0;
                }
            }
            if(waittime==0)res=1;
        }
        USART2_RX_STA=0;
        return res;
}

u8 EC20_work_test(void)
{
        memset(EC20CSQ,0,BUFLEN);
        if(EC20_send_cmd((u8 *)"ATE1",(u8 *)"OK",100))
        {
            if(EC20_send_cmd((u8*)"ATE1",(u8*)"OK",100))return
  SIM_COMMUNTION_ERR;
        }
        if(EC20_send_cmd((u8 *)"AT+CPIN?",(u8 *)"READY",400))return
SIM_CPIN_ERR;
        if(EC20_send_cmd((u8 *)"AT+CREG?",(u8 *)"0,1",400))
        {
            if(strstr((const char*)USART2_RX_BUF,"0,5")==NULL)
            {
                if(!EC20_send_cmd((u8 *)"AT+CSQ",(u8 *)"OK",200))
                {
                    memcpy(EC20CSQ,USART2_RX_BUF+15,2);
                }
```

```
                return SIM_CREG_FAIL;//µÈ´ý,½×Åµ½ÍøÂç
            }
        }
        return SIM_OK;
}
u8 EC20_INIT(void)
{
        u8 res;
        res=EC20_work_test();
        switch(res)
        {
        case SIM_OK:
            printf("4G 模块自检成功\r\n");
            break;
        case SIM_COMMUNTION_ERR:
            printf("正在连接到 4G 模块,请稍等...\r\n");
            break;
        case SIM_CPIN_ERR:
            printf("正在检测到 SIM 卡,请稍等...\r\n");
            break;
        case SIM_CREG_FAIL:
            printf("注册网络中\r\n");
            printf("当前信号值为:%s",EC20CSQ);
            break;
        default:
            break;
        }
        return res;
}
u8 EC20_CONNECT_MQTT_SERVER(u8 *PRODUCTKEY,u8
```

```
*DEVICENAME,u8 *DEVICESECRET)
{
    if(EC20_send_cmd((u8 *)"AT+CGATT?",(u8 *)": 1",100))  return 1; //检测激
活 PDP
    if(EC20_send_cmd((u8 *)"AT+QIACT?",(u8 *)"OK",100)    return 2;   //检测
激活 ACT
    if(EC20_send_cmd((u8 *)"AT+QIDEACT=1",(u8 *)"OK",100))  return3; //关
闭连接
    if(EC20_send_cmd((u8 *)"AT+QMTCLOSE=0",NULL,0))return 4; //关闭
MQTT 客户端
    if(EC20_send_cmd((u8 *)"AT+QMTDISC=0",NULL,0)) return 5; //关闭其他
所有连接

    //配置进入阿里云
    memset(AtStrBuf,0,BUFLEN);
sprintf(AtStrBuf,"AT+QMTCFG=\"ALIAUTH\",0,\"%s\",\"%s\",\"%s\"\r\n",PROD
UCTKEY,DEVICENAME,DEVICESECRET);
    if(EC20_send_cmd((u8 *)AtStrBuf,(u8 *)"OK",1000))  return 6;
    //'打开阿里云的连接
    if(EC20_send_cmd((u8
*)"AT+QMTOPEN=0,\"iot-as-mqtt.cn-shanghai.aliyuncs.com\",1883",(u8
*)"+QMTOPEN: 0,0",3000)) return 7;
```

连接到阿里云服务器：

```
    memset(AtStrBuf,0,BUFLEN);
    sprintf(AtStrBuf,"AT+QMTCONN=0,\"%s\"\r\n",DEVICENAME);
    if(EC20_send_cmd((u8 *)AtStrBuf,(u8 *)"+QMTCONN: 0,0,0",1000))  return
8;
    //订阅阿里云
    memset(AtStrBuf,0,BUFLEN);
```

```
sprintf(AtStrBuf,"AT+QMTSUB=0,1,\"/%s/%s/user/get\",0\r\n",PRODUCTKEY,D
EVICENAME);
    if(EC20_send_cmd((u8 *)AtStrBuf,(u8 *)"+QMTSUB: 0,1,0,1",1000))  return
9;
    printf("设备已经连接到阿里云,准备发送数据 [..]\r\n");
    return 0;
}
u8 EC20_CONNECT_SERVER_CFG_INFOR(u8 *PRODUCTKEY,u8
*DEVICENAME,u8 *DEVICESECRET)
{
    u8 res;

res=EC20_CONNECT_MQTT_SERVER(PRODUCTKEY,DEVICENAME,DEVIC
ESECRET);
    return res;
}
u8 EC20_MQTT_SEND_AUTO(u8 *PRODUCTKEY,u8 *DEVICENAME)
{
  Gui_DrawFont_GBK16_line(HAL_LCD_LINE_2,BLACK,WHITE,"智能张拉
系统");
    memset(AtStrBuf,0,BUFLEN);              //发送数据命令
sprintf(AtStrBuf,"AT+QMTPUB=0,0,0,0,\"/sys/%s/%s/thing/event/property/post\"\r
\n",PRODUCTKEY,DEVICENAME);
    if(EC20_send_cmd((u8 *)AtStrBuf,">",100))                   return 1;
//读取温湿度
if(DHT11(&t,&h)==0)
{
sprintf(buff, "温度:%d  湿度:%d", t,h);
Gui_DrawFont_GBK16_line(HAL_LCD_LINE_4,BLUE,WHITE,buff);
printf("%s\r\n",buff);
```

```
}
else
{
Gui_DrawFont_GBK16_line(HAL_LCD_LINE_4,RED,BLACK,"DHT11
(ERROR)!!");
printf("DHT11 (ERROR)!!\r\n");
}
adcx1=Get_Adc_Average(ADC_Channel_1,100);
temp1=(float)adcx1*(2000/254);
sprintf(a,"压力=%f",temp1);
Gui_DrawFont_GBK16(0,65,BLUE,WHITE,a);

   adcx2=Get2_Adc_Average(ADC_Channel_13,100);
temp2=(float)adcx2*(10000/254);
sprintf(b,"液压=%f",temp2);
Gui_DrawFont_GBK16(0,85,BLUE,WHITE,b);

      memset(AtStrBuf,0,BUFLEN); //发送数据命令
sprintf(AtStrBuf,"{params:{temperature:%d,Humidity:%d,pressure:%f,power:%f}}
",t,h,temp1,temp2);
      if(EC20_send_cmd((u8 *)AtStrBuf,NULL,0))                     return 2;
      if(EC20_send_cmd((u8 *)0x1A,(u8 *)"OK",1500))return 3;
      printf("系统发送数据成功 [OK]\r\n");
      return 0;
}
u8 EC20_MQTT_SEND_DATA(u8 *PRODUCTKEY,u8 *DEVICENAME,u8
*DATA)
{
      memset(AtStrBuf,0,BUFLEN); //发送数据命令
sprintf(AtStrBuf,"AT+QMTPUB=0,0,0,0,\"/sys/%s/%s/thing/event/property/post\"\r
```

```
\n",PRODUCTKEY,DEVICENAME);
    if(EC20_send_cmd((u8 *)AtStrBuf,">",100))            return 1;
    if(EC20_send_cmd(DATA,NULL,0))                       return 2;
    if(EC20_send_cmd((u8 *)0x1A,(u8 *)"OK",1500))   return 3;
    printf("用户数据发送成功 [OK]\r\n");
    return 0;
}
```

ADC 模数转换函数：

```
void  Adc_Init(void)
{
ADC_InitTypeDef ADC_InitStructure;
GPIO_InitTypeDef GPIO_InitStructure;
RCC_APB2PeriphClockCmd(RCC_APB2Periph_GPIOA
|RCC_APB2Periph_ADC1, ENABLE );                    //使能 ADC1 通道时钟
RCC_ADCCLKConfig(RCC_PCLK2_Div6);
                              //设置 ADC 分频因子,72M/6=12,ADC 最大频率不能超
过 14M
GPIO_InitStructure.GPIO_Pin = GPIO_Pin_1;
GPIO_InitStructure.GPIO_Mode = GPIO_Mode_AIN;//模拟输入引脚
GPIO_Init(GPIOA, &GPIO_InitStructure);
ADC_DeInit(ADC1);  //复位 ADC,将外设 ADC 的全部寄存器重设为缺省值
ADC_InitStructure.ADC_Mode = ADC_Mode_Independent;//工作在独立模块
ADC_InitStructure.ADC_ScanConvMode = DISABLE;//设置为单通道模式
ADC_InitStructure.ADC_ContinuousConvMode = ENABLE;  //设置为单次转换
模式
ADC_InitStructure.ADC_ExternalTrigConv = ADC_ExternalTrigConv_None;
ADC_InitStructure.ADC_DataAlign = ADC_DataAlign_Right;//ADC 数据右对齐
ADC_InitStructure.ADC_NbrOfChannel = 1;//ADC 通道的数目
ADC_Init(ADC1, &ADC_InitStructure);
```

```
ADC_Cmd(ADC1, ENABLE);                    //使能 ADC
ADC_ResetCalibration(ADC1);                    // 使能复位校准
while(ADC_GetResetCalibrationStatus(ADC1));// 等待复位校准结束
ADC_StartCalibration(ADC1);                    //开启 AD 校准
while(ADC_GetCalibrationStatus(ADC1));              // 等待校准结束
}
u16 Get_Adc(u8 ch)              //获得 ADC 通道的值
{
  //设置指定 ADC 的规则组通道,一个序列,采样时间
ADC_RegularChannelConfig(ADC1, ch, 1, ADC_SampleTime_239Cycles5 );
//ADC1,采样时间为 239.5 周期
ADC_SoftwareStartConvCmd(ADC1, ENABLE);//使能 ADC 的软件触发
while(!ADC_GetFlagStatus(ADC1, ADC_FLAG_EOC )); //等待转换结束
return ADC_GetConversionValue(ADC1);// 返回最近一次 ADC 规则组的转换结
果
}
u16 Get_Adc_Average(u8 ch,u8 times)
{
u32 temp_val=0;
u8 t;
for(t=0;t<times;t++)
{
temp_val+=Get_Adc(ch);
delay_ms(5);
}
return temp_val/times;
}
```

附录 5　索力检测物联系统 STM32F103RCT6 电路图

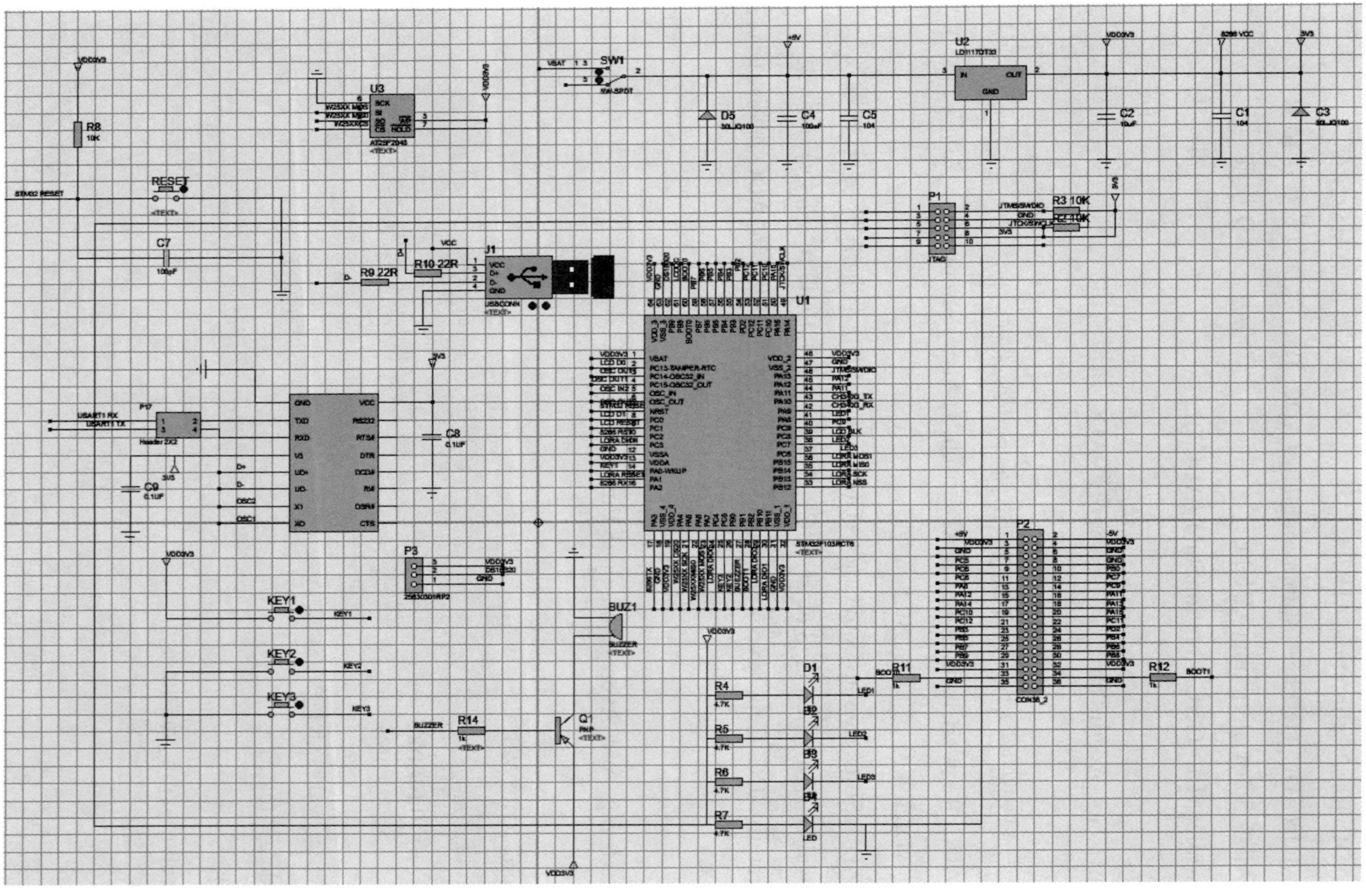

附录 6　索力检测物联系统 EC200S 模块电路图

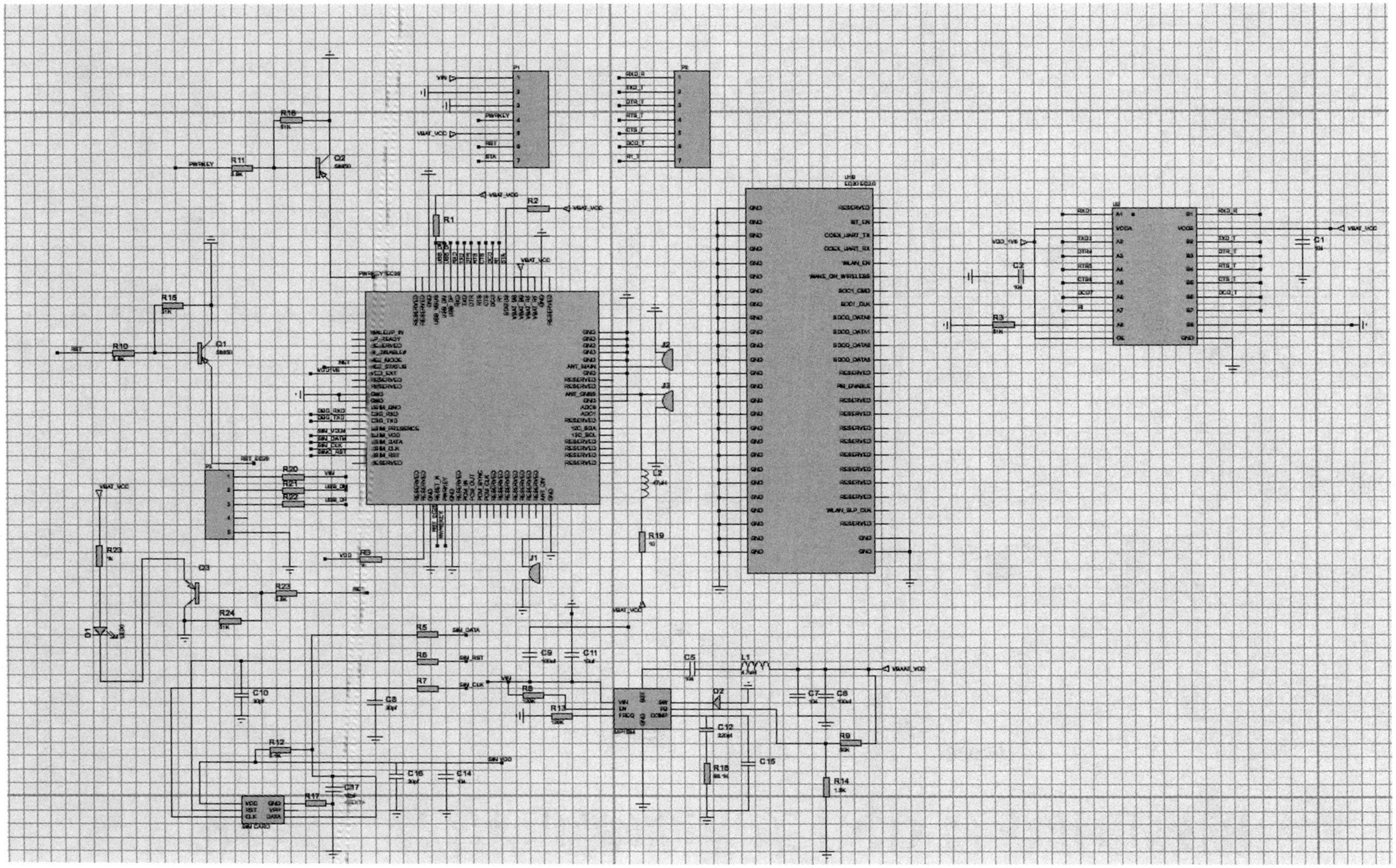

附录 7　索力检测物联系统 LCD 显示屏电路图

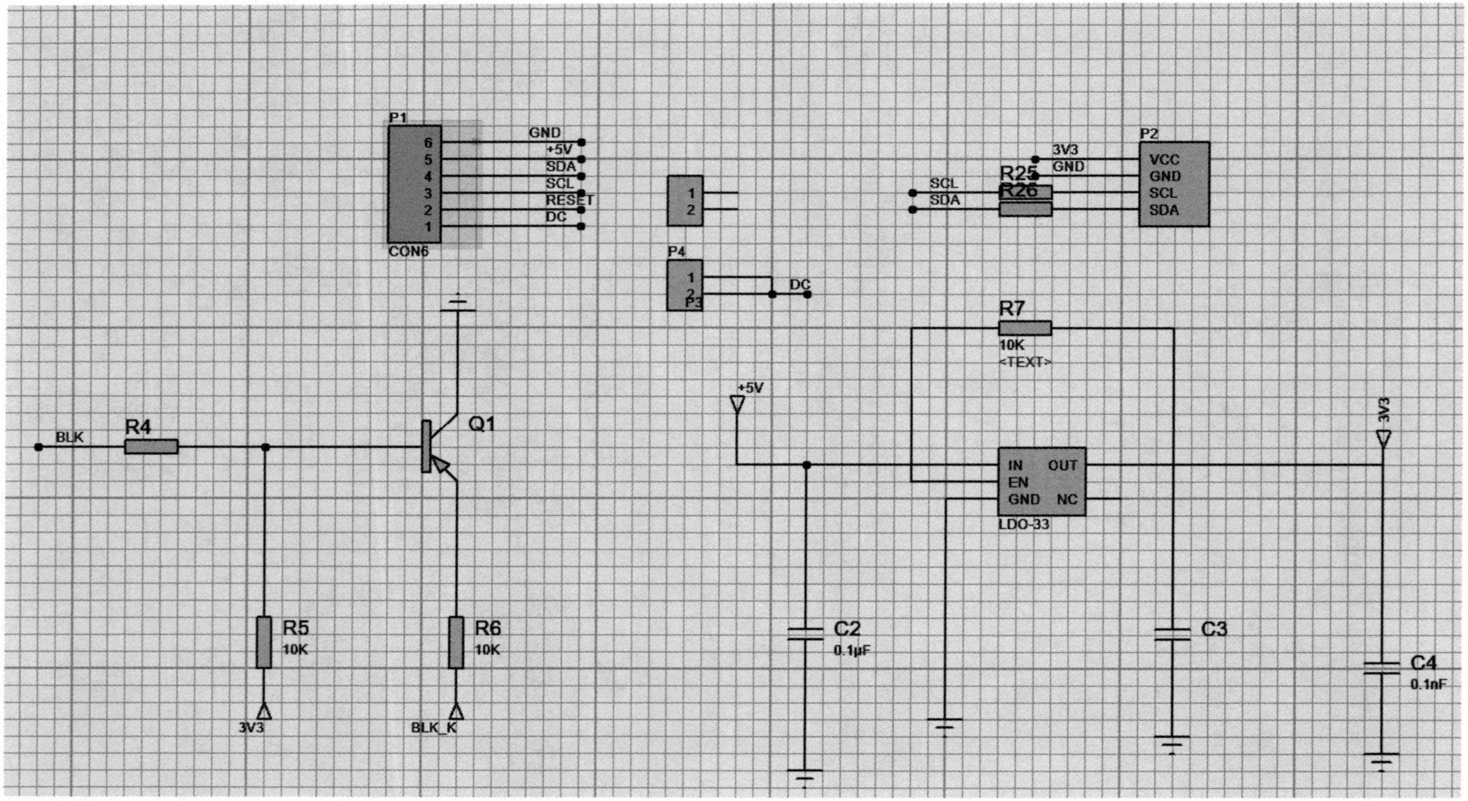

附录 8　索力检测物联系统 EC200S 连接阿里云物联网平台代码

代码主函数：

```
#include "main.h"
void Clear_Buffer(void);//清空缓存
void EC200S_Init(void);
void EC200S_CreateTCPSokcet(void);
void EC200S_TCPSend(uint8_t *data);
void EC200S_RECData(void);
void Clear_Buffer(void);
void    MQTT_Init(void);
u8 Mqttaliyun_Savedata(u8 *t_payload,u8 temp,u8 humi);
void CParsejson(void *data);
#define ProductKey          "ikadiFeTZ1A"                    //产品 KEY
#define DeviceName                   "qiaoliang"          // 产品名称
#define DeviceSecret        "0024079e0e952635bef6ba0d03ed6eed"   //产品密钥
#define PubTopic
"/sys/ikadiFeTZ1A/${deviceName}/thing/event/property/post"
#define SubTopic
"/sys/ikadiFeTZ1A/${deviceName}/thing/service/property/set"
#endif
extern char    RxBuffer[100],RxCounter;
extern unsigned char uart1_getok;
void Pub_Msgdata(void);
u8 temp,humi;
```

```
int main(void)
 {
  uint8_t ret = 0;
     delay_init();        //延时函数初始化
     NVIC_Configuration();  //设置 NVIC 中断分组 2:2 位抢占优先级,2 位响应
优先级
     LED_Init();  //初始化与 LED 连接的硬件接口
     EC200SPWR_Init();//对 EC200S 开机
     uart_init(115200);//串口 1 初始化,打印到电脑调试助手
     uart2_init(115200);//对接 EC200S
     IWDG_Init(7,625);      //8S 一次
  I2C_Bus_Init();
  ret = AHT20_Init();
     if(ret == 0)
     {
     while(1)
{
printf("AHT20 传感器初始化错误\n");
  delay_ms(300);
}
     }
     PWRKEY=1;//对 EC200S 开机
     EC200S_Init();//对设备初始化
     MQTT_Init();//初始化 MQTT
    while(1)
     {
           Pub_Msgdata();//发数据到 ONENET,采用 MQTT 协议
           delay_ms(500);
LEDStatus=!LEDStatus;
           EC200S_RECData();//收数据
```

```
            IWDG_Feed();//喂狗
        }
    }
void Pub_Msgdata(void)//发布数据到阿里云显示
{
    char *strx;
uint32_t CT_data[2];
    int   c1,t1;
    u8 data_len,datastr[10],send_jason[200];
    /* 读取 AHT20 传感器数据*/
            while(AHT20_Read_Cal_Enable() == 0)
            {
                AHT20_Init();//如果为 0 再使能一次
                delay_ms(30);
            }
            AHT20_Read_CTdata(CT_data);   //读取温度和湿度
            c1 = CT_data[0] * 1000 / 1024 / 1024;   //计算得到湿度值(放大了 10 倍,
如果 c1=523,表示现在湿度为 52.3%)
            t1 = CT_data[1] * 200 *10 / 1024 / 1024 - 500;//计算得到温度值(放大了
10 倍,如果 t1=245,表示现在温度为 24.5℃)
    temp=t1/10;
humi=c1/10;
data_len=Mqttaliyun_Savedata(send_jason,temp,humi);
sprintf(datastr,"%d",data_len);
printf("AT+QMTPUBEX=0,0,0,0,\"%s\",%s\r\n",PubTopic,datastr);//发布消息
delay_ms(100);
Uart2_SendDATA(send_jason,data_len);
strx=strstr((const char*)RxBuffer,(const char*)"+QMTPUBEX: 0,0,0");//发布成功
+QMTPUBEX: 0,0,0
while(strx==NULL)
```

```
{
strx=strstr((const char*)RxBuffer,(const char*)"+QMTPUBEX: 0,0,0");//发布成功
+QMTPUBEX: 0,0,0
}
EC200S_RECData();//收数据
delay_ms(1000);
```

附录 9　索力检测物联系统单片机开发板连接 EC20OS 模块初始化程序代码

EC200S 模块的初始化调用函数：

```
extern unsigned char    RxBuffer[500];
extern unsigned int RxCounter;
extern unsigned char uart1_getok;
extern unsigned char uart2_getok;
extern char RxCounter1,RxBuffer1[100];
extern unsigned char Timeout,restflag;
void Uart1_SendStr(u8*SendBuf)//串口 1 打印数据
{
while(*SendBuf)
{
        while((USART1->SR&0X40)==0)
        {}//等待发送完成
        USART1->DR = (u8) *SendBuf;
        SendBuf++;
}
}
void Send_ATcmd(void)//发送 AT 指令给到模块,从串口 1 接收指令,串口 2 控制
{
char i;
for(i=0;i<RxCounter1;i++)
{
 while((USART2->SR&0X40)==0)
```

```
        {}//等待发送完成
    USART2->DR = RxBuffer1[i];
}
}
//此代码实现的功能是将 STM32 作为一个搬运工,信使,串口 1 发数据给单片机
//单片机把数据发给串口 2,串口 2 发给 EC200S,EC200S 反馈给串口 2,串口 1 再通过
//STM32 发给串口 1 进行打印。
 int main(void)
 {
        u16 i;
      delay_init();        //延时函数初始化
      NVIC_Configuration();   //设置 NVIC 中断分组 2:2 位抢占优先级,2 位响应优先级
      LED_Init();   //初始化与 LED 连接的硬件接口
   EC200SPWR_Init();
      uart_init(115200);//串口 1 初始化,可连接 PC 进行打印模块返回数据
      uart2_init(115200);//初始化和 GPRS 连接串口
    IWDG_Init(7,625);      //8S 一次
// PWRKEY=0;//
// delay_ms(1000);
 //delay_ms(1000);
 PWRKEY=1;//对模块开机
    while(1)
     {
          if(uart1_getok)//AT
          {
               Send_ATcmd();
               uart1_getok=0;
               RxCounter1=0;
```

```
        }
            if(uart2_getok)//M 模块响应 OK
        {
              for(i=0;i<RxCounter;i++)
                UART1_send_byte(RxBuffer[i]);
                RxCounter=0;
                uart2_getok=0;
                LEDStatus=!LEDStatus;//指示模块收到数据对外发送数据
        }
        IWDG_Feed();//喂狗
```

ADC 模数转换函数:

```
void   Adc_Init(void)
{
ADC_InitTypeDef ADC_InitStructure;
GPIO_InitTypeDef GPIO_InitStructure;
RCC_APB2PeriphClockCmd(RCC_APB2Periph_GPIOA
|RCC_APB2Periph_ADC1, ENABLE );                    //使能 ADC1 通道时钟
RCC_ADCCLKConfig(RCC_PCLK2_Div6);
                              //设置 ADC 分频因子,72M/6=12,ADC 最大频率不能超
过 14M
GPIO_InitStructure.GPIO_Pin = GPIO_Pin_1;
GPIO_InitStructure.GPIO_Mode = GPIO_Mode_AIN;//模拟输入引脚
GPIO_Init(GPIOA, &GPIO_InitStructure);
ADC_DeInit(ADC1);   //复位 ADC,将外设 ADC 的全部寄存器重设为缺省值
ADC_InitStructure.ADC_Mode = ADC_Mode_Independent;//工作在独立模块
ADC_InitStructure.ADC_ScanConvMode = DISABLE;//设置为单通道模式
ADC_InitStructure.ADC_ContinuousConvMode = ENABLE;   //设置为单次转换
模式
```

```
ADC_InitStructure.ADC_ExternalTrigConv = ADC_ExternalTrigConv_None;
ADC_InitStructure.ADC_DataAlign = ADC_DataAlign_Right;//ADC 数据右对齐
ADC_InitStructure.ADC_NbrOfChannel = 1;//ADC 通道的数目
ADC_Init(ADC1, &ADC_InitStructure);
ADC_Cmd(ADC1, ENABLE);                      //使能 ADC
ADC_ResetCalibration(ADC1);                  // 使能复位校准
while(ADC_GetResetCalibrationStatus(ADC1));// 等待复位校准结束
ADC_StartCalibration(ADC1);                  //开启 AD 校准
while(ADC_GetCalibrationStatus(ADC1));           // 等待校准结束
}
u16 Get_Adc(u8 ch)             //获得 ADC 通道的值
{
  //设置指定 ADC 的规则组通道,一个序列,采样时间
ADC_RegularChannelConfig(ADC1, ch, 1, ADC_SampleTime_239Cycles5 );
//ADC1,采样时间为 239.5 周期
ADC_SoftwareStartConvCmd(ADC1, ENABLE);//使能 ADC 的软件触发
while(!ADC_GetFlagStatus(ADC1, ADC_FLAG_EOC )); //等待转换结束
return ADC_GetConversionValue(ADC1);// 返回最近一次 ADC 规则组的转换结果
}
u16 Get_Adc_Average(u8 ch,u8 times)
{
u32 temp_val=0;
u8 t;
for(t=0;t<times;t++)
{
temp_val+=Get_Adc(ch);
delay_ms(5);
}
return temp_val/times;
    }
```